DUMONT

Charlotte MacLeod, die Grande Dame der klassischen Kriminalliteratur, bringt mit dieser Weihnachtsanthologie erneut einen Sack voll spannender Kurzkrimis.

Fünfzehn Autoren, darunter u. a. Isaac Asimov, Mary Higgins Clark, Dorothy Salisbury Davis und Charlotte MacLeod selbst, erzählen von den Schrecken der Heiligen Nacht, beleuchten die schaurigen Seiten der angeblich so friedlichen Adventszeit und zaubern knisternde Spannung in lange Winternächte. Im flimmernden Licht der Weihnachtskerzen haben Verbrecher ein leichtes Spiel ...

Charlotte MacLeod wurde 1922 in Kanada geboren und wuchs in Massachusetts, USA, auf. 1978 erschien der erste Band ihrer ›Balaclava‹-Serie, 1979 folgte der erste Titel der ›Boston‹-Reihe, die ihren Ruf als zeitgenössische große Dame des Kriminalromans begründeten. Für ihr Werk erhielt MacLeod fünf American Mystery Awards sowie den Nero Wolfe Award. Im Januar 2005 starb Charlotte MacLeod im Alter von 82 Jahren in Lewiston im US-Staat Maine.

Tödliche Weihnachten

15 Weihnachtskrimis

versammelt von
Charlotte MacLeod

Aus dem Englischen
von Gabriela Schönberger-Klar

DUMONT

Von Charlotte MacLeod ist im DuMont Buchverlag außerdem erschienen:
Mörderische Bescherung

Erste Auflage 2014
DuMont Buchverlag, Köln
Alle Rechte vorbehalten
© 1989 Charlotte MacLeod
Published by Arrangement with Joyce Turner
Die amerikanische Originalausgabe erschien 1989 unter dem Titel
›Mistletoe Mysteries‹ bei Warner Books, New York.
© 2003 für diese Ausgabe: DuMont Buchverlag, Köln
Umschlag: Lübbeke Naumann Thoben, Köln
Umschlagabbildung:
Einschussloch: © Sascha Burckhard-fotolia.com
Messer: © robtek-fotolia.com
Zwerg: © sorcerer-fotolia.com
Schneekugel: © plainpicture / STUDD / RelaxImages

Satz: Angelika Kudella, Köln
Gesetzt aus der Adobe Garamond und der The Sans
Druck und Verarbeitung: CPI books GmbH, Leck
Gedruckt auf säurefreiem und chlorfrei gebleichtem Papier
Printed in Germany
ISBN 978-3-8321-6286-3

www.dumont-buchverlag.de

Inhalt

Charlotte MacLeod
Der Teewärmer

Sarah Kelling und ihr Mann Max Bittersohn sind alte Freunde von mir. Zu der Zeit, als sie frisch verheiratet waren, schrieb ich »Kabeljau und Kaviar«, dessen Handlung um die Weihnachtszeit herum spielt. Nun äußerten sich einige von Sarahs treuen Lesern ungehalten darüber, dass ich Max den Löwenanteil bei der Aufklärung des mysteriösen Falles überließ und, wie sie annahmen, ihre Heldin sträflich vernachlässigte, indem ich sie zu Weihnachtseinkäufen für ihre jüngst angewachsene Familie schickte. Damals war ich der festen Überzeugung, dass ich Sarah eigentlich die schwierigere und wichtigere Aufgabe übertragen hatte, und deshalb begrüße ich diese Gelegenheit, endlich erklären zu können, warum ich damals so dachte und es immer noch tue.

»Max ist also mit einer anderen Frau auf und davon?« Vetter Brooks Kelling schien diesen Umstand höchst unterhaltsam zu finden.
»Mit einem falschen Schnurrbart und Großonkel Nathans Gehrock.« Sarah Kelling Bittersohn fand die Angelegenheit überhaupt nicht komisch. »Er sah so gut aus, dass es mich ganz krank machte.«
»Männer sind alle Ungeheuer.« Cousine Theonia Kelling, Brooks Angetraute, schenkte ihrem eigenen Ungeheuer ein Lächeln innigster Zuneigung. »Was ist nur in Max gefahren, so etwas zu tun?«

»Er behauptet, es sei wegen dieser leidigen Affäre um unseren geliebten Anverwandten und die Bruderschaft dieses C. C.«, erklärte Sarah.
»Wahrscheinlich ist alles meine Schuld, weil ich Onkel Jem geholfen
habe, Max so lange zu bearbeiten, bis er sich an den Fall gemacht
hat; was aber nichts daran ändert, dass ich keine große Lust habe,
mich – allein und verlassen – nach ihm zu verzehren.« Sarah war wie
alle Kellings, mit Ausnahme von Cousine Mabel, ein Fan von Gilbert
und Sullivan. »Es macht euch doch nichts aus, dass ich rübergekom-
men bin?«

Dieses Mal galt Theonias Lächeln Sarah. »Meine Liebe, warum sollte es uns etwas ausmachen?«

Abgesehen von der Tatsache, dass Brooks und Theonia nie im Leben
etwas gegen Sarahs Gesellschaft gehabt hätten, hatte sie noch einen
weiteren Trumpf auf ihrer Seite: Ihr gehörte das Haus. In den mage-
ren Jahren nach dem Tod ihres ersten Mannes war das Sandsteinhaus
in der Tulip Street auf Bostons historischem Beacon Hill Sarahs einziger Besitz gewesen – und ein mit Hypotheken hoch belasteter
noch dazu. Um sich über Wasser zu halten, hatte sie das Haus in eine
äußerst vornehme Pension verwandelt.

Jetzt war sie mit einem ihrer früheren Mieter verheiratet, dem gut
aussehenden und wohlhabenden Max Bittersohn, einem Privatdetektiv, der, als sie ihn kennenlernte, darauf spezialisiert gewesen war,
verschwundene Kunstgegenstände wieder ausfindig zu machen. In
der letzten Zeit aber hatte er eine Nebenbeschäftigung daraus gemacht, in Nöten geratene Mitglieder der Familie Kelling vor dem
Ruin zu bewahren. Bis ihr neues Haus am North Shore fertig war,
wohnten die Frischvermählten nebenan in einem kleinen Apartment.
Brooks und Theonia hatten die Leitung der Pension übernommen,
ein Arrangement, mit dem alle mehr als zufrieden waren.

»Du bleibst doch zum Dinner?«, forderte Brooks sie auf.

»Selbstverständlich bleibt sie«, meinte Theonia. »Das ist schon in

Ordnung, Sarah. Unser Mieter aus dem obersten Stock ist über die Feiertage nach Denver gefahren.«

Auf die richtige Anzahl der Essensgäste wurde in dieser Pension immer besonders geachtet, da der wunderschöne antike Esstisch nicht mehr als acht Leuten den eleganten Komfort bieten konnte, den der Lebensstil der Kellings verlangte. Eleganz war von Anfang an Sarahs Devise gewesen. In ebendiesem Augenblick wurde etwas verfrüht jenes Ritual eröffnet, das jedes Abendessen einleitete. Ein weißbehandschuhter Butler, der jetzt, da sein fehlender Vorderzahn durch eine Brücke ersetzt worden war, wieder der Inbegriff der Eleganz war, servierte ihnen in eleganten kleinen Gläsern einen eher uneleganten Sherry aus einer äußerst eleganten Waterford-Karaffe.

Um nicht aus dem Rahmen zu fallen, war Sarah in einem langen Abendkleid aus grünem Samt und mit ihrer zweitbesten Garnitur Diamanten herübergekommen. Theonia trug dunkles Karminrot und Perlen. Die beiden saßen auf dem Sofa in der Bibliothek vor einem Arrangement aus grünen Tannenzweigen, die von dem Grundstück an der North Shore stammten. Das flackernde Licht aus dem offenen Kamin und der sanfte Schimmer der roten Kerzen auf dem Kaminsims schmeichelten Sarahs sanftbraunem Haar und Theonias hoch aufgetürmten rabenschwarzen Flechten und brachten die grazile jugendliche Schönheit der einen und die reife Fülle der anderen vorteilhaft zur Geltung.

»Nun, wenn die beiden Damen nicht die Verkörperung von Weihnachten sind!«

Mrs. Gates, ihre mit Abstand liebste Mieterin, war aus ihrem Zimmer im ersten Stock gekommen und trippelte nun mit vorsichtigen kleinen Schritten in die Bibliothek. Auch sie bot ein entzückendes Bild in ihrem langen schwarzen Abendkleid, dessen steife Würde von einem flauschigen weißen Wollschal und einer altmodischen Schmucknadel aus Gold und Granaten gemildert wurde. Charles, der Butler, beeilte sich, den Lieblings-Queen-Anne-Sessel der alten Dame näher ans Feuer zu rücken, während Brooks ihr galant seinen Arm anbot.

»Vielen Dank, mein lieber Junge.«

Sie schenkte Brooks ein Lächeln, und der reflektierte Feuerschein verwandelte ihr Haar in gesponnenes Silber. »Hängen Sie meinen Handarbeitsbeutel einfach an die Lehne, damit ich ihn problemlos erreichen kann. Sie werden mir doch verzeihen, wenn ich mit meiner Näharbeit fortfahre, nicht wahr? Aber ich habe im Februar versprochen, für den diesjährigen Weihnachtsbasar in St. Eusapia einige Teewärmer anzufertigen. Und jetzt ist der Basar schon morgen, und ich bin mit dem letzten immer noch nicht ganz fertig.«

»Oh, ist der aber wunderschön!«, rief Sarah aus, als Mrs. Gates den Überzug des Teewärmers herausholte, an dem sie gerade arbeitete. Er war aus blauem, moiriertem Taft und so verschwenderisch verziert, wie es zu Königin Victorias Zeiten Mode gewesen war: Girlanden aus cremefarbenen Satinbändern, üppige Rüschen, neckische Fransen, hier und da ein paar Perlen und eine kleine Stickerei sollten einen potenziellen Käufer davon überzeugen, dass man keine Mühen gescheut hatte. »Sie müssen ja eine Ewigkeit daran gearbeitet haben. Wie viele haben Sie davon gemacht?«

»Sechs mit diesem hier, und ich muss wirklich sagen, ich bin froh, dass es der Letzte ist. Wenn Sie mir den Faden einfädeln könnten, meine Liebe, dürfen Sie dafür auch in meinem Arbeitsbeutel kramen. Als meine Enkeltöchter noch klein waren, war das für sie der höchste Genuss auf der Welt.«

»Aber mit Vergnügen.«

Während Theonia in der Küche verschwand, um sich zu vergewissern, dass dort alles seinen geregelten Gang ging, setzte Sarah sich auf einen Hocker neben Mrs. Gates' Sessel und empfand ein kindliches Vergnügen dabei, die Geheimnisse des Beutels zu erforschen. »Hier ist genügend blauer Taft, um noch einen Teewärmer anzufertigen«, meinte sie. »Möchten Sie sich den aufheben, um später einmal wieder einen zu nähen? Das muss doch viel Freude machen.«

Mrs. Gates seufzte. »Das habe ich auch geglaubt, als ich im Frühjahr damit anfing. Inzwischen hängen sie mir so zum Hals raus, dass es mir schon reicht, wenn ich nur daran denke. Nehmen Sie doch den Taft und die Posamenten, wenn Sie selbst einen nähen möchten«.

»Meinen Sie das im Ernst? Darf ich wirklich?«

Sarah hatte bereits an einen Teewärmer für Max' Mutter gedacht. Für sie als Prototyp einer weißen, protestantischen Amerikanerin angelsächsischer Abstammung war es in diesem Jahr ein schwieriger Balanceakt, bei der Einhaltung der Festtagsbräuche den kulturellen Hintergrund ihrer Kindheit mit dem, was für ihre frisch angeheirateten jüdischen Verwandten gerade noch akzeptabel war, in Einklang zu bringen. Max war zwar der Meinung, sie sollten einfach so tun, als ob nichts sei, doch Sarah hatte viel zu viel Erfahrung darin, wie leicht es war, einen Familienzwist unter den zahlreichen Kellings heraufzubeschwören, als dass sie einen mit den Bittersohns riskieren wollte. Verwandtschaftliche Beziehungen waren von allergrößter Bedeutung, auch wenn sie die Qualen der Weihnachtseinkäufe vermehrten.

Erst an diesem Nachmittag hatte sie ihrer neuen Schwägerin eine Souffléschüssel gekauft und war dabei ziemlich übel zugerichtet worden. Es wäre wunderbar, wenn es ihr gelänge, selbst einen einigermaßen akzeptablen Teewärmer zu nähen, statt ihn irgendwo kaufen zu müssen, obwohl Sarah klar war, dass es ihr nie im Leben gelingen würde, etwas zustande zu bringen, das sich mit Mrs. Gates' Erzeugnissen vergleichen ließe. Natürlich konnte sie immer noch morgen nach St. Eusapia fahren und diese hübsche Kleinigkeit käuflich erwerben, falls ihr nicht irgendjemand zuvorkäme und sie sich überwinden könnte, das kleine Vermögen auszugeben, das die Leute von der Kirchengemeinde bestimmt verlangen würden. Und warum auch nicht? Es wäre direkt kriminell, eine derart meisterhafte Handarbeit für ein Almosen zu verschleudern. St. Eusapia war eine reiche Gemeinde, man würde genügend Käufer finden.

Sarah schlug die übrig gebliebenen Fransen und Bänder in den Taftstoff und steckte das kleine Bündel in die geräumige Seitentasche ihrer Abendgarderobe. Einer nach dem anderen erschienen jetzt die übrigen Mieter, und es war an der Zeit, sich ordentlich hinzusetzen und dem Haushalt alle Ehre zu machen.

Selbstverständlich hatte die Pension einige Wechsel in ihrer Klientel erlebt, seit Sarah Brooks und Theonia die Schlüssel übergeben hatte. Das Zimmer im Souterrain, in dem eine Zeit lang Max Bittersohn gewohnt hatte, gehörte nun einem Flötisten, der melancholisch wirkte und wie der junge Lord Byron aussah, in Wirklichkeit aber eine Frohnatur war, wenn er nicht gerade ein Konzert zu geben hatte. Da Mr. Snowfjord heute Abend eine Vorstellung hatte, schonte er sich, um alle Kraft für seine Arpeggios aufzuheben. Aber beim Tischgespräch würde sein Schweigen nicht weiter stören; man konnte sich immer darauf verlassen, dass Mr. Porter-Smith für zwei redete. Eugene Porter-Smith, noch einer von Sarahs sechs ursprünglichen Mietern, war amtlich zugelassener Wirtschaftsprüfer und arbeitete für Vetter Percy Kelling. Heute Abend hatte er seinem alten kastanienbraunen Smoking mit einer prächtigen grünen Fliege und einem farblich passenden Kummerbund ein weihnachtliches Aussehen verliehen.

Miss Jennifer Lavalliere, ebenfalls noch ein Überbleibsel aus Sarahs Zeit, zeigte sich mit einem nagelneuen zweikarätigen Diamanten am Ringfinger ihrer linken Hand – der spärliche Rest ihrer Garderobe war nicht weiter erwähnenswert. Sie ergriff begeistert die Gelegenheit, ihrer früheren Vermieterin den Ring vorzuführen und ihr alles über den jungen Mann zu erzählen, der ihn ihr geschenkt hatte, und außerdem über jenen Mieter, der über die Feiertage nach Denver gefahren war, ausgewählte Bosheiten zu verbreiten.

Miss Carboy, die sich den dritten Stock mit Miss Lavalliere teilte, war ein relativer Neuzugang in der Tulip Street: eine Frau in den Vierzigern, mit langen Gliedmaßen und einem langen Gesicht, die Sarah an Virginia Woolf erinnerte. Sie hatte irgendeine hochrangige Stellung im Verwaltungsdistrikt inne und neigte diesbezüglich zu großer Geheimniskrämerei, wahrscheinlich weil ihre Stelle in Wahrheit gar nicht so hochrangig war. Miss Carboy bewunderte Mrs. Gates' Näharbeit lang und breit und beging den Fauxpas zu fragen, ob sie sie nicht auf der Stelle kaufen könne.

»Es tut mir wirklich leid«, wiederholte Mrs. Gates eine Spur zu liebenswürdig. »Ich habe mich dazu verpflichtet, sechs davon für meinen Kirchenbasar anzufertigen, und genauso viele habe ich zustande gebracht, einmal angenommen, ich schaffe diesen Teewärmer heute Abend. Wenn Sie wirklich einen wollen, dann, fürchte ich, werden Sie ihn morgen zwischen zehn und vierzehn Uhr in St. Eusapia kaufen müssen.«

Miss Carboy seufzte. »Dann werde ich wohl leider darauf verzichten müssen. Ich bin morgen den ganzen Tag an meinen Schreibtisch gefesselt, wahrscheinlich bis weit in den Abend hinein. Gegen Ende des Jahres fällt immer so furchtbar viel Papierkram an.«

Die Sherry-Runde neigte sich ihrem würdevollen Ende entgegen, der Butler kündigte das Dinner an, und Mrs. Brooks Kelling bat ihre Gäste, Platz zu nehmen. Der Flötist beeilte sich mit seiner Suppe, nahm zwei Mundvoll vom Hauptgang, entschuldigte sich und eilte in die Nacht hinaus. Der Rest der Gesellschaft ließ sich das exzellente Mahl genüsslich schmecken und ging dann in die Bibliothek, um dort den Kaffee einzunehmen.

Mrs. Gates nahm ihre Arbeit wieder auf und bat Sarah erneut, ihr den Faden einzufädeln. »Ich muss nur noch dieses kleine Stück hier nähen. Dann bin ich fertig, dem Herrn sei Dank!« »Wie sehen denn die anderen aus?«, fragte Sarah. »Haben Sie sie alle gleich gemacht?« »Oh nein, jeder Teewärmer ist anders, sonst wäre ich bestimmt verrückt geworden. Ich würde sie Ihnen ja gerne zeigen, aber sie sind bereits weggepackt und in einer Einkaufstasche verstaut, damit Charles sie morgen früh zur Kirche bringen kann.«

Sarah hätte sie bereitwillig aus- und wieder eingepackt, aber sie hütete sich davor, Mrs. Gates um den Gefallen zu bitten. Sie trank ihren Kaffee, wünschte allen eine gute Nacht und ging nach Hause, um sich an den Stoffresten zu versuchen. Sie hatte sich von Anfang an keine große Hoffnungen gemacht; nach ein paar Stunden setzte sie dem Ganzen nur allzu gern ein Ende. Der Teewärmerüberzug, den sie zustande gebracht hatte, ähnelte nur entfernt dem, den sie zu kopieren versucht hatte, als Theaterrequisit hätte er herhalten können, aber nicht, um ihre noch recht zaghaften diplomatischen Beziehungen zu Mutter Bittersohn zu vertiefen. Sarah überlegte gerade, ob sie ins Bett gehen oder sich hinsetzen und eine Runde schmollen sollte, als Max anrief. Die Party hatte in einer Katastrophe geendet, und er war irgendwo weit ab vom Schuss gelandet. Ob sie wohl hinausfahren und ihn abholen könne?

Sie kamen spät ins Bett, was bedeutete, dass sie am nächsten Morgen erst spät starten konnten. Sarah schickte Max zu seiner Detektivarbeit und machte sich selbst auf die Suche nach Mutter Bittersohns Teewärmer. Bei einem vorausgegangenen Streifzug hatte sie ein paar ansehnliche Stücke zu recht vernünftigen Preisen in dem Geschäft gesehen, von dem sie annahm, dass dort immer noch Erzeugnisse der Hausfraueninitiative verkauft würden. Als sie an diesem Tag aber dort hinkam, waren die einzigen übrig gebliebenen Teewärmer rot und grün gestreift und mit kessen Elfen verziert. Sarah nahm nicht an, dass die Elfen von Santa Claus in diesem besonderen Fall ihren Zweck erfüllen würden.

In diesem Geschäft waren aber noch eine Menge anderer hübscher Dinge zu entdecken. Sie schlenderte eine Weile darin herum, erstand die eine oder andere Kleinigkeit für den einen oder den anderen ihrer zahllosen Verwandten und kaufte schließlich noch eine große Einkaufstasche, um die Geschenke darin nach Hause zu tragen. Hinterher ging sie auf einen Sprung zu Baileys, um ihre schwindenden Energien mit einem Eis mit heißer Schokoladensoße wieder aufzutanken; länger als beabsichtigt blieb sie sitzen, rührte in ihrem Becher und versuchte sich zu erinnern, welche von den vielen Kirchen an der Back Bay eigentlich St. Eusapia war.

Als sie sich ihres Zieles relativ sicher war, sah sich Sarah mit dem Problem konfrontiert, wie sie dorthin gelangen sollte. Ein Taxi kam nicht in Frage, der Verkehr bewegte sich nicht einen Zentimeter vorwärts. Und vor dem Eingang zur U-Bahn-Station Berkeley Street hörte sie die Unheil verkündende Nachricht, dass dort unten auch alles stand. Ein paar Tage vorher hatte es geschneit, und die Gehwege waren nur unvollständig geräumt; die Schneewehen, die der Schneepflug im Rinnstein aufgehäuft hatte, waren zu einer klumpigen Masse niedergetrampelt worden. Seit dem Morgen hatte der Wind aufgefrischt, und der Himmel war inzwischen genauso schmutzig grau wie der gefrorene Schneematsch, durch den Sarah sich mit viel zu vielen anderen mit Geschenken beladenen Mitkämpfern ihren Weg bahnen musste. Sarah war in Boston geboren und aufgewachsen und nahm dies alles gelassen hin. Es hätte auch keinen Sinn gehabt, großartige Verrenkungen zu machen, denn unter diesen Umständen wäre jede unvorsichtige Bewegung gefährlich, wenn nicht gar unmöglich gewesen. Dem Wetter angemessen mit Stiefeln und einem windundurchlässigen Mantel mit hochgezogener Kapuze ausgerüstet, machte ihr der Spaziergang nicht besonders viel aus, aber sie war dann doch erleichtert, als sie endlich die richtige Kirche erreichte und den bunt dekorierten Gemeindesaal betrat.

Aber irgendwie hatte alles viel länger gedauert, als es ihre Absicht gewesen war. Der Basar musste ein großer Erfolg gewesen sein, denn die Ware war schon ziemlich ausgesucht, und die ehrenamtlichen

Verkäuferinnen erweckten bereits den Anschein, als wollten sie zusammenpacken. Sarah fand problemlos den Stand mit den Handarbeiten, doch nur noch einer von Mrs. Gates' Teewärmern lag dort ausgestellt – auf rot-grünem Stoff prangte in üppigster Manier ein zwar entzückender, aber wohl kaum ökumenischer Christbaum aus bunten Glasperlen.

»Oh, meine Liebe«, wandte sie sich verzweifelt stöhnend an den Engel, der die Aufsicht hatte, eine Miss Waltham, an die sie sich noch von einem der Bürgerkomitees ihrer verstorbenen Schwiegermutter erinnern konnte, »ist das der einzige Teewärmer, den Sie noch haben? Ich habe gestern Abend gesehen, wie Mrs. Gates ein himmlisches Exemplar in Blau fertig genäht hat, und ich hatte gehofft, dass er noch hier sein würde.«

»Das ist er tatsächlich noch.«

Miss Waltham war eine majestätische Frau mit einem entschlossenen Kinn und einem in diesem Augenblick noch entschlosseneren Zug um den Mund. »Der Teewärmer aus blauem Taft kam mit einem Zettel, auf dem stand: ›Für W. J. Ronely reservieren‹, und so haben wir ihn selbstverständlich auf die Seite gelegt. Unnötig zu sagen, dass W. J. Ronely nicht erschienen ist. Das machen die Leute gern, wissen Sie, sie machen einen großen Wirbel, lassen sich Ware reservieren und kommen dann nicht, sodass wir darauf sitzen bleiben und die Kirche kein Geld sieht. Ich glaube, wir haben jetzt lange genug Geduld mit W. J. Ronely bewiesen, Mrs. Kelling. Wenn Sie bereit sind, achtzig Dollar für einen Teewärmer anzulegen, dann bin ich bereit, ihn herzuholen.«

Sarah unterließ es, Miss Waltham darauf aufmerksam zu machen, dass sie nicht länger Mrs. Kelling war. Stattdessen zahlte sie mit einem Scheck, auf dem ihr neuer Name gedruckt war. Das war teils als Hinweis zu verstehen, dass sie nicht länger mehr die war, die sie einst gewesen war, und teils dem Umstand zu verdanken, dass es ihr irgendwie gelungen war, den größten Teil der großzügigen Summe auszugeben, die Max ihr gegeben hatte, bevor er aus dem Haus gegangen war. Miss Waltham akzeptierte den Scheck, entfernte mit offensichtlichem Vergnügen das »Für W. J. Ronely reservieren«-Schild und wickelte den Teewärmer in viele Lagen Seidenpapier.

»Ich danke Ihnen vielmals«, sagte Sarah. »Lassen Sie, ich brauche keine Tasche, ich habe selbst eine.«

Sie verstaute den teuer erworbenen Schatz sorgfältig in ihrer Einkaufstasche und machte noch einen schnellen Rundgang zu den übrigen, schon fast leer gekauften Ständen. Von den Nippes-Figuren waren inzwischen nur noch jämmerlich wenige übrig, aber Sarah entdeckte trotzdem noch eine entzückende kleine Staffordshire-Katze, die die Schatzsucher übersehen hatten; die hatte zwar einen abgeschlagenen Schwanz, aber der konnte wieder angeklebt werden. Der Stand mit den Leckereien hatte noch eine Schachtel mit Karamellbonbons und eine Tüte mit Ingwerplätzchen zu Ausverkaufspreisen anzubieten. Zu guter Letzt fand Sarah sich vor dem Stand mit den Handarbeiten wieder, wo Mrs. Gates' Teewärmer mit dem Christbaum immer noch in einsamem Glanz erstrahlte. Was sollte sie da anderes machen, als ihr sparsames Yankee-Gewissen zum Schweigen zu bringen und zu sagen: »Den nehme ich auch noch«?

In der Zwischenzeit war ihre Einkaufstasche prall gefüllt. Miss Waltham packte den teuren Tand in das ganze Seidenpapier, das sie noch hatte, und stopfte ihn dann in eine zerknitterte braune Papiertüte, die sie unter dem Tisch hervorgeholt hatte.

»Da haben Sie Ihren Teewärmer, Mrs. Bittersohn«, sagte sie laut und deutlich, damit Sarah ja wusste, dass ihr ihr Fehler klar geworden war. »Wenn der nicht jemandem ein fröhliches Weihnachtsfest bereiten wird, dann weiß ich wirklich nicht, was sonst.«

Sarah bedankte sich bei ihr und klemmte sich die Tüte unter den Arm. Als sie sich zum Gehen umwandte, wurde sie fast von einem großen Mann in einem dunklen Mantel, der ein bisschen wie Virginia Woolfs Bruder aussah, über den Haufen gerannt.

»Mein Name ist Ronely«, hörte Sarah ihn unwirsch zu Miss Waltham sagen. »Sie haben einen Teewärmer für mich auf die Seite gelegt.«

»Es tut mir leid«, erwiderte Miss Waltham, »den haben wir nicht mehr. Sie hätten nicht so lange warten dürfen. Wir dachten uns, Sie würden nicht mehr kommen, und haben den Teewärmer an jemand anderen verkauft.«

»Aber ich bin in der U-Bahn stecken geblieben!«

Sarah beschloss, dass es unhöflich wäre, noch länger zu bleiben und die Unterhaltung zu belauschen. Sie verließ den Gemeindesaal, so schnell sie konnte, knöpfte sich den Mantel bis unters Kinn zu und zog sich die Kapuze tief in die Stirn. Der Schnee, der den ganzen Weg hierher drohend in der Luft gelegen hatte, fiel nun vom Himmel: ein hinterhältiger, peitschender, graupeliger Schnee, der nichts Gutes ahnen ließ. Sarah hoffte, dass Max in den Villenvierteln nicht im Schnee stecken bleiben würde. Sie selbst hatte auch keine große Lust mehr, noch länger bei diesem Schneesturm draußen zu sein, und ging deshalb schnell in Richtung Arlington Street. Sie stand gerade vor dem Ritz Carlton und wartete auf eine Lücke im Verkehrsstrom, um die Straße zu überqueren und durch den Park nach Hause zu gehen, als sie von hinten angestoßen wurde und in den Rinnstein stürzte.

Der Portier des Ritz war sofort bei ihr. Er erkannte sie natürlich; Max' Klienten gehörten zu der Art von Leuten, die immer im Ritz abstiegen. »Mrs. Bittersohn, sind Sie in Ordnung? Dieser Kerl hat Sie mit Absicht gestoßen, das habe ich genau gesehen. Hat er Ihre Handtasche erwischt? Warten Sie, ich nehme Ihre Einkaufstasche. Möchten Sie einen Augenblick in die Halle kommen? Soll ich Ihnen ein Taxi rufen?«

»Wie sah der Mann aus?«, war alles, was Sarah zu fragen einfiel.

»Ein großer, magerer Kerl in einem dunklen Mantel. Es hat keinen Sinn, ihn einholen zu wollen, er ist in der U-Bahn verschwunden. Er sah wirklich nicht wie ein Handtaschenräuber aus. Aber so etwas kann man vorher nie wissen, nicht wahr? Hier sind Ihre Karamellbonbons.«

»Vielen Dank.«

Sarah hätte den Namen des Portiers eigentlich wissen müssen, aber sie war zu aufgeregt, als dass er ihr in diesem Moment eingefallen wäre. Wenigstens die Karamellbonbons waren unversehrt, die Herstellerin hatte sie in eine Plastiktüte verpackt. Ihre Handtasche, deren zuverlässiger Verschluss nicht aufgegangen war, hing noch fest über ihrem Arm. Das Einzige, was fehlte, war die braune Papiertüte, in der sich der Teewärmer befunden hatte, und zwar der mit dem Christbaum, der nicht für W. J. Ronely auf die Seite gelegt worden war.

Achtzig Dollar waren in der U-Bahn verschwunden. Während sie ihre Blessuren rieb und ihren Mantel zurechtstrich, sah sich der Portier auf der Fahrbahn und unter den parkenden Autos in der Nähe um, konnte ihre Tüte aber nirgends finden. Sarah war keineswegs überrascht. Irgendwie hatte sie sogar Verständnis für W. J. Ronely. Weihnachtseinkäufe waren ein verzweifeltes Unterfangen; vielleicht hatte er ja auch eine Schwiegermutter.

Sie gab dem Portier trotz seines halbherzigen Protestes ein großzügiges Trinkgeld, sagte ihm, er solle sich wegen eines Taxis keine Sorgen machen, da sie zu Fuß schneller in die Tulip Street kommen werde – eine Feststellung, gegen die er kaum etwas einwenden konnte, da der Schnee den Verkehr inzwischen schlimmer als je zuvor behinderte, obwohl das eigentlich kaum noch möglich schien –, und setzte sich dann Richtung Park in Bewegung.

Sie hatte keine Angst, noch weiter von W. J. Ronely verfolgt zu werden. Er hatte bekommen, was er wollte, oder dachte es zumindest. Selbst wenn er entdeckte, dass er die falsche Tüte erwischt hatte, würde er nicht wissen, wo er nach der richtigen Tüte suchen sollte. Es sei denn, er hatte zufällig mit angehört, wie Miss Waltham oder der Portier sie

Mrs. Bittersohn genannt hatten. Bittersohn war kein geläufiger Name. Max stand als Einziger dieses Namens im Bostoner Telefonbuch.

Sarah bemühte sich, sich nicht umzusehen, aber sie wünschte doch, der Fußmarsch wäre nicht ganz so beschwerlich. Sie war sehr froh, als sie endlich die Beacon Street erreichte und zum Hill hinüber abbiegen konnte. Die Tulip Street lag jetzt nur noch ein paar Minuten entfernt, und die meiste Zeit über könnte sie nun im Windschatten des Sturmes laufen.

Doch als sie an dem purpurroten Reihenhaus vorbeikam, in dem seit Langem General Purslane, Großonkel Fredericks alter Freund aus Armeezeiten, mit seiner Frau wohnte, beschloss sie, den beiden einen kurzen Besuch abzustatten. Sie würde ihnen die Karamellbonbons schenken, die beiden liebten Süßigkeiten.

Die Purslanes waren hocherfreut, sie und die Karamellbonbons zu sehen. »Sie sind ja ein richtiger Schatz, dass Sie an uns gedacht haben!«, rief Mrs. Purslane aus. »Lassen Sie Ihren Mantel und Ihre Stiefel doch gleich hier an der Tür. Sie kommen gerade rechtzeitig für eine Tasse Tee. Was haben Sie denn sonst noch auf dem Basar gekauft?«

»Einen von Mrs. Gates' entzückenden Teewärmern. Ich werde ihn Ihnen zeigen.«

Da es keinen Sinn hatte, dem verlorenen Teewärmer nachzutrauern, war Sarah froh, dass sie wenigstens den einen noch herzeigen konnte, der ihr geblieben war. »Können Sie sich vorstellen, wie viel Arbeit sie darin investiert hat? Man kann kaum die Stiche sehen.«

Mrs. Gates hatte ihre Teewärmer nach dem üblichen Sofakissenprinzip hergestellt: Sie bestanden aus einem reich verzierten Überzug und darunter aus einer wattierten Halbkugel aus schwerem Baumwollstoff, der die eigentliche Aufgabe zufiel, die Hitze in der Teekanne zu konservieren. Sarah zog den Überzug herunter, damit Mrs. Purslane die Perfektion der Nähte auch auf der Innenseite bewundern konnte. Dabei fiel ihr eine kleine Unregelmäßigkeit auf.

Mrs. Gates hatte den wattierten Unterbau auf die übliche Weise hergestellt, indem sie nämlich die vier Einzelteile, aus denen sich die Halbkugel zusammensetzte, auf der linken Seite zusammengenäht und diese dann umgestülpt hatte, sodass die Nähte nicht zu sehen waren, wenn das Füllmaterial im Stoff war. Die Nähte am unteren Rand waren dann so sorgfältig verbunden worden, dass man ohne Lupe den Anschluss kaum erkennen konnte. Aus irgendeinem Grund jedoch war die Naht an der Spitze etwa vier Zentimeter aufgetrennt und dann mit offensichtlich geringer Kunstfertigkeit wieder von außen zugenäht worden.

»Das hat nie im Leben Mrs. Gates gemacht!« Sarah tastete vorsichtig die Naht ab. »Ich glaube, ich kann etwas spüren. Mrs. Purslane, haben Sie vielleicht eine Nagelschere?«

»Hier, nehmen Sie das.«

Mrs. Purslane kramte in ihrem Nähkorb und reichte Sarah einen zierlichen, aber durchaus scharfen Saumtrenner. Sarah zupfte behutsam an den unbeholfenen Stichen und steckte dann das schlanke Werkzeug durch die Öffnung.

»Da ist es. Ich kann es fühlen. Hätten Sie vielleicht eine Pinzette?«

»Sicher, einen Moment bitte.«

Mit der Pinzette stocherte Sarah etwas herum und zog dann einen winzigen durchsichtigen Umschlag heraus. Der General warf nur einen Blick darauf und sprang sofort aus seinem Sessel auf.

»Bei Gott, das ist ein Mikrofilm! Die Frau muss eine Spionin sein!«

»Mrs. Gates ist achtundneunzig Jahre alt und die Witwe eines Bischofs«, sagte Sarah. »Sie hätte bestimmt keinen Grund, die Naht aufzutrennen; außerdem hätte sie den Film doch dort verstecken können, als sie an dem Teewärmer gearbeitet hat. Und wenn sie die Naht aufgetrennt hätte, hätte sie sie wieder so zugenäht, dass keinem Menschen etwas aufgefallen wäre. Selbst ich hätte es besser gekonnt. Was mag wohl auf dem Film sein?«

»Das werden wir gleich wissen«, sagte der General. »Kommen Sie mit in mein Arbeitszimmer, dort habe ich ein Mikrofilmgerät. Für mein Buch, wissen Sie.«

Es war wohl unnötig zu sagen, dass der General seine Zeit damit zubrachte, seine Memoiren zu schreiben. Soweit Sarah wusste, war er seit mehr als fünfundzwanzig Jahren damit beschäftigt. Ihre und Mrs. Purslanes Geduld wurde arg strapaziert, als er den geheimnisvollen schwarzen Streifen umständlich mit der Pinzette einlegte und das Licht ausschaltete.

»Was ist darauf zu sehen, George?«, fragte seine Frau ungeduldig.

»Warte, bis ich die Schärfe – Herr im Himmel! Meine Damen, ich werde Sie bitten müssen, diesen Raum sofort zu verlassen. Und schließen Sie bitte die Tür hinter sich. Ich muss auf der Stelle mit dem Verteidigungsminister telefonieren. Sarah, Sie haben unserem Land heute einen großen Dienst erwiesen. Aber jetzt gehen Sie sofort nach Hause, und vergessen Sie das Ganze. Das ist ein Befehl.«

»Sehr wohl, Herr General«, sagte Sarah. »Aber meinen Teewärmer nehme ich mit.«

Sie bedankte sich bei Mrs. Purslane für den Tee, wünschte ihr frohe Weihnachten, ließ sich versichern, dass sie dem General soeben solche bereitet habe, und musste sich dann einem ausgewachsenen Blizzard aussetzen. Zum Glück hatte sie es nicht mehr weit. Sie betrat ihre Wohnung unter leicht übertrieben wirkenden Vorsichtsmaßnahmen. Doch sobald sie drinnen war, ermahnte sie sich, nicht albern zu sein, und machte sich daran, ihren nassen Mantel aufzuhängen und die Einkaufstasche auszupacken. Ihre Einkäufe konnten ruhig auf dem Küchentisch liegen bleiben, sie konnte sie später immer noch in Geschenkpapier packen, sobald sie entschieden hatte, wer was bekommen sollte. Was den blauen Teewärmer betraf, so holte sie Nadel und Faden und nähte den Spalt zu, den sie aufgetrennt hatte; aber zuerst untersuchte sie mit einem schmalen Messer die Stelle, um sicherzugehen, dass in dem Futterstoff nicht noch mehr verborgen war. Sie fragte sich, wer sich wohl daran zu schaffen gemacht hatte.

Der Mikrofilm konnte bestimmt nicht versteckt worden sein, bevor Mrs. Gates mit ihrer Arbeit fertig gewesen war. Einer Expertin wie ihr wären mit Sicherheit die unbeholfenen Stiche aufgefallen, als sie den Überzug über den wattierten Futterstoff stülpte. Diese Arbeit konnte erst erledigt worden sein, nachdem sie zu Bett gegangen war und die gepackte Tasche vor ihrer Tür für Charles bereitgestellt hatte, damit dieser sie am nächsten Morgen abholte.

Und sobald Mr. Snowfjord von seinem Konzert zurückgekommen war und alle anderen sicher im Haus gewesen waren, hatte Brooks mit Sicherheit alle Türen fester als die von Fort Knox verriegelt. Und bestimmt hätte es niemand gewagt, sich an der Tasche zu schaffen zu machen, solange die Mieter noch auf waren. Aber nur einmal ange-nommen, es wäre einem Außenstehenden tatsächlich gelungen, sich irgendwo im Haus zu verstecken, so wäre es dem Eindringling doch unmöglich gewesen, in den frühen Morgenstunden wieder zu ver-schwinden, ohne dass eine nicht vorgelegte Kette, ein nicht abgesperr-tes Schloss oder ein offen stehender Riegel diese Tatsache verraten hätte. Wer immer das getan hatte, war jemand, der, wenn überhaupt, auf die übliche Art und Weise in das Haus gekommen, dort geblie-ben und wieder hinausgegangen war; diese Person hatte darauf ver-traut, dass Charles das Päckchen, an dem man herumhantiert hatte, dorthin bringen würde, wo es hingehörte, und dass die Leute in der Kirche sich an die Nachricht halten würden, die an dem manipulier-ten Teewärmer angebracht war.

Es gab da aber noch, wie Sarah einfiel, die vage Möglichkeit, dass Charles selbst irgendwo auf dem Weg nach St. Eusapia haltgemacht und gewartet hatte, während ein anderer die Drecksarbeit erledigte. Charles arbeitete als Schauspieler, wann immer sich ihm die Gelegen-heit bot, und wie viele andere Schauspieler auch hatte er vielleicht manchmal Schwierigkeiten, zwischen gutem Theater und üblen Machenschaften zu unterscheiden. Doch falls er sich tatsächlich wissentlich auf eine solche Sache eingelassen hatte, hätte Charles bereits vorher darin verwickelt gewesen sein müssen. Sarah konnte sich nicht vorstellen, dass er sein Geheimnis nicht an Mariposa, die Haushälterin, ausgeplaudert hätte, mit der er, wie Cousine Theonia es freundlich umschrieb, ein sehr enges Verhältnis hatte. Und es war unvorstellbar, dass Mariposa ihm so eine Gaunerei hätte durchgehen lassen.

Was Theonia betraf, konnte sie ebenso gut nähen wie Mrs. Gates. Brooks wahrscheinlich auch, wenn er es versucht hätte, er war unglaublich geschickt mit den Händen. Auch wenn man einmal annahm, sie hätten sich zu einem Verrat bereitgefunden – was undenkbar war –, dann hätte doch keiner von beiden eine so schlechte Arbeit abgeliefert.

Sarah wünschte sich, General Purslane hätte kein so schreckliches Geheimnis um diesen Film gemacht. Wenn darauf irgendetwas mit Zahlen stand, wie zum Beispiel ein Angebot für einen Rüstungsauftrag, dann, vermutete Sarah, war es durchaus denkbar, dass Eugene Smith-Porter der Schuldige war, einmal angenommen, Cousin Percy hatte die Art von Klienten, die in solche Schwierigkeiten kommen konnten. In diesem Fall würde Percy wahrscheinlich persönlich deren Bücher führen, statt einen Angestellten dieser Versuchung auszusetzen.

Wenn sie doch nur eine Ahnung gehabt hätte, was das für eine wichtige Stellung im Verwaltungsdistrikt war, dann hätte Sarah auch bereitwillig Miss Carboy verdächtigt. Doch so war die Frage für den Augenblick nur rein akademischer Natur. Dass irgendjemand einem Hohlkopf wie Jennifer Lavalliere einen subversiven Mikrofilm anvertrauen würde, schien nicht sehr wahrscheinlich, aber sie hatte diesen neuen Verlobten, und wie der Portier des Ritz so treffend bemerkt hatte, konnte man ja nie wissen.

Mr. Snowfjord schien ein unwahrscheinlicher Kandidat zu sein, aber auch hier wiederum galt: Man konnte nie wissen. Ein gefragter Musiker lernte bestimmt eine Menge verschiedener Leute kennen, und Flötisten waren zwangsläufig fingerfertig.

Sarah biss den Faden ab, zog den entzückenden blauen Überzug über die geflickte Wattierung und kam zu dem Schluss, dass sie Mutter Bittersohns Geschenk ebenso gut gleich einpacken konnte, bevor es noch weiteren Ärger verursachte. Doch dann überlegte sie es sich anders, schlug den Teewärmer in Aluminiumfolie und steckte ihn in das Gefrierfach des Kühlschrankes.

Der Überzug, den sie aus Mrs. Gates' Stoffresten herzustellen versucht hatte, lag immer noch dort, wo sie ihn gestern Abend liegen gelassen hatte. Sarah fand die Wattierung eines alten Teewärmers, den sie irgendwann einmal hatte neu überziehen wollen, riss die Naht oben ein paar Zentimeter auf und holte einen Schnappschuss, den Cousine Mabel anstelle einer Weihnachtskarte geschickt hatte. Er zeigte Mabel, wie sie auf einer der Key-Inseln vor Florida neben einem Alligator stand; Mabel fuhr über Weihnachten immer weg, damit sie einen Vorwand hatte, niemandem ein Geschenk kaufen zu müssen. Der Alligator hatte das freundlichere Lächeln von beiden, dachte Sarah, als sie das Foto in die Wattierung steckte. Dann nähte sie die Stelle wieder zu, steckte die Wattierung in den provisorischen Überzug und legte den fertigen Teewärmer wieder auf den Tisch zurück.

Um diese Zeit waren die Tage so kurz wie sonst nie im Jahr. Inzwischen hätte es eigentlich stockdunkel sein müssen, aber der helle Schnee und der Schein der altmodischen Straßenlaternen ließen die Stadtlandschaft in einem unwirklich schimmernden Dunkelgrau aufleuchten. Normalerweise wäre Sarah am Fenster stehen geblieben, hätte auf die Straße hinausgeschaut und sich an dem Anblick erfreut, an dem wechselhaften Spiel von Licht und Schatten, der gespenstischen Schönheit der sich im Schritttempo nähernden Autoscheinwerfer, die zuerst so klein wie verschwommene Taschenlampen waren, im Näherkommen aber immer größer, heller und verschwommener wurden und sich in rubinrote Strahlenkränze verwandelten, wenn die Autos vorbeifuhren und die Heckleuchten in Sicht kamen, die dann kleiner und kleiner wurden, bis sie ganz verschwanden. Heute aber zog sie die Rollläden herunter und erschauderte leicht, als sie in die Küche zurückging.

Brooks würde in exakt vierzehn Minuten bei ihr eintreffen, um die letzte der Vorhangstangen anzubringen. Brooks war immer auf die Sekunde pünktlich, doch vierzehn Minuten konnten eine lange Zeit sein, wenn man allein wartete. Die Nachbarin über ihr war zu Hause, Sarah hatte die schleppenden Schritte und das Aufsetzen des Stockes gehört. Mrs. Levits war wie die Purslanes den ganzen Tag ans Haus gefesselt gewesen. Sarah legte ein paar Kekse, die sie auf dem Basar gekauft hatte, auf einen kleinen Teller und rannte nach oben, zu ungeduldig, um auf den antiquierten Aufzug zu warten, der so groß wie eine Telefonzelle und so langsam wie zehn Schnecken war.

Mrs. Levits freute sich sehr über die Plätzchen und war ganz wild auf einen langen, gemütlichen Winterplausch; Sarah musste ihr klarmachen, dass sie nicht lange bleiben konnte, da sie ihren Vetter erwartete. Schlau, wie sie war, benutzte sie Mrs. Levits Telefon, um sich zu vergewissern, dass Brooks tatsächlich auf dem Weg war, ehe sie wieder nach unten ging und auf dem Treppenabsatz auf ihn wartete. Als sie zusammen die Wohnung betraten, war sie nicht sehr überrascht, einen Luftzug zu spüren, der von einer zerbrochenen Scheibe in der Tür, die zur Feuerleiter führte, herrührte; es überraschte sie auch nicht, den schmelzenden Schnee auf dem sauberen Küchenfußboden und das Verschwinden ihres provisorischen blauen Teewärmers zu entdecken.

»Gütiger Himmel, bei dir ist eingebrochen worden«, rief Brooks aus. »Schau nach, ob noch alle Wertsachen da sind, ich rufe inzwischen die Polizei.«

»Nein, ruf sie nicht an«, sagte Sarah. »Ich weiß, was er geklaut hat.«
Sie erzählte Brooks die ganze Geschichte. Er verschwendete keine Zeit
mit Fragen, sondern holte gleich sein Band hervor und maß die zerbrochene Scheibe.

»Zu Hause habe ich noch Fensterglas. Ich werde ungefähr acht Minuten brauchen, um kurz hinüberzuspringen, ein Stück in der passenden Größe zurechtzuschneiden und es wieder zurückzubringen. Willst
du mitkommen?«

Sarah schüttelte den Kopf. »Für den Augenblick dürfte ich hier in
Sicherheit sein, jetzt, da Ronely annimmt, dass er das hat, wonach er
sucht. Ich bleibe lieber hier und erstatte General Purslane Bericht.«
Sie schob eine gefaltete Zeitung vor die zerbrochene Scheibe, um wenigstens die kalte Luft abzuhalten, und nahm den Hörer ab. Sie telefonierte immer noch mit dem General, als es an der Tür läutete. In der
Annahme, es sei Brooks mit der Scheibe, verabschiedete sie sich und
drückte auf den Öffner für die Eingangstür. Jemand kam die Treppe
heraufgepoltert – aber Brooks war es nicht, der schlich wie eine Katze – und klopfte an die Tür.

»*United Parcel*. Päckchen für Bittersohn.«

»Stellen Sie es einfach vor die Tür«, rief Sarah hinaus.

»Sie müssen aber unterschreiben.«

»Unterschreiben *Sie* für mich. Ich liege in der Badewanne.«

Falls es sich tatsächlich um eine Lieferung von UPS handelte, dann
würde der Fahrer es fürchterlich eilig haben, zu seinem Lieferwagen
zurückzukommen, der bestimmt den befahrenen Rest der engen Ein-
bahnstraße blockierte. Er würde lieber tun, was sie ihm gesagt hatte,
als sich bei diesem Wetter noch einmal in die Tulip Street zu wagen.
Falls es aber in Wirklichkeit gar kein Bote war, wollte Sarah es lieber
nicht selbst herausfinden müssen. Brooks konnte das Päckchen ja
mitbringen, falls wirklich eines dalag.

Sie wünschte, die Wohnungstür hätte einen modernen Spion, damit sie sehen könnte, wie der Mann aussah. Doch stattdessen hatte sie nur ein altmodisches Schlüsselloch, das nicht mehr benutzt worden war, seit eine moderne Kette und ein Sicherheitsschloss angebracht worden waren. Sarah kniete sich hin, schob die winzige Metallasche beiseite, die das Schlüsselloch abdeckte, und spähte hindurch.

Sie sah nur ein Paar Hände in schwarzen Lederhandschuhen, die vorsichtig ein Päckchen in braunem Papier auf den Boden stellten. Da das Päckchen ungefähr die Größe der Bonbonschachtel hatte, die sie den Purslanes geschenkt hatte, kam es ihr merkwürdig vor, wie behutsam damit umgegangen wurde. Vielleicht war da irgendwo ein »Zerbrechlich«-Aufkleber, aber selbst dann … Das Geräusch der dröhnenden Schritte, als der Bote sich umdrehte und, gleich drei auf einmal nehmend, die Stufen hinuntereilte, ließ sie aufschrecken. Sie erhaschte gerade noch einen flüchtigen Blick auf einen schwarzen Stiefel und auf etwas Braunes, aber das war es dann auch schon.

Brooks war erst ungefähr vier Minuten fort, und so wollte sie das Päckchen draußen lassen, bis er zurückkam. Dann dachte Sarah an die unverständlich vorsichtige Art, mit der die behandschuhten Hände das kleine Ding abgesetzt hatten, und an die lahme Mrs. Levits von oben und an den engen alten Aufzug.

Es war verrückt, es war unmöglich. Aber es war ein Risiko, das sie einfach nicht eingehen durfte. Sarah öffnete die Tür, beugte die Knie und hob mit äußerster Vorsicht das Päckchen auf.

Die Schachtel war säuberlich eingepackt. Ihr Name und ihre Adresse waren deutlich auf einen Aufkleber getippt, der wie der übliche UPS-Aufkleber aussah; der Name des Absenders war nicht zu entziffern. Das Packpapier war nicht mit Klebeband festgemacht, und die grelle rot-grüne Weihnachtsschnur, die es zusammenhielt, war nur zu einer einfachen Schleife geschlungen. Was sollte man um Gottes willen jetzt nur damit anfangen?

Mit der Schachtel in der Hand und einem Kloß im Hals stand Sarah im Wohnzimmer und warf wild suchende Blicke um sich. Neben dem Gaskamin stand ein Weidenkorb, in dem sie als Ersatz für den nicht vorhandenen Weihnachtsbaum Tannenzweige und rote Holunderzweige arrangiert hatte. So schnell, wie sie es wagte, stellte sie die Schachtel zwischen die Zweige und trug den Korb dann auf die Feuerleiter hinaus.

Die Reihenhäuser in der Tulip Street hatten winzige Gärten, die alle auf eine schmale Gasse führten. Auf der anderen Seite der Gasse sah man die Rückseite der Häuser, die auf die Parallelstraße hinausgingen. Einer der Vormieter hatte zwischen Sarahs Feuerleiter und der des gegenüberliegenden Hauses eine auf Rollen rundumlaufende Wäscheleine befestigt; sicher nicht, um in diesem todschicken historischen Viertel Wäsche aufzuhängen, viel eher, um auf diese Weise einem Freund kleinere Gegenstände zu schicken.

Mit einem Stück breiten roten Geschenkbandes, das sie im Vorübergehen unter ihrem Geschenkpapier hervorgekramt hatte, band Sarah den Korb an den unteren Teil der schmutzigen, aber immer noch funktionierenden Wäscheleine und zog an dem oberen Teil, um so den Korb schaukelnd in den leeren Raum über der Gasse zu befördern.

Im Schein der Straßenlaterne und im Licht, das aus ihrer eigenen Küche drang, konnte sie den Korb recht deutlich sehen. Er sah unschuldig festlich aus mit seiner Last aus grünen Tannenzweigen und der neckischen roten Schleife, die sie ganz automatisch gebunden haben musste, obwohl sie sich nicht mehr daran erinnern konnte. Wahrscheinlich ein Reflex; um diese Jahreszeit waren alle am Schleifenbinden. Sie ging zum Telefon und rief wieder den General an.

»Hier ist Sarah«, sagte sie zu ihm. »Vielleicht reagiere ich ein wenig überzogen, aber gerade eben hat jemand ein Päckchen vor meiner Tür abgestellt. Der Bote hat behauptet, er sei von UPS, aber die Schachtel ist so schlampig eingepackt, dass sie sie dort niemals angenommen hätten. Nein, natürlich habe ich die Tür nicht aufgemacht. Ich habe durch das Schlüsselloch gespäht. Der Bote hat die Schachtel übertrieben vorsichtig abgesetzt und hatte es dann schrecklich eilig, wieder zu verschwinden. Nein, ich habe sie draußen auf die Wäscheleine gehängt. Ich hoffe nur, wer immer auf der anderen Seite wohnt, denkt jetzt nicht – oh, ich muss eine Taube aufgeweckt haben. Sch! Fort!«

Bostoner Tauben lassen sich nicht so leicht verscheuchen. Diese hier machte es sich auf dem Rand des Korbes bequem, sodass er sich zu Sarahs Entsetzen leicht zur Seite neigte, und fing an, methodisch und geschäftsmäßig die Holunderbeeren abzupicken. Sarah ließ die Taube nicht aus den Augen, während der General ihr Fragen stellte, die sie nicht beantworten konnte.

Inzwischen hatte sich die Taube an den Beeren satt gefressen und das Päckchen in Angriff genommen. Die rot-grüne Schnur im Schnabel, zerrte sie daran mit der ganzen Kraft und der ganzen Erfahrung, die man berechtigterweise von einem zähen, im Straßenleben erprobten Vogel erwarten konnte. Die Taube stemmte sich an dem Henkel ab und zog stärker. Der Knoten löste sich. Der Korb explodierte mit einem dumpfen Knall, aber der riesige Feuerball erhellte die ganze Umgebung. Doch nur für einen Augenblick, dann schwebten die verkohlten Einzelteile zu Boden und verschwanden in der sie verschlingenden Dunkelheit.

Man hatte sie in ihre Einzelteile zerlegen wollen.

»Sie brauchen sich nicht mehr um das Bombenkommando zu kümmern, General«, sagte sie dumpf. »Die Taube hat den Zünder ausgelöst. Ich bin froh, dass sie vorher wenigstens noch die Beeren fressen konnte.«

Sie legte den Hörer auf und stand immer noch mit schlaff herabhängenden Armen da, als Brooks zurückkam. Sie musste ihren ganzen Mut zusammennehmen, um ihm die Tür zu öffnen.

»Tut mir leid, hat länger gedauert, als ich dachte«, entschuldigte er sich. »Miss Carboy kam gerade nach Hause und hat mich auf der Treppe abgefangen.«

Sarahs Lebensgeister erwachten wieder. »Was hatte sie an?«

»Hä? Oh. Schwarze Stiefel und Handschuhe, einen braunen Mantel und eine braune Pelzmütze.« Brooks war Vogelbeobachter und achtete auf Einzelheiten. Er hatte sich bestimmt nicht getäuscht.

»Ich muss den General noch einmal anrufen«, sagte sie. »Das wird dir deine Sherry-Stunde vermiesen.«

»Warum? Sarah, was ist passiert? Du bist ja weiß wie ein Leintuch.«

»Nur einen Augenblick, Brooks. General Purslane, sind diese Leute vom Geheimdienst noch bei Ihnen? Wunderbar! Sagen Sie ihnen, sie sollen auf der Stelle zu den Kellings in der Tulip Street kommen und dort eine Frau festnehmen – wie ist noch mal gleich ihr Vorname, Brooks?«

»Virginia.«

»Aber natürlich, was sonst. Virginia Carboy. Groß, dünn, mit langem Gesicht, so Mitte Vierzig. Sie war es, die die Negative in dem Teewärmer versteckt, die Nachricht daran befestigt und mir die Bombe vor die Tür gesetzt hat. Aber bitte sofort. Sie unternimmt vielleicht einen Fluchtversuch, sobald sie merkt, dass sie das Haus hier nicht in Brand gesetzt hat.«

Sarah wiederholte noch einmal die Adresse, drückte auf die Gabel und wählte aufs Neue. Zum Glück ging Charles ans Telefon.

»Charles, hier ist Sarah. Tun Sie so, als ob gar nichts wäre, aber Sie und Mariposa müssen dafür sorgen, dass Miss Carboy das Haus nicht verlässt. Jemand ist auf dem Weg, um sie festzunehmen, sie muss da sein, wenn die Leute kommen. Schlagt sie nieder und fesselt sie, wenn es sein muss, aber macht es unauffällig.«

Offensichtlich war keine Gewalt nötig gewesen. Während Brooks die Scheibe wieder in die Tür einsetzte, hatte Sarah vom Vorderfenster aus gesehen, wie die Leute vom Geheimdienst vor dem Haus vorgefahren waren und Charles sie mit genau der richtigen Mischung aus unerschütterlicher Würde und patriotischer Kooperation ins Haus gelassen hatte. Sie hatte gesehen, wie Miss Carboy in Handschellen aus dem Haus geführt und sicher in dem Zivilfahrzeug verfrachtet worden war, das es während seines kurzen Aufenthaltes fertiggebracht hatte, die untere Hälfte der Tulip Street mit einem Weihnachtskonzert aus heiseren Hupen und fluchenden Autofahrern zu erfüllen.

»Ich kann mir nicht vorstellen, dass es Cousine Mabels Foto war, das Miss Carboy zu mörderischem Wahnsinn getrieben hat«, sagte Sarah. »Es muss Mr. Ronely gewesen sein, der eingebrochen und den blauen Teewärmer gestohlen hat, glaubst du nicht? Miss Carboy hätte gar nicht die Zeit gehabt, den Einbruch zu begehen und dann zurückzusausen, um eine Brandbombe zu holen, selbst wenn sie eine im Schlafzimmer herumliegen gehabt hätte, wo Mariposa sie höchstwahrscheinlich heim Saubermachen zur Explosion gebracht hätte.«

»Da muss ich dir zustimmen«, sagte Brooks. »Sie hätten gar keine Zeit gehabt, sich miteinander in Verbindung zu setzen, wie General Purslane es zweifellos ausdrücken würde. Der Grund für diesen ausgeklügelten Hokuspokus mit dem Teewärmer muss darin gelegen haben, dass sie es sich nicht erlauben konnten, miteinander gesehen zu werden. Sonst hätte sie doch einfach hingehen und ihm die Negative übergeben können.«

»Die Bombe war also ein vorsätzlicher Mordversuch«, sagte Sarah. »Und zwar weil Ronely, oder wie immer sein wirklicher Name auch lauten mag, beim ersten Mal den falschen Teewärmer erwischt hat. Vielleicht hat er gedacht, ich wüsste, was er vorhat, und würde ihn mit Absicht hereinlegen. Oder er hatte einfach Angst, dass ich ihn als denjenigen identifizieren könnte, der mich vor dem Ritz überfallen hat. Irgendwie muss er sich mit Miss Carboy in Verbindung gesetzt und ihr mitgeteilt haben, dass sie mir die Brandbombe vor die

Tür stellen soll, statt mich einfach über den Haufen zu schießen oder zu erstechen. Schließlich sollte es ja nicht so aussehen, dass ich vorsätzlich ermordet worden war. Falls die Experten von der Feuerwehr hinterher Spuren der Bombe entdeckt hätten, hätte man vermutlich die Geschichte lanciert, Sarah Kelling Bittersohn sei eine bekannte Terroristin gewesen. Pfui!«

»Hier«, meinte Brooks, »nimm lieber einen Schluck von deinem Brandy. Ich glaube, ich genehmige mir selbst auch einen. Was hältst du davon, wenn wir das Kaminfeuer anzünden?«

»Mach du das«, erwiderte Sarah. »Das letzte Feuer habe ich angezündet, ich und die Taube. Sie ist dabei verbrannt, das arme Ding.«

»Besser die Taube.«

Das war ein enormes Zugeständnis von Brooks, der normalerweise immer auf der Seite seiner gefiederten Freunde war.

»Setz dich und wärm dich, Sarah. Ich mach mich besser daran, die zerbrochene Fensterscheibe wieder in Ordnung zu bringen.«

Während Sarah ihren Brandy trank und Brooks das Fenster kittete, stahl Charles sich einen Augenblick von seinem Dienst in der Bibliothek davon, um Sarah telefonisch mitzuteilen, dass Miss Carboy Mr. Ronely nur allzu bereitwillig verpfiffen hatte, sobald ihr klar war, dass das Spiel aus war. In ebendiesem Moment seien die Männer vom Geheimdienst wahrscheinlich bereits dabei, Ronely bei einem konspirativen Treffen zu verhaften, bei dem er Cousine Mabel und den Alligator an den klammheimlichen Repräsentanten einer feindlich gesinnten fremden Macht verhökern wollte. Und außerdem wolle Mrs. Brooks wissen, ob Mr. Brooks rechtzeitig zum Dinner komme.

Brooks meinte, Theonia solle besser nicht mit ihm rechnen, weil er immer noch Mrs. Sarahs Vorhangstange anbringen müsse. Dann fuhr er mit seiner Zimmermannsarbeit fort, während Sarah sich vom Kaminfeuer losriss und Geschenke einpackte, darunter auch Mutter Bittersohns Teewärmer, den sie jetzt, wie sie annahm, unbesorgt aus dem

Gefrierfach nehmen konnte. Um ja nichts zu riskieren, verwendete sie einfaches weißes Geschenkpapier und neutrales blaues Band.

Max, erschöpft davon, Fährten nachzujagen und gegen den Sturm anzukämpfen, kam irgendwann nach Hause und war dringend auf ihren ehelichen Beistand angewiesen. Sarah machte ihm einen Drink und setzte sich mit ihm und Brooks vor den Kamin, um den Fall zu besprechen, an dem er gerade arbeitete.

Dieser Fall war besonders faszinierend und hatte viele Facetten, die für einen analytischen Verstand von Interesse waren. Dann bekam Max einen Anruf, der ihm die Augen darüber öffnete, dass er Sarahs Onkel, an dem sie aus irgendeinem unerfindlichen Grund sehr hing, versehentlich zum nächsten Opfer des Killers aufgebaut hatte. Daraufhin stürmten alle drei in den Schneesturm hinaus, um weiteres Unheil abzuwenden.

Als sie ihren Onkel gerettet, den Mörder sicher hinter Gitter gebracht und sich unter Mühen in die Tulip Street zurückgekämpft hatten, hatte keiner von ihnen einen anderen Wunsch, als sofort ins Bett zu kriechen und für immer dortzubleiben. Sarah hatte ihr eigenes Abenteuer schon beinahe ganz vergessen, als Max, der seine kalte Nase an ihrem Nacken wärmte, schläfrig fragte: »Wie war's denn beim Einkaufen?«

»Ganz nett«, erwiderte sie. »Ich habe deiner Mutter einen Teewärmer gekauft.«

»Das ist schön«, sagte er und schlief ein. Nachdem sie einen Augenblick überlegt hatte, tat Sarah es ihm nach.

Peter Lovesey
Der Spuk im Royal Crescent

Nur wenige Autoren von Kriminalgeschichten fühlen sich in der Vergangenheit so zu Hause wie Peter Lovesey. Dieser oft bezaubernde, immer faszinierende britische Schriftsteller findet immensen Gefallen daran, die Atmosphäre früherer Zeiten zu erforschen und wieder heraufzubeschwören ... Vielleicht nicht immer die derselben Zeit, denn seine Geschichten umspannen viele Dekaden. Peter lebt in der Nähe von Bath und kommt bei seinen Spaziergängen oft am Royal Crescent vorbei, wobei es ihm großes Vergnügen bereitet, sich vorzustellen, was dort wohl alles passiert sein mag und vielleicht immer noch passiert.

Letzte Weihnachten wurde in einem Haus im Royal Crescent ein Geist gesehen. Glauben Sie mir, das ist die Wahrheit. Als Einwohner der Stadt Bath und als eine Art Autorität auf dem Gebiet parapsychologischer Phänomene spreche ich aus persönlicher Erfahrung. Ich gebe ja gerne zu, dass neunundneunzig Prozent dieser sogenannten Geistererscheinungen letztlich nichts als Halluzinationen sind, aber hier handelt es sich um eine Ausnahme, nämlich um ein Haus, in dem es tatsächlich spukt. Aus Rücksichtnahme auf die gegenwärtigen Besitzer (die aus verständlichen Gründen ihre Privatsphäre gewahrt wissen möchten) werde ich die genaue Adresse nicht preisgeben, doch sollten Sie an meinen Worten zweifeln, so lesen Sie doch weiter, was mir am Heiligabend 1988 dort widerfahren ist.

Das Paar, dem das Haus gehört, war über die Feiertage nach Norfolk gefahren und hatte am Freitag, dem dreiundzwanzigsten Dezember, die Stadt verlassen. Man sagte, dass der Geist immer am Weihnachtsabend erscheine. Da die beiden mein diesbezügliches Interesse kannten, hatten sie mir großzügigerweise ihr Haus zu diesem Zweck überlassen. Ach, übrigens, ich war früher einmal Polizist, und es muss schon eine Menge geschehen, um mir Angst einzujagen.

Für diejenigen unter Ihnen, die Gespenstergeschichten mit allem Drum und Dran lieben – mit tiefem Schnee und heulendem Wind –, tut es mir leid. Ich muss Sie leider enttäuschen. 1988 gab es in Bath keine weißen Weihnachten. Im Gegenteil, es war für die Jahreszeit viel zu warm. Es herrschte nicht einmal Nebel. An atmosphärisch effektvollen Zutaten kann ich Ihnen in dieser Nacht höchstens den Vollmond und den Schrei einer Eule bieten, der in regelmäßigen Abständen aus den Bäumen jenseits des sanft abfallenden Rasens, der dem Royal Crescent gegenüberliegt, ertönte. Ich muss aber gestehen, dass es sich hierbei nicht um eine jener unheimlich aussehenden Schleiereulen, sondern um einen Waldkauz handelte, der an diesem Abend statt eines düsteren Geheules ein eher schrilles, ziemlich fröhlich klingendes »Kiwik« ertönen ließ. Doch lassen Sie noch nicht alle Hoffnungen fahren. Was an diesem Abend in dem Haus geschah, macht das Fehlen von Werwölfen und Todesfeen mehr als wett.

Für das Verständnis dieser Geschichte ist es von grundlegender Bedeutung, dass Sie ausreichend über das Gebäude informiert sind, in welchem die Ereignisse stattfanden. Ob es Ihnen nun bewusst ist oder nicht, aber höchstwahrscheinlich haben Sie den Royal Crescent bereits gesehen, wenn nicht als Bewohner der Stadt oder als Tourist, so wenigstens in einem der zahllosen Filme, in denen er als Kulisse diente. Er liegt in einer ruhigen Gegend im Nordwesten der Stadt, und seine sichelförmige Front, die 1774 nach einem Entwurf von John Wood dem Jüngeren vollendet wurde, umschließt dreißig Reihenhäuser. Das Gebäude kann sich durchaus mit jedem anderen Wohnhaus in Europa messen. Den Menschen möchte ich mal kennenlernen, der für diese schnörkellose Erhabenheit, für das majestätische Panorama der einhundertvierzehn, von einem Fries und einer Balustrade gekrönten ionischen Säulen nicht empfänglich wäre; geschweige denn für die Tatsache, dass Jane Austen und Charles Dickens einst ihren Fuß auf die Pflastersteine davor gesetzt hatten. Aber Sie wollen gewiss, dass ich auf den Spuk zu sprechen komme.

Den ersten Hinweis, dass etwas Unerklärliches in der Luft lag, bekam ich um zwanzig nach elf an diesem Weihnachtsabend. Ich befand mich im Wohnzimmer im ersten Stock. Ich hatte es mir ein paar Stunden zuvor dort gemütlich gemacht. Die Tür stand einen Spalt offen, und das Haus war dunkel. Nein, das ist nicht ganz korrekt. Ich hätte besser sagen sollen, dass ich zwar kein Licht angemacht hatte, dass dafür aber der Mondschein für ein gewisses Maß an Beleuchtung sorgte und über den Teppich und den Ständer des Weihnachtsbaumes silberblaue Rechtecke warf, die unendlich schöner wirkten als jede bunte Christbaumkerze. Auch die Umrisse der Möbel waren noch gut zu erkennen, die Sessel, der Tisch und der Flügel. Die Augen stellten sich auf das wenige Licht ein. Es kam mir gar nicht unheimlich vor, allein in diesem unbeleuchteten Haus zu sitzen. Ein jeder weiß doch, dass sich der Geist eines Verstorbenen kaum bei elektrischer Beleuchtung manifestieren wird.

Kein Haus ist wirklich still, und eines mit Zentralheizung schon gar nicht. Die Geräusche, die in sogenannten Spukhäusern im ganzen Land von knarzenden Dielenbrettern herrührten, müssen schon Hunderte von Geisterjägern genarrt haben. In unserem Fall hatten die Besitzer als Vorsorge für einen plötzlichen Kälteeinbruch die Heizung angelassen. Um elf Uhr sollte sich der Zeitschalter abstellen, sodass das Klopfen und Knarzen, das ich jetzt hörte, wohl die letzten Geräusche für diese Nacht sein würden.

Und es war auch kein Geräusch, was mich schließlich aufschreckte. Es waren ein plötzlicher Luftzug, den ich im Gesicht spürte, und etwas Weißes, das durch den Raum flatterte. Ich fuhr zusammen. Das Haus war inzwischen ganz still geworden. Ich schaute mich in dem Zimmer um, um der Sache auf den Grund zu gehen.

Der Zwischenfall war von einer Weihnachtskarte verursacht worden, die vom Kaminsims in den Rost gefallen war. Nichts wirklich Alarmierendes. Weihnachtskarten fallen immer herunter. Deswegen hängen manche Leute sie lieber an Kordeln auf. Ich bückte mich, hob die Karte auf, stellte sie wieder an ihren Platz und musste über meine übersteigerte Vorstellungskraft lächeln.

Und doch hatte ich ganz eindeutig einen Luftzug gespürt. Eigentlich durfte es in dem Haus gar nicht ziehen. Alle Türen und Fenster waren geschlossen und sorgfältig gegen die Witterung abgedichtet. Seltsam. Ich hielt die Luft an und lauschte. Das Wohnzimmer, in dem ich stand, lag sehr günstig, um jedes unerklärliche Geräusch im Haus wahrzunehmen. Es lag genau in der Mitte des Hauses. Unter mir waren das Erdgeschoss und der Keller, über mir der zweite Stock und der Dachboden. Da ich nichts hörte, beschloss ich, mich auf den Treppenabsatz zu wagen und dort zu lauschen. Ich war verwirrt, zu diesem Zeitpunkt aber noch nicht willens, mich mit einer übernatürlichen Erklärung zufriedenzugeben. Ich neigte eher zu der Vermutung, dass durch das Abschalten der Zentralheizung ein tatsächlicher oder eingebildeter Luftwirbel entstanden war. Die heruntergefallene Karte an sich hatte nichts zu besagen. Es war der Luftzug, der nach einer Erklärung verlangte. Mein Geisteszustand war, wie Sie sehen, ruhig und analytisch. Zehn oder fünfzehn Sekunden vergingen. Ich beugte mich über das Treppengeländer und spähte in das Treppenhaus hinunter, um mich zu vergewissern, dass die Eingangstür fest verschlossen war, und so war es dann auch. Da hörte ich ein Rascheln aus dem Zimmer, in dem ich mich vorher aufgehalten hatte. Ich wusste, was es war – die Karte war wieder in den Rost gefallen –, denn eine weitere, ganz deutliche Bewegung in der Luft hatte den Vorhang des Treppenhausfensters bewegt und das Mondlicht, das sich über die Treppen ergoss, zum Erzittern gebracht. Ich zweifelte nicht länger, dass dieses Phänomen einer näheren Nachforschung wert war. Ich war mir nur nicht sicher, ob ich mit den Stockwerken über mir oder mit denen unter mir beginnen sollte. Ich entschied mich für die letztere Möglichkeit, da ich glaubte, dass, sollte jemand ein Fenster geöffnet haben, dies wahrscheinlich im Erd- oder im Kellergeschoss geschehen war. Meine Annahme war falsch. Aber ich will die Spannung nicht ins Unermessliche treiben, sondern lediglich festhalten, dass ich den Keller, die Küche, die Speisekammer, das Esszimmer und das Arbeitszimmer überprüfte und jedes Fenster und jede Außentür sicher von innen verschlossen und verriegelt fand. Niemand konnte nach mir das Haus betreten haben.

Also arbeitete ich mich wieder nach oben vor und durchsuchte methodisch jeden Raum. Und auf der Treppe zum zweiten Stock hörte ich einen Seufzer.

In viktorianischen Romanen stoßen die Protagonisten gelegentlich einen »abgrundtiefen« Seufzer aus. Irgendwie hatte mich dieser Ausdruck immer geärgert. Im wirklichen Leben hatte ich noch nie einen derartigen Seufzer gehört – bis zu diesem Augenblick. Dies hier war ein Geräusch, das aus den Abgründen von irgendjemandes Seele stammen musste, jedenfalls kam es mir so vor. Ob dieser Seufzer einem *Jemand* oder eher einem *Ding* entfahren war, musste noch geklärt werden.

Das Geräusch war eindeutig von über mir gekommen. Unfähig, meine Aufregung noch länger zu unterdrücken, ging ich bis zum Treppenabsatz im zweiten Stock weiter, wo ich drei geschlossene Türen vorfand. Ich ging von einer zur anderen, öffnete sie schnell und warf einen raschen Blick hinein. Zwei Schlafzimmer und ein Bad. Ich zögerte. Ein Bad. War der Seufzer, so fragte ich mich, vielleicht auf eine Luftblase in einer der Leitungen zurückzuführen? Luftblasen kommen in dem komplizierten Installationssystem dieser alten georgianischen Gebäude sehr häufig vor. Diese Häuser waren nicht mit modernen Sanitäranlagen ausgestattet. Die Funktionstüchtigkeit des Leitungssystems hing von den unterschiedlichen Fähigkeiten ganzer Generationen von Installateuren ab.

Das Geräusch musste von einer solchen Luftblase stammen. Meine Vernunft gewann wieder die Oberhand. Ich würde meinen Inspektionsgang beenden und zu meiner vollständigen Befriedigung beweisen, dass das Geräusch weder von einem Menschen noch von einem Geist stammte. Ich schloss die Badezimmertür hinter mir und ging zu der letzten Treppe, die schmaler war als die anderen. Früher hatte sie zu den Dienstbotenquartieren im Dachboden geführt. Ich warf einen Blick auf die weiß gestrichene Tür am Ende der Treppe und stellte fest, dass sie einen Spalt offen stand.

Ich hatte meinen Fuß auf der ersten Stufe und meine Hand auf dem Geländer, als ich plötzlich in dieser Position erstarrte. Die Tür bewegte sich.

Sie wurde nach innen gezogen. Die Bewegung war langsam und vorsichtig. Als der Spalt größer wurde, fiel aus dem Innern ein schwacher Schimmer Mondschein auf die Wandtäfelung zu meiner Rechten. Ich starrte nach oben und beobachtete, wie die Gestalt einer Frau in der Tür erschien.

Sie trug etwas, das wie ein weißes, knöchellanges Kleid oder ein Morgenmantel aussah. Das Haar fiel ihr lose auf die Brust – dünnes, sich leicht im Lufthauch wiegendes Haar, das so hell war, dass es nahtlos in ihr Kleid überzugehen schien. Auch ihre Haut schien blutleer. Die Augen aber waren kohlrabenschwarz. Sie riss sie auf, als sie mich sah. Sie fuhr sich mit der rechten Hand an die Kehle, und ich hörte, wie sie nach Luft rang.

Die Empfindungen, die ich in diesem Augenblick der Konfrontation verspürte, sind nur sehr schwer wiederzugeben. Ich war davon überzeugt, dass kein Wesen aus Fleisch und Blut das Haus betreten hatte, seit ich mich dort aufhielt. Alle Eingänge waren verriegelt – das hatte ich überprüft. Ich konnte mir das Phänomen oder was immer es war, das hier Gestalt angenommen hatte, nicht erklären, und doch war ich irgendwie nicht ganz überzeugt. Ich war nicht bereit zu akzeptieren, was meine Augen sahen und mein Verstand sich nicht erklären konnte. Sie konnte einfach kein Gespenst sein.

Ich fragte: »Wer sind Sie?«

Die Gestalt taumelte rückwärts, als ob ich sie erschreckt hätte. Einen Augenblick dachte ich, sie würde die Tür zum Dachboden wieder schließen, aber sie blieb stehen und starrte mich an, die Hand immer noch an die Kehle gepresst. Gesicht und Körper waren die einer jungen Frau, die nicht älter als zwanzig sein konnte.

Ich fragte: »Können Sie sprechen?« Sie schien zu nicken.

Ich sagte: »Was tun Sie hier?«

Sie holte tief Luft. Auf seltsame, halb geflüsterte Weise wiederholte sie wie ein Echo meine Worte: »Wer sind Sie?«

Ich machte einen Schritt auf sie zu. Das erschreckte sie offensichtlich, denn sie wich zurück, und ihre Gestalt verlor sich fast in dem düsteren Innern des Dachbodenzimmers. Ich suchte nach ein paar beruhigenden Worten: »Es ist alles in Ordnung. Glauben Sie mir, es ist alles in Ordnung.«

Dann fuhr ich überrascht zusammen. Unten an der Eingangstür läutete es. Nach elf an Heiligabend!

Ich sagte: »Was um alles auf der Welt …?«

Die Frau in Weiß stieß etwas hervor, das ich nicht verstehen konnte. Ich versuchte, der Situation den Ernst zu nehmen. »Das wird vermutlich der Weihnachtsmann sein.«

Sie reagierte nicht.

Es läutete ein zweites Mal.

»Eigentlich müsste er ja durch den Kamin kommen«, sagte ich. Ich hatte bereits beschlossen, den Besucher zu ignorieren, wer immer es auch sein mochte. Ein unerwarteter Gast reichte mir.

Die junge Frau öffnete den Mund, und die Worte kamen klar und deutlich heraus. »Um Himmels willen, schicken Sie ihn fort!«

»Sie wissen, wer das ist?«

»Bitte! Ich flehe Sie an.«

»Wenn Sie schon wissen, wer das ist«, meinte ich, »möchten Sie dann nicht an die Tür gehen?«

»Das kann ich nicht.«

Wieder ertönte die Türglocke.

Ich sagte: »Ist es jemand, den Sie kennen?«

»Bitte. Sagen Sie ihm, er soll weggehen. Wenn Sie an die Tür gehen, wird er wieder weggehen.«

Ich ließ mich überreden. Ich brauchte ihre Hilfe. Ich wollte mehr über sie wissen. »In Ordnung«, gab ich nach. »Aber werden Sie noch da sein, wenn ich zurückkomme?«

»Ich werde nicht fortgehen.«

Instinktiv vertraute ich ihr. Ich drehte mich um und ging die beiden Treppen in die Eingangshalle hinunter. Wieder läutete es. Obwohl das Haus in Dunkelheit gehüllt war, hatte der Besucher nicht die Absicht, von seinem Vorhaben abzulassen.

Ich schob den Riegel zurück, öffnete die Eingangstür einen Spalt und spähte nach draußen. Ein Mann stand auf der Vordertreppe und hatte sich an das eiserne Geländer gelehnt. Ein junger Mann in einer Lederjacke, die vor lauter Nieten und Ketten nur so glitzerte. Sein Kopf war kahl geschoren. Er jedenfalls sah ohne Zweifel so aus, als sei er aus Fleisch und Blut. Er sagte: »Wo bleibst du denn?«

Ich sagte: »Was wollen Sie?«

Er starrte mich an. »Du meine Güte – wer zum Teufel sind denn

Sie?« Seine Augen glitten zur Seite und überprüften die Hausnummer.

Mit eisiger Höflichkeit sagte ich: »Ich glaube, Sie haben sich geirrt.«

»Nein«, sagte er. »Das hier ist schon das Haus. Und was treiben Sie denn hier, Kumpel? Was machen Sie hier im Dunkeln?«

Ich erklärte ihm, dass ich ein Beobachter parapsychologischer Phänomene sei.

»Wie bitte?«

»Gespenster«, sagte ich. »In diesem Haus soll es spuken. Die Besitzer haben mir freundlicherweise erlaubt, heute Nacht hier Wache zu halten.«

»So, ja?«, meinte er äußerst skeptisch. »Gespenster, was? Na, die schaue ich mir doch mal an.« Mit diesem Worten drückte er die Tür auf. Es gab keine Sicherheitskette, und ich konnte dem Druck nicht widerstehen. Er trat über die Schwelle. »Ein Geisterjäger sind Sie, Kumpel, hm? Sie sind nicht zufälligerweise auch noch dabei, das Familiensilber mitgehen zu lassen? Ist sonst noch jemand hier?«

Ich sagte: »Ich muss doch sehr bitten. Sie haben kein Recht, gewaltsam hier einzudringen.«

»Nicht mehr Recht als Sie«, sagte er und trat an mir vorbei. »Waren Sie oben, als ich geläutet habe?«

Ich sagte: »Ich rufe jetzt die Polizei.«

Er machte eine wegwerfende Handbewegung. »Machen Sie, was Sie wollen. Ich gehe jedenfalls nach oben, kapiert?«

Es war die schiere Panik, die mich folgende Worte sagen ließ: »Wenn Sie das tun, dann werden Sie auf dem Film sein.«

»Was?«

»Die Kameras sind aufnahmebereit«, log ich. »Der Ort hier ist voller Mikrofone und Stolperdrähte.«

Er sagte: »Das glaube ich nicht«, aber er klang nicht sehr überzeugt.

»Dieser Geist soll an Heiligabend umgehen«, erklärte ich ihm. »Ich will ihn mit der Kamera einfangen.« Besondere Betonung legte ich dabei auf das Wort »einfangen«.

Er sagte: »Sie sind ja nicht ganz richtig im Kopf.« Und so würdevoll, wie es ihm möglich war, trat er den Rückzug zur Tür an, die immer noch offen stand. Offensichtlich ging er. »Man sollte Sie einsperren. Sie sind ja verrückt.«

Als er aus der Tür trat, sagte ich: »Soll ich den Besitzern sagen, dass Sie vorbeigekommen sind? Wie heißen Sie denn?«

Er fluchte und drehte sich um. Ich schloss die Tür und schob die Riegel wieder an ihren Platz. Ich zitterte. Es war ein hässlicher, potenziell gefährlicher Zwischenfall gewesen. Ich kann nicht mehr so gut wie früher mit Eindringlingen fertigwerden, und ich war dankbar, dass meine Erfindungsgabe mir so gute Dienste geleistet hatte.

Ich ging wieder die Treppe hinauf, und als ich auf dem ersten Treppenabsatz angelangt war, wartete die junge Frau in Weiß dort auf mich. Sie musste die beiden Treppen heruntergekommen sein, um unser Gespräch mit anzuhören. Dieser Teil des Hauses war besser beleuchtet als die Treppe zum Dachboden, und so konnte ich sie genauer betrachten. Sie erschien jetzt weitaus weniger ätherisch. Ihr Kleid war aus Seide oder Satin, bemerkte ich. Es war ein Abendkleid. Ihr Makeup war, bis auf die schwarze Umrandung ihrer Augen, so bleich wie das eines Pantomimen.

Sie sagte: »Wie kann ich Ihnen nur danken?«

Ich erwiderte einfach: »Was ich von Ihnen gerne hätte, junge Dame, das ist eine Erklärung.«

Sie verschränkte die Arme und rieb sich die Ärmel. »Mich fröstelt hier. Haben Sie etwas dagegen, wenn wir dort hineingehen?«

Als wir in das Wohnzimmer traten, fiel mir auf, dass sie keinen Versuch unternahm, Licht zu machen. Sie deutete auf ein paar Zigaretten auf dem Tisch. »Stört es Sie?«

Ich fand ein paar Streichhölzer neben dem Kamin und gab ihr Feuer. »Wer war das an der Tür?«

Sie nahm einen tiefen Zug. »Ein Typ, den ich auf einer Party kennengelernt habe. Eigentlich war ich mit jemand anderem dort, aber wir wurden getrennt. Sie wissen ja, wie das so geht. Und ehe ich wusste, wie mir geschah, hat mich dieser Kerl in der Lederjacke angemacht. Am Anfang war er ganz in Ordnung. Ich ahnte ja nicht, dass er so aufdringlich werden würde. Ich meine, ich habe ihn nicht ermutigt. Im Gegenteil, ich habe versucht, möglichst abweisend zu sein. Er hat mir dann diese Tabletten angeboten, aber ich habe abgelehnt. Er sagte, sie würden mich entspannen. Zu dem Zeitpunkt hatte ich bereits richtige Angst. Ich habe mich schnell aus dem Staub gemacht. Das Dumme war nur, dass ich mich nach oben verzog. Es waren so viele Leute überall, und es schien mir der einfachste Weg zu sein. Der Kerl kam mir hinterher. Er hat mich nicht aus den Augen gelassen. Ich bin bis auf den Dachboden des Hauses gegangen und habe mich in ein Zimmer eingesperrt. Dann habe ich einen Schrank vor die Tür geschoben. Er hat mit der Faust gegen die Tür gehämmert und geschrien, was er alles mit mir machen würde. Ich hatte panische Angst. Ich konnte nur noch denken, raus aus dem Fenster, und das tat ich dann auch. Ich kletterte hinaus und stand da oben plötzlich hinter einer kleinen Steinmauer.«

»Auf diesem Gebäude hier? Hinter der Balustrade auf dem Dach?«

»Habe ich mich nicht klar genug ausgedrückt? Die Party war in einem Haus, das nur zwei Türen weiter weg ist. Ich bin den schmalen Gang zwischen dem Dach und der Mauer entlanggelaufen und habe alle Fenster ausprobiert. Das Fenster hier oben war das erste, das ich aufdrücken konnte.«

»Das Dachbodenfenster. Jetzt verstehe ich.« Der plötzliche Luftzug und der Seufzer, den sie nach der Anstrengung ausgestoßen hatte, hatten eine Erklärung gefunden.

Sie sagte: »Ich bin Ihnen wirklich dankbar.«

»Dankbar?«

»Dankbar, dass Sie ihn losgeworden sind.«

Ich sagte: »Es wäre wohl das Beste, wenn ich Ihnen jetzt ein Taxi rufen würde. Wo wohnen Sie?«

»Nicht weit weg. Ich kann zu Fuß gehen.«

»Das ist doch wohl nicht sehr ratsam nach allem, was geschehen ist. Er ist hartnäckig. Vielleicht wartet er noch.«

»Daran habe ich nicht gedacht.« Sie drückte die Zigarette in einem Aschenbecher aus. Nachdem sie einen Augenblick nachgedacht hatte, sagte sie: »In Ordnung. Wo ist das Telefon?«

Eines stand im Arbeitszimmer. Während sie beschäftigt war, ließ ich mir ihre Geschichte durch den Kopf gehen. Ich glaubte kein Wort davon, aber ich hatte eine weitaus wichtigere Sache auf dem Herzen. Sie kam wieder ins Zimmer zurück. »Es dauert wahrscheinlich zehn Minuten. Stimmt das, was Sie vorhin unten sagten? Dass es in diesem Haus hier spuken soll?«

»Hm?« Ich war mit den Gedanken immer noch woanders.

»Das Gespenst. All das Gerede über die versteckten Kameras. Haben Sie das ernst gemeint?«

»Es gibt keine Kameras. Ich kann mit jeglicher Art von Technik nichts anfangen. Ich dachte mir nur, er würde es sich zweimal überlegen, ins Haus zu kommen, falls er wüsste, dass er auf einem Film sein würde. Es war nur ein Bluff.«

»Und die Sache mit dem Geist?«

»Die hat gestimmt.«

»Würden Sie mir mehr darüber erzählen?«

»Haben Sie denn keine Angst vor dem Übernatürlichen?«

»Natürlich macht es mir Angst. Aber nicht so viel wie das, was ich hinter mir habe. Ich möchte die Geschichte gern hören. Der Weihnachtsabend ist doch ein toller Abend für eine Gespenstergeschichte.«

Ich sagte: »Es ist mehr als nur eine Geschichte.«

»Bitte.«

»Unter einer Bedingung. Bevor Sie ins Taxi steigen, erzählen Sie mir die Wahrheit über sich selbst – warum Sie heute Abend wirklich in dieses Haus gekommen sind.«

Sie zögerte.

Ich sagte: »Es bleibt auch ganz unter uns.«

»In Ordnung. Erzählen Sie mir von dem Geist.« Sie holte sich eine weitere Zigarette und setzte sich auf eine Sessellehne.

Ich ging zum Fenster hinüber und blickte über den Rasen hinweg auf die Umrisse der Bäume, die sich vor den Lichtern der Stadt abhoben. »Die Geschichte kann wie alle Gespenstergeschichten auf die Geschichte eines Todes und einer ruhelosen Seele zurückgeführt werden. Vor ungefähr hundertfünfzig Jahren gehörte dieses Haus einem Armeeoffizier, einem Oberst im Ruhestand mit Namen Davenport. Er hatte eine Tochter namens Rosamund, und in der Stadt hieß es, dass er sie abgöttisch liebe. Sie war immer elegant gekleidet und hatte eine gute Schulbildung genossen, etwas, was sich die meisten jungen Frau dieser Zeit nicht erhoffen konnten. Rosamund war lebhaft, intelligent und attraktiv. Ihr Haar, fein und von hellstem Blond, war dem Ihren sehr ähnlich, wenn sie es offen trug. Es überrascht nicht, dass sie Verehrer hatte. Ihr Favorit war ein junger Mann aus Bristol, Luke Robertson, der damals Architekt war. Den Konventionen der Zeit gehorchend, beschränkte sich ihre Beziehung auf ein paar Treffen, bei denen sie nie allein waren, einige Briefe, Gedichte und Ähnliches. Sie waren Liebende in einem sehr altmodischen Sinn, was Sie vielleicht nur schwer verstehen können. In physischer Hinsicht beschränkte sich ihre Beziehung auf einige wenige verstohlene Küsse, wenn überhaupt. Irgendwo im Haus hier sollen ineinander verschlungen die Buchstaben L und R in die Balken geschnitzt sein. Ich kann sie Ihnen aber nicht zeigen, weil ich sie bisher nirgends gefunden habe.«

Draußen holperte ein Taxi über die Pflastersteine. Ich sah, wie es zwei Türen weiter vor einem Haus anhielt. Zwei Paare kamen lachend aus dem Gebäude und stiegen in den Wagen. Es war offensichtlich, dass sie von einer Party kamen. Das laute Dröhnen von Musik drang bis zu mir herüber.

Ich sagte: »Ich frage mich, ob nicht schon Mitternacht ist. Vielleicht ist ja schon der erste Weihnachtsfeiertag.«

Sie sagte: »Bitte erzählen Sie Ihre Geschichte weiter.«

»Oberst Davenport – der Vater dieses Mädchens – war ein einsamer Mann. Seine Frau war Jahre zuvor verstorben. Doch er hatte sich in der letzten Zeit mit einer Nachbarin, einer Bewohnerin des Crescent, angefreundet, einer Witwe von fast fünfzig Jahren, die Mrs. Crandley hieß und am anderen Ende des Gebäudes wohnte. Sie war Musikerin, Pianistin, und gab Klavierunterricht. Rosamund war eine ihrer Schülerinnen. Soweit man das beurteilen kann, war Mrs. Crandley eine gute Lehrerin und das Mädchen eine vielversprechende Schülerin. Spielen Sie auch?«

»Was?«

Ich drehte mich um, um sie anzusehen. »Ich sagte, spielen Sie Klavier?«

»Oh. Nur ein bisschen«, sagte das Mädchen.

»Sie haben mir noch gar nicht Ihren Namen genannt.«

»Das würde ich lieber nicht, wenn es Ihnen nichts ausmacht. Was geschah zwischen dem Oberst und Mrs. Crandley?«

»Ihre Freundschaft vertiefte sich. Er wollte, dass sie ihn heiratete. Mrs. Crandley war nicht ganz abgeneigt. Das heißt, sie willigte sogar ein, allerdings unter einer Bedingung. Sie hatte einen siebenundzwanzigjährigen Sohn namens Justinian.«

»Wie war das?«

»Justinian. Es war damals Mode, seine Kinder nach römischen Kaisern zu benennen. Dieser Justinian war ein langweiliger Bursche ohne besondere Eigenschaften. Er war faul und fett. Kaum, dass er sich je aus dem Haus wagte. Er hat Mrs. Crandley zur Verzweiflung getrieben.«

»Sie wollte ihn loswerden?«

»Darauf lief es schließlich hinaus. Sie wollte ihn verheiratet wissen, und in Rosamund sah sie die perfekte Partnerin für ihn. Ein so reizendes, talentiertes Mädchen würde in ihrem schwerfälligen Sohn doch bestimmt ein paar positive Qualitäten wecken. Mrs. Crandley machte sich eifrigst daran, den Plan in die Tat umzusetzen, indem sie darauf bestand, dass Justinian jedes Mal die Tür öffnete, wenn Rosamund zum Klavierunterricht kam. Dann wies sie ihn an, im Zimmer sitzen zu bleiben und ihrem Spiel zu lauschen. Alles, was Mrs. Crandley tun konnte, um die Verbindung zu fördern, wurde getan. Was Justinian betraf, so machte er gerne bei diesem Plan mit. Man hatte ihm versprochen, dass er bei der Heirat das Haus seiner Mutter bekäme, sodass seine Lebensumstände sich nur wenig ändern würden, außer dass ihm statt einer unzufriedenen, nörgelnden Mutter eine hübsche Ehefrau Gesellschaft leisten würde. Er fing an, Rosamund mit wachsendem Wohlwollen zu betrachten. Als der Oberst nun Mrs. Crandley einen Heiratsantrag machte, willigte sie ein unter der Bedingung, dass Justinian gleichzeitig Rosamund heiraten würde.

»Was war mit Rosamund? Hat man ihr überhaupt eine Wahl gelassen?«

»Sie müssen bedenken, dass Eheschließungen damals normalerweise von den Eltern arrangiert wurden.«

»Aber Sie sagten doch, sie hätte bereits einen Verehrer gehabt. Er war doch ganz und gar passabel, oder etwa nicht?« Ich nickte. »Absolut. Aber Luke Robertson passte nicht in Mrs. Crandleys Plan. Er wurde übergangen. Rosamund beugte sich dem Druck und verlobte sich im Herbst 1838 mit Justinian. Die Doppelhochzeit sollte am Weihnachtsabend in der Abteikirche stattfinden.«

»Ach du meine Güte – ich glaube, ich kann mir den Rest der Geschichte zusammenreimen.«

»Es war vielleicht nicht ganz so, wie Sie es sich vorstellen. Als der Tag der Hochzeit näher rückte, bekam es Rosamund mit der Angst zu tun. Sie flehte ihren Vater an, ihr doch zu erlauben, das Verlöbnis zu brechen. Aber der wollte nichts davon hören. Er liebte Mrs. Crandley, und seine Gedanken galten nur ihr. In ihrer Verzweiflung schickte Rosamund das Dienstmädchen mit einer Nachricht zu Luke und bat ihn, sich heimlich mit ihr auf der Kellertreppe zu treffen. Sie hatte die romantische Vorstellung, dass Luke mit ihr durchbrennen würde.«

Meine Zuhörerin war gefesselt. »Und? Ist er gekommen?«

»Er kam. Rosamund erzählte ihm ihre Geschichte. Luke hörte voller Mitgefühl zu, reagierte aber zurückhaltend. Durchbrennen sah er nicht als Lösung an. Es war ziemlich mutig von ihm, dass er sich anbot, mit dem Oberst zu reden und ihn zu bitten, Rosamund die Erlaubnis zu geben, den Mann ihrer Wahl heiraten zu dürfen. Wenn das nichts nützte, würde er den Oberst daran erinnern, dass man Rosamund nicht zwingen konnte, das Ehegelöbnis abzulegen. Ihre Zustimmung in der Kirche musste freiwillig gegeben werden, und sie hatte das Recht, sie zu verweigern. Dieses unangenehme Gespräch fand zwei Tage später statt. Der Oberst war selbstverständlich außer sich. Luke wurde des Hauses verwiesen, und es wurde ihm verboten, jemals wieder mit Rosamund zu sprechen. Das unglückliche Mädchen wurde vor ihren Vater zitiert und musste sich den Vorwurf anhören, verwerflichen Umgang mit ihrem ehemaligen Verehrer gepflegt zu haben, obwohl sie einem anderen versprochen war. Die Geschichte von der heimlichen Nachricht und dem Treffen auf der Kellertreppe wurde aus ihr herausgeholt. Man warf ihr vor, dass sie die Eheschließung ihres Vaters verhindern wolle. Man sagte ihr, sie sei egoistisch und treulos. Schlimmer noch, sie könne von Justinian vielleicht sogar wegen Bruch des Eheversprechens vor Gericht gezerrt werden.«

»Das arme kleine Ding! Hat es sie mürbe gemacht?«

»Nein. Erstaunlicherweise ist sie standhaft geblieben. Lukes Unterstützung hatte ihr den Mut dazu gegeben. Sie heiratete Justinian nicht. Es war der Oberst, der schließlich nachgab. Er ging zu Mrs. Crandley. Als er zurückkehrte, teilte er Rosamund mit, dass seine Hochzeit schließlich doch nicht stattfinden würde. Mrs. Crandley hatte auf einer Doppelhochzeit bestanden, oder keine würde stattfinden.«

»Ich hätte nicht für eine Million Pfund in Rosamunds Haut stecken wollen.«

»Ihr Vater erklärte ihr, dass sie sich nicht besser als ein Dienstmädchen benommen habe, als sie sich heimlich mit ihrem Liebhaber auf der Kellertreppe getroffen und mit der Zuneigung eines anderen Mannes gespielt hatte, und deswegen wolle er sie in Zukunft auch wie ein Dienstmädchen behandeln. Und das tat er auch. Er entließ das bisherige Dienstmädchen. Er befahl Rosamund, ihre Habseligkeiten in das Mädchenzimmer im Dachboden zu bringen, und gab ihr eine Liste mit Pflichten, die sie von halb sechs Uhr morgens bis spät in die Nacht hinein beschäftigt hielten.«

»Wie grausam.«

»Er ließ sie seine ganze Verbitterung spüren.«

»Hat sie sich umgebracht?«

»Nein«, sagte ich, nur leicht zögernd. »Sie wurde ermordet.«

»*Ermordet?*«

»Am Heiligabend, an dem Tag, an dem die beiden Hochzeiten hätten stattfinden sollen, hat sie jemand in ihrem Bett erstickt.«

»Wie schrecklich!«

»Ein Kissen wurde ihr so lange aufs Gesicht gedrückt, bis sie zu atmen aufhörte. Sie wurde am Weihnachtsmorgen von der Köchin tot im Bett gefunden, nachdem sie nicht zur Arbeit erschienen war. Man informierte den Oberst und die Polizei.«

»Wer hat sie getötet?«

»Der mit dem Fall betraute Inspektor, ein Einheimischer, der nicht viel Erfahrung mit Gewaltverbrechen hatte, zweifelte nicht daran, dass Oberst Davenport der Mörder war. Er hatte ein mächtiges Motiv. Die Animosität, die er gegen seine Tochter hegte, war in der Art und Weise, wie er sie behandelte, deutlich zum Ausdruck gekommen. Seine Wut schien sich mit jedem Tag gesteigert zu haben. An dem Tag, an dem er hätte heiraten sollen, war sie wohl unerträglich geworden.«

»Stimmte das? Hat er gestanden, sie getötet zu haben?«

»Er weigerte sich, irgendeine Aussage zu machen. Doch die Beweise gegen ihn waren erdrückend. An Heiligabend waren sieben Zentimeter Schnee gefallen. Gegen halb neun an diesem Abend hatte es zu schneien aufgehört. Die Todeszeit wurde auf ungefähr elf Uhr abends festgelegt. Als der Inspektor und seine Leute am nächsten Morgen kamen, waren auf dem Weg, der zur Eingangstür führte, nur die Fußspuren der Köchin zu sehen, die die Polizei geholt hatte. Die einzige andere Person im Haus war Oberst Davenport gewesen. So wurde er des Mordes an seiner eigenen Tochter angeklagt. Die Verhandlung war kurz, da er sich weigerte, sich zu verteidigen. Bis zum Ende blieb er stumm. Er wurde für schuldig erklärt und im Februar 1839 in Bristol gehängt.«

Sie drückte die Zigarette aus. »Wie grausig.«

»Ja.«

»Aber da steckt noch mehr hinter der Geschichte, nicht wahr? Das Gespenst. Sie sagten etwas von einer ruhelosen Seele.«

Ich sagte: »Es hinterließ bei allen ein ungutes Gefühl, dass der Oberst das Verbrechen nicht gestehen wollte. Nachdem er für schuldig befunden und verurteilt worden war, wollte man ihn zu einem Geständnis bewegen und ihn dazu bringen, seine Sünden vor seinem Schöpfer zu offenbaren. Ein Mörder gesteht ja oft in den letzten Tagen, die ihm noch bleiben, selbst wenn er die ganze Verhandlung hindurch auf seiner Unschuld bestanden hat. Alle gaben ihr Bestes, um ihn zu überreden – der Gefängnisdirektor, die Wärter, der Priester und selbst der Henker. Diese Leute hatten schreckliche Pflichten zu erfüllen. Es hätte ihnen geholfen, wenn sie gewusst hätten, dass der Mann, der am Galgen enden sollte, tatsächlich des Verbrechens schuldig war. Doch nicht ein Wort kam über die Lippen des stolzen alten Mannes.«

»Sie klingen fast so, als täte er Ihnen leid. Aber es bestand doch kein Zweifel, oder?«

Ich sagte: »Seit eineinhalb Jahrhunderten kommt es in diesem Haus nun ununterbrochen zu übernatürlichen Erscheinungen. Denken Sie einmal darüber nach. Nehmen Sie nur einmal an, ein anderer hätte den Mord begangen.«

»Aber wer hätte es tun können?«

»Justinian Crandley.«

»Das ist unmöglich. Er wohnte nicht im Haus. Man hätte seine Fußabdrücke im Schnee gesehen.«

»Nicht, wenn er wie Sie heute Nacht ins Haus gekommen ist – über das Dach und dann durch das Dachbodenfenster. Er hätte Rosamund ermorden und dann auf demselben Weg wieder in sein Haus zurückkehren können.«

»Das ist möglich, nehme ich an, aber warum – was hatte er für ein Motiv?«

»Rache. Er wäre Herr im eigenen Haus geworden, wenn diese Heirat nicht abgeblasen worden wäre. Stattdessen sah er sich nun einer ungewissen Zukunft mit seiner dominanten und jetzt auch noch verbitterten Mutter gegenüber. Er machte Rosamund dafür verantwortlich. Und so beschloss er, wenn er sie schon nicht als Frau bekommen würde, sollte auch kein anderer sie bekommen.«

»Glauben Sie das tatsächlich?«

»Jetzt schon«, sagte ich.

»Warum sagte der Oberst nicht, dass er unschuldig war?«

»Er machte sich Vorwürfe. Er fühlte sich zutiefst schuldig wegen der Art, wie er seine eigene Tochter behandelt hatte. Wäre er nicht so selbstsüchtig gewesen, wäre es nie zu dem Mord gekommen.«

»Glauben Sie, dass er die Wahrheit wusste?«

»Er musste irgendwie dahintergekommen sein. Aber er liebte Mrs. Crandley zu sehr, um ihr noch weiteres Unglück zuzufügen.«

Es folgte ein Augenblick des Schweigens, der schließlich von dem Geräusch von bremsenden Autoreifen auf den Pflastersteinen unten auf der Straße unterbrochen wurde.

Sie stand auf. »Als Sie mich heute Abend an der Tür zum Dachboden sahen, haben Sie geglaubt, ich sei Rosamunds Geist.«

Ich sagte: »Nein. Rosamund spukt nicht in diesem Haus. Ihre Seele hat ihren Frieden gefunden. Ich habe genauso wenig geglaubt, dass Sie ein Geist sind, wie ich Ihnen Ihre Geschichte mit der Flucht vor dem jungen Mann in der Lederjacke geglaubt habe.«

Sie ging zum Fenster. »Da ist mein Taxi.«

Ich wollte sie nicht gehen lassen, bevor sie mir nicht die Wahrheit gestanden hatte. »Sie gingen zu der Party in dem Haus zwei Türen weiter, weil Sie vorhatten, hier einzubrechen. Sie sind auf das Dach geklettert und hier oben hineingekrochen, um dann Ihren Freund durch die Vordertür hereinzulassen. Sie wollten dieses Haus hier ausrauben.«

Sie schnappte nach Luft und wirbelte herum. »Woher wussten Sie das?«

»Als ich die Tür öffnete, erwartete er eigentlich Sie. Er sagte: ›Wo bleibst du denn?‹ Er wusste genau, an welchem Haus er läuten sollte, also musste es vorher abgesprochen worden sein. Wenn Ihre Geschichte stimmen würde, hätte er nicht gewusst, zu welchem Haus er kommen sollte.«

Sie starrte auf das wartende Taxi hinunter.

Ich sagte: »Bis ich Ihnen den Vorschlag mit dem Taxi machte, waren

Sie durchaus bereit, wieder auf die Straße zu gehen, wo dieser Mann, der Sie angeblich bedroht hatte, auf Sie wartete.«

»Ich gehe jetzt.«

»Und mir ist auch aufgefallen, dass Sie kein Licht anmachen wollten.« Ihr Tonfall änderte sich schlagartig. »Sie sind doch keiner von der Polente? Sie werden mich doch nicht einlochen? Geben Sie mir eine Chance, ja? Es ist das erste Mal. Ich werde es auch nie mehr versuchen.«

»Woher soll ich das wissen?«

»Ich gehe Ihnen meinen Namen und meine Adresse, wenn Sie wollen. Dann können Sie es überprüfen.«

Es reicht, an dieser Stelle davon zu berichten, dass sie mir die Informationen gab. Ich werde sie für mich behalten. Es ist nicht mehr meine Aufgabe, kleine Ganoven zur Strecke zu bringen. Ich brachte sie zum Taxi. Sie versprach mir, sich nicht mehr mit ihrem Freund zu treffen. Vielleicht denken Sie jetzt, ich hätte sie zu leicht davonkommen lassen. Doch ihr Vergehen war nur gering im Vergleich zu der Entdeckung, die ich gemacht hatte – und diese Entdeckung verdankte ich ihr.

Sie entließ mich aus meiner Pflicht, wissen Sie. Ich sagte Ihnen doch, dass ich früher Polizist gewesen bin. Inspektor, um genauer zu sein. Ich hatte einen fatalen Fehler begangen. Aber ich habe einhundertfünfzig Jahre Zeit gehabt, um nach der Wahrheit zu suchen, und jetzt, da ich sie gefunden habe, kann ich zur Ruhe kommen. Der Spuk im Royal Crescent ist zu Ende.

Dorothy Salisbury Davis
Christopher und Maggie

Wie ist die große Dorothy Salisbury Davis auf die Idee gekommen, ausgerechnet diese Geschichte zu schreiben?

Sie hat sie erlebt. Jedenfalls teilweise.

Nach dem College arbeitete sie als Assistentin eines herumreisenden Zauberers, da sie keine andere Arbeit finden konnte. Kurz vor Weihnachten wollte Dorothy ihren betagten Wagen verkaufen, um die Heimreise über die Feiertage zu finanzieren. Doch der Mann, der ihr dreißig Dollar dafür anbot, versoff stattdessen das Geld; also beschlossen sie und eine Freundin, die ganze Strecke mit dem Wagen zu fahren. Es war eine lange, beschwerliche Reise. Sie hatten dreimal eine Reifenpanne, und einmal streikte der Motor. Sie verbrachten die halbe Nacht in einem Lokomotivschuppen, in dem eine sibirische Kälte herrschte, erreichten schließlich nach sechsunddreißig Stunden ohne Schlaf das Haus ihrer Freundin, stellten den Wagen auf der Straße ab und gingen ins Bett. Als Dorothy wieder aufwachte, hatte man ihren Wagen abgeschleppt, weil er im Parkverbot stand. Sie ging zur Polizei, um ihn zurückzuholen, und traf dort einen Mann, der ihr den Wagen abkaufen wollte. Er bezahlte hundert Dollar in bar. Dorothy kaufte sich davon den neuen Mantel, den sie so dringend benötigte, gab den Rest für Weihnachtsgeschenke aus und kam zu dem Schluss, dass das Wanderleben nichts für sie sei. So wurde sie stattdessen Autorin von Kriminalgeschichten, und hier ist ihr erinnerungsträchtiges Weihnachtsgeschenk für Sie.

»Und jetzt, meine erwachsenen Freunde und meine kleinen Kameraden, ist das Fest fast vorbei, um mit Shakespeare zu sprechen.« Der Zauberer wandte sich seiner Assistentin zu, die ihm bei der Zauberei keine große Hilfe, sondern eher eine Last war, aber er hatte sie gerne bei sich auf der Bühne. Sie verlieh der ganzen Sache einen gewissen Glanz. »Sind das nicht Shakespeares Worte, Miranda?«

Miranda, deren wirklicher Name Maggie war, richtete sich zu ihrer vollen Größe von einem Meter und sechsundfünfzig auf. Sie war ein hübsches Mädchen mit glänzenden braunen Augen und einem freundlichen Lächeln. Sie hatte eine natürliche Ausstrahlung, obwohl Christopher eigentlich lieber eine durchtriebene, verführerische Frau gehabt hätte. Miranda war ungefähr so geheimnisvoll wie eine Ente. Aber da sie sympathisch und nun mal die einzige Partnerin war, die er hatte, ging der Große Christopher bei der Arbeit mit ihr bis an die Grenzen seiner Vorstellungskraft. Miranda deklamierte:

> »Vorbei ist unsere Feier: unsre Spieler,
> Wie ich Euch sagte, waren Geister und
> Sind aufgelöst in Luft …«

Während des Vortrags legte Christopher eine Hand in der Manier eines populären Vaudeville-Komödianten unter das Kinn und heuchelte Erstaunen. Nach ein paar weiteren Versen unterbrach er sie und fragte das Publikum: »Ist so eine Collegeausbildung nicht wunderbar?«

Das Publikum, das aus achtzehn Männern und sieben Frauen bestand, saß mit derselben schweigsamen Duldermiene da, mit der es sich auch eine langweilige Sonntagspredigt angehört hätte. Die zwanzig Kinder rutschten unruhig hin und her. In dem Saal zog es beständig. Die Flagge flatterte an ihrem Mast. Die Lichter am Christbaum flackerten. Die Heizungsrohre zischten und ratterten. Auf ein Zeichen von Christopher hin schlug Miranda auf einen chinesischen Gong. Eine Bewegung lief durch das Publikum. Es lebte noch.

Christopher kündigte als Finale nun den gefährlichsten Trick seines Repertoires an. Dieses Kunststück, sagte er, habe ihn auf der ganzen Welt berühmt gemacht. Er war ein agiler Mann, schlank, mit hohlen Wangen, einer spitzen Nase, blassblauen Augen, einem dünnen Schnurrbart und der unverwechselbaren Akzent des Mittleren Westens, obwohl er behauptete, in Budapest aufgewachsen zu sein. Sein Hände waren geschickt und schnell, und sein ganzer Körper war von einer eichhörnchenhaften Geschmeidigkeit. Doch um diesen Trick vorzuführen, stand er kerzengerade und unbeweglich da. Wie es aussah, verspeiste er, eine nach der anderen, eine ganze Packung Nähnadeln. Bei jedem Schlucken verzog er schmerzhaft das Gesicht. Die Klappstuhle knarrten, als sich das Publikum, das nun endgültig hellwach war, vorbeugte. Den Kindern traten die Augen aus den Höhlen. »Ruhe bitte«, sagte Miranda zu einem Publikum, das bereits ruhig war. Christopher knäulte einen Faden zusammen und stopfte ihn sich in den Mund. In der Qual, die er zur Schau stellte, erinnerte er an einen christlichen Märtyrer, wie er oft auf Sterbebildchen dargestellt wird. Jetzt hatte er sein Publikum in der Hand. Die hundert oder noch mehr leeren Stühle zählten nicht mehr. Schließlich holte er mit einem stummen Gebet ein Ende des Fadens zwischen Zunge und Zähnen hervor und zog vorsichtig eine Kette fein säuberlichst aufgereihter Nähnadeln heraus. Er sprang die Stufen hinunter und forderte einen Jungen in der ersten Reihe auf, in seine Mundhöhle zu schauen.

Maggie wusste nicht, wie er es machte. Es war ihr auch egal. Es schien ihr eine äußerst unhygienische Angelegenheit zu sein. Eigentlich hasste sie die ganze Zauberei, aber das war nun mal die einzige Arbeit, die sie hatte bekommen können. Das Land befand sich in einer Wirtschaftskrise – Dürre, Sandstürme, Suppenküchen und Wanderpredigern wie Father Coughlin und John L. Lewis. Der Letztere wurde in Bluefield, West Virginia, verehrt, der Kohlen- und Eisenbahnerstadt, die sie verlassen wollte, um über Weihnachten nach Hause zu fahren. Maggie war in einer Kleinstadt in Michigan zu Hause, Christopher in Fort Wayne, Indiana. In zwei Tagen war Weihnachten.

Um zehn nach zwölf fuhren sie in Christophers Limousine auf den Highway. Der Wagen war vom Boden bis zum Dach mit System gepackt, und der Rücksitz war entfernt worden, um Christophers Zauberausrüstung, seine Tiere und sein Gepäck unterzubringen. Maggies Gepäck bestand aus einem Kunstlederkoffer und einer Leinentasche voller Bücher, die nur noch zwischen ihren Füßen Platz gefunden hatten. Zwei Reservereifen waren an den Trittbrettern festgebunden. Die Reifen am Wagen waren so abgefahren und so blank wie die Schläuche in ihrem Innern. Der Wagen schlug bei jedem teergefüllten Riss in der Fahrbahn dumpf auf. Im Innern des Wagens hing ein starker Geruch nach Vogelkot – Maggie bezweifelte, dass die Exkremente von Kaninchen stanken –, doch noch stärker war der Geruch der halben Zwiebel, die Christopher für den Fall bereitliegen hatte, dass die Windschutzscheibe zufror. Es war eine kalte Nacht, die immer kälter wurde, je höher sie in die Berge hinauffuhren. Der Mond hing wie eine ovale Scheibe hoch am Himmel. Mit seinem silbrigen Schein überzog er die Berge, die hoch aufragenden Telegrafenmasten, die Schlackehaufen und die gelegentlichen Hütten, in denen die Lichter schon lange aus waren. Weit unten im Tal glitzerten die Eisenbahnschienen im Mondlicht. Ihre roten, grünen und gelben Signale blinkten fröhlich. »Ist das nicht schön?«, meinte Maggie.

»Mir wäre es lieber, wenn mehr Autos unterwegs wären«, sagte Christopher. »Falls wir liegen bleiben …«

Maggie schnitt ihm das Wort ab. »Das werden wir nicht.«

»Das ist der Unterschied zwischen dir und mir«, sagte Christopher. »Ich erwarte immer das Schlimmste und du das Beste.«

»Kann schon sein«, sagte sie.

Christopher schnupperte. »Riecht es hier nach Alkohol?«

»Ich rieche nur die Zwiebel«, sagte Maggie.

»Wenn der Wagen zu kochen anfängt, dann haben wir den Ärger. Er war schon ohne deine Bücher überladen. Wozu brauchst du nur all diese Bücher? Warum hast du denn ausgerechnet die nicht verkauft?«

»Du weißt ganz genau, warum«, sagte Maggie. Ihren Wagen hatte sie auf der Stelle verkauft – für dreißig Dollar bar auf die Hand, als Christopher in der Stadt angekommen war und ihr angeboten hatte, sie fast bis ganz nach Hause mitzunehmen. Die Auftritte des Großen Christopher aus Fort Wayne beliefen sich auf mindestens fünf Vorstellungen pro Woche; die Werbung dafür machten im Namen des geldgebenden örtlichen Wohltätigkeitsverbandes fünf Frauen, die bereits eine Woche zuvor jeweils eine andere Stadt auf Christophs Eintreffen vorbereiteten und am Tag nach der Vorstellung wieder weiterzogen. Das waren Städte wie Glens Falls, New York; Oil Town, Pennsylvania; Pittsfield, Massachusetts, und Bluefield, das Maggie niemals vergessen sollte.

Christopher zog seinen Fausthandschuh aus und tastete nach ihrer Hand, die sie zum Wärmen tief in der Manteltasche vergraben hatte. »Ich liebe dich, Maggie, Bücher hin oder her. Von allen meinen Mädchen habe ich dich am liebsten.«

»Ich liebe dich auch«, log sie – oder wenigstens halb – und überließ ihm ihre Hand, um ihn von weiterem Gefummel abzuhalten.

Bald verlangte die Straße wieder beide Hände am Steuerrad. Er fing zu singen an. »Sag mir deine Träume, und ich sage dir dann meine …«

Maggie sang die zweite Stimme, ein starker Alt zu seinem zitternden Tenor.

Sie waren fast eine Stunde unterwegs, als ein holperndes Geräusch einen Platten ankündigte. Christopher stieß einen Fluch aus und fuhr an den Straßenrand. Es bedurfte all seiner drahtigen Kraft, um den überladenen Chevy aufzubocken, wozu er einen Felsbrocken unter das andere Hinterrad schob. Während er im Mondlicht die Schrauben lockerte, verschwand Maggie zum Pinkeln hinter einer Reklametafel. Auf der Tafel war der Weihnachtsmann mit einer Flasche Cola in der Hand abgebildet: »Die Pause, die dich munter macht.« Christopher blies auf seine Hände. Tiefe Stille umgab sie. Da drang aus dem Wageninnern das Gurren seiner Tauben. Maggie lachte.

»Das ist nicht zum Lachen, Maggie«, sagte der Zauberer. »Sie gurren nachts nie.«

Dann ertönte in der Ferne ein anderes Geräusch, das lang gezogene Pfeifen einer Lokomotive. Maggie wünschte sich, sie säße in dem Zug, sagte aber nichts. Sie brauchte ihr ganzes Geld, um ein paar Weihnachtsgeschenke für ihre Familie und einen wärmeren Mantel zu kaufen. Wenn sie einen Wunsch hätte äußern können, dann hätte sie gesagt, dass sie davon träumte, eines Tages eine Anstellung als Geschichtslehrerin zu finden. Geschichte war ihr Ein und Alles. Sie schleppte zwölf Bände englische Geschichte mit sich herum, die ihrem Großvater gehört hatten, dazu noch mehrere Lyrikbände. Aber für alle Stellen, die zu haben waren, war sie mit Englisch im Hauptfach und Geschichte im Nebenfach überqualifiziert.

Ein Auto fuhr so schnell an ihr vorbei, dass es sie fast mitriss. Christopher rief ihm Schimpfworte hinterher. Ein Echo warf sie wieder zurück. »Hallooo«, rief Maggie, und ihre Stimme prallte von den Hügeln ab. »Fahr zur Hölle!«, schrie Christopher. Hölle, Hölle, Hölle …

Ein paar Minuten später ließ er den Wagen wieder herunter, schnallte den platten Reifen an und verstaute das Werkzeug im Kofferraum. Dann verschwand er hinter der Reklametafel. Maggie wärmte sich die Hände am Kühler.

»Das hätte ich mir lieber aufheben sollen«, sagte er, als er zurückkam. »Habe ich dir jemals erzählt, wie mir in Iron Mountains das Kühlwasser ausging?«

»Hast du, hast du!« Einmal in der Woche suchten sie sich nach der Vorstellung ein freundliches Wirtshaus, tranken Bier und aßen gebratenen Fisch, Pommes frites und Krautsalat. Sie warfen Geld in die Musikbox und tanzten, bis das Lokal schloss. Christopher hatte ihr verschiedene Versionen seiner Lebensgeschichte erzählt. Sie kannte seinen Familiennamen immer noch nicht, es sei denn, er lautete Christopher. In diesem Fall aber hätte sie seinen Vornamen nicht gekannt. Eine seiner Geschichten hatte sie zum Weinen gebracht, als sie sie zum ersten Mal hörte – wie er als Kind hatte Pianist werden wollen: Seine Mutter hatte vom Haushaltsgeld der Familie immer etwas für ihn abgezwigt, um seine Stunden zu bezahlen, und es dann irgendwie geschafft, ihm ein Klavier zu kaufen. Eines Tages hatte sein Vater ihn für sich spielen lassen und sich neben ihn auf die Klavierbank gesetzt. Ganz plötzlich und ohne Vorwarnung hatte der ihm dann den Deckel auf die Finger geknallt. Drei waren gebrochen. Der Arzt hatte ihn schließlich darauf gebracht, Zauberkunststücke zu trainieren, damit seine Finger wieder beweglich wurden.

Maggie setzte sich wieder auf den Vordersitz, trampelte gegen ihre Bücher und versuchte, etwas Wärme in ihre Arme zu reiben. Es gab zwar eine Heizung, aber die verströmte Abgase, und Christopher hatte Angst, sie könnten seine Tauben oder das Kaninchen umbringen. Einem Straßenschild zufolge hatten sie seit Bluefield vierzig Meilen zurückgelegt. Maggie sagte, dass sie hungrig sei. Christopher bot ihr ein Milky Way an. Doch Schokolade hatte sie schon in der Highschool aufgegeben.

»Wie wär's mit einer halben Zwiebel?«

»Nein, danke«, sagte Maggie und fing an, »Stormy Weather« zu singen, ihr Lieblingslied in allen Lebenslagen.

Sie hatten eine lange Steigung schon fast hinter sich gebracht, als der Wagen zu stottern anfing. Der Geruch nach Alkohol wurde stärker und stärker. Dampf entwich dem Kühler. Christopher trieb den mit Schluckauf kämpfenden Wagen weiter an. »Komm schon, Junge, wir schaffen es …« Es gelang ihm gerade noch, an den Straßenrand zu fahren, bevor der Motor seinen Geist aufgab. Die Dichtung habe nicht gehalten, sagte er, und schimpfte auf den Mechaniker, der sie ihm mit Geld-zurück-Garantie verkauft hatte – in Bluefield.

Maggie auf der einen, Christopher auf der anderen Seite, suchten sie die Straße nach einem vielversprechenden Haus, nach irgendeinem Haus, ab. Es schien keines zu geben. Christopher machte sich um sein Eigentum Sorgen, um seine mehr oder weniger zwanzigtausend Dollar teure Ausrüstung, um sein unbezahlbares weißes Kaninchen und um das Paar Turteltauben.

Unter ihnen verlief beinahe parallel zur Straße die Eisenbahnlinie, und die war noch weniger befahren als der Highway. Christopher schleppte eine zehn Liter fassende Milchkanne mit sich, die er irgendwo mit Wasser füllen wollte. Er schwenkte sie über dem Kopf und schrie, als ein offener Lastwagen vorbeifuhr. Aber der Wagen hielt nicht an. Trügerisch wie ein Irrlicht tauchte vor ihnen ein metallischer Schimmer auf. Er entpuppte sich als Briefkasten. Sie folgten der ausgefahrenen Straße, die sich bergabwärts schlängelte. Bald teilte sich die Straße, und immer noch konnten sie keine Häuser sehen. Doch von ihrem Standort aus sahen sie einen Bahnübergang und das Wärterhäuschen. Das Licht, das dort brannte, erschien ihnen wie ein Leuchtfeuer der Zivilisation. Christopher nahm an, dass der Highway, auf dem sie gefahren waren, an diesem Übergang die Gleise kreuzen musste. Wenn sie den Chevy auf die Hügelkuppe schaffen würden, dann könnten sie ihn den Weg bergab rollen lassen. Ein rauer Schrei zerriss die Stille. Er traf Maggie wie ein schmerzhafter Schlag.

»Das ist ein gottverdammter Esel«, sagte Christopher. Und wie zur

Bestätigung ließ das Tier mehrmals ein lang gezogenes Iah ertönen. Das brachte einen Hund in der Nähe zum Bellen. »Schauen wir, dass wir zum Wagen zurückkommen«, sagte Christopher.

Er sprach auf den Wagen ein und tätschelte den Kühler, bevor er einstieg.

»Ich bete«, sagte Maggie, als er den Fuß aufs Gas setzte.

»Kann nicht schaden.«

Der Wagen sprang an, tuckerte zwischen Leben und Tod, wurde kräftiger, und als Christopher den Gang einlegte, machte er einen Satz nach vorn. Am Briefkasten fing er wieder zu stottern an. »Du kannst es schaffen, Baby. Ich weiß, du kannst es.« Als der Wagen drauf und dran war, wieder abzusterben, legte er den Leerlauf ein, startete erneut und legte dann wieder den Gang ein. Ein paar Meter schaukelte er so weiter. Unter Anfeuerungsrufen schafften sie es bis zur Hügelkuppe und begannen mit der langen, kurvigen Abfahrt. »Jetzt betest du besser, dass die Bremsen funktionieren«, sagte er.

Das Erste, was Christopher bemerkte, als sie ein paar Meter neben den Schienen von der Straße bogen, war eine Pumpe und ein Becher, der daneben an einer Kette hing. Das Licht im Wärterhäuschen schien aus der Nähe schwächer zu sein, als es aus der Entfernung gewesen war. Und tatsächlich, auf dieser Seite gab es gar kein Fenster; was sie gesehen hatten, war nur reflektiertes Licht gewesen. »Geh hinein und frag, ob wir uns aufwärmen und etwas Wasser bekommen können«, befahl der Magier. »Aber nur für den Fall, dass er schlechte Laune haben sollte, werde ich den Wagen jetzt gleich auffüllen.« Er ließ den Motor laufen und nahm seinen Schal ab, um den Dampf abzuhalten, als er den Kühlerring abschraubte.

Maggie näherte sich dem kleinen Haus durch einen verwilderten Garten neben den Gleisen. Das Stoppsignal des Wärters hing neben der Tür. Sie fragte sich, warum Frauen nicht als Schrankenwärter arbeiten konnten; so viel Zeit zum Lesen und ein gemütlicher Kaninchenstall zum Wohnen. Sie klopfte an die Tür und bemerkte in dem reflektierten Lichtschein neben den Gleisen, dass da auch noch ein Kohlenkeller war. Niemand reagierte auf ihr Klopfen. Der Schlaf, dachte sie, musste eine schreckliche Versuchung sein. Christopher war am Pumpen. Immer noch kein Wasser. Die Pumpe klang wie der Esel. Maggie klopfte noch einmal.

»Heureka!«, rief Christopher, und sie hörte das Spritzen von Wasser. Sie probierte nur ungern aus, ob die Tür verschlossen war. Der Schrankenwärter konnte Gott weiß wie reagieren. Sie ging zum Fenster herum. Es war blind vom Staub. Ein Lichthof umgab eine nackte Glühbirne, die von der Decke hing. Sie klopfte an die Scheibe und säuberte eine Stelle, um hindurchsehen zu können. Ein grauhaariger Mann saß zusammengesunken und mit dem Rücken zur Tür in einem Schaukelstuhl, die Beine gegen den Ofen gespreizt. Das Kinn war ihm auf die Brust gesunken, und eine Zeitung lag neben seinem Stuhl auf dem Boden. Ein Feuer glühte in dem dickbäuchigen Ofen. Wieder klopfte sie an das Fenster, dieses Mal mit ihrem Ring. Der Mann bewegte sich nicht. Sie rannte an die Stelle zurück, wo Christopher gerade den Wasserkanister hinter sich her schleppte.

»Mit dem alten Mann da drin stimmt etwas nicht. Ich glaube, vielleicht ist er sogar tot.«

»Todmüde wahrscheinlich«, sagte er. »Steig in den Wagen.«

»Wir können doch nicht einfach davonfahren und ihn im Stich lassen.«

»Warum nicht? Genau das haben die Leute die ganze Nacht doch auch mit uns gemacht«, rief Christopher und wich vor einem zischenden Dampfstrahl zurück. »Ich hole nur noch einen Kanister mit Wasser und fahre dann weiter.«

»Chris, ich gehe jetzt zurück und schaue nach, was mit ihm los ist.«

»Wer glaubst du wohl, wer du bist, eine Ärztin? Und nenn mich nicht Chris.«

Maggie rannte zu dem Haus zurück. Dieses Mal öffnete sie die Tür. Auf der großen Bahnhofsuhr über dem Schreibtisch war es zehn nach drei. Jedes Ticken klang, als sei es das letzte. Der alte Mann saß noch genauso da, wie sie ihn vom Fenster aus gesehen hatte. »Mister …« Sie näherte sich ihm zögernd und berührte seine Hand. Sie war schrecklich kalt, obwohl das Zimmer warm war.

Christopher kam ihr hinterher und murmelte etwas Unfreundliches vor sich hin. »Herr im Himmel«, sagte er dann aber ehrfürchtig. Er wanderte langsam um den Schaukelstuhl herum und stieg dabei vorsichtig über die Füße des alten Mannes. Er blieb stehen und deutete mit zitternden Fingern auf einen dünnen Blutfaden, der vom Ohr des Mannes auf dessen Schulter lief. »Das bedeutet, dass man ihn auf den Hinterkopf geschlagen hat. Hast du einen Spiegel?«

»Im Wagen«, sagte sie. »Soll ich ihn holen?«

»Lass es.« Christopher ging zum Schreibtisch und nahm das Telefon. Es war tot. Er legte auf und versuchte es noch einmal. Immer noch tot. Ein Telegrafensignal ratterte auf dem Apparat auf dem Schreibtisch los. Sie sahen sich ratlos an. Keiner von beiden konnte das Morsealphabet, aber der abgehackte Rhythmus der Übertragung ließ die Nachricht dringend erscheinen.

»Wenn ein Zug hier durchkommt, können wir ja winken und ihn anhalten«, sagte Maggie.

»So wie wir es mit den Autos gemacht haben«, meinte Christopher.

»Hör doch, das hier kann noch nicht lange her sein. Wenn wir das Licht von da oben aus haben sehen können, dann muss es durch die offen stehende Tür gefallen sein, richtig?« Sie lief gerade noch rechtzeitig hinaus, um zu sehen, wie die Signale entlang der nach Norden laufenden Schienen von Grün auf Gelb wechselten. Der Zug stieß eine Reihe langer Pfiffe aus, die automatischen Warnlichter am Bahnübergang fingen zu blinken an, und die Glocke läutete frenetisch, obwohl überhaupt kein Wagen in Sicht war. Maggie nahm das Stoppsignal des Schrankenwärters von der Tür herunter. Von Süden tauchte ein großes weißes Auge auf; Dampfwolken bauschten sich, fielen über die Lokomotive zurück und legten sich über die Waggons dahinter. Das Bahnsignal wechselte wieder von Gelb auf Grün. Für einen winzigen Augenblick erhaschte Maggie einen Blick auf ein Automobil, das auf der anderen Seite der nach Norden verlaufenden Schienen geparkt war. Die einfahrende Lokomotive versperrte ihr aber die Sicht. Fast genau gegenüber von der Stelle, wo sie den Wagen gesehen hatte, sprang plötzlich ein Mann aus der Dunkelheit. Er stand auf dem nach Süden führenden Gleis und winkte dem entgegenkommenden Zug zu. Aus dem Führerstand der Lokomotive warf ihm jemand einen Sack hinunter. Maggie verlor ihn in einer Dampfwolke aus den Augen. »Christopher?« Sie rief nach ihm, als könne er etwas unternehmen. Er war genau hinter ihr. »Nein!«

Die Lokomotive fuhr an ihnen vorbei. Maggie winkte und rief: »Ein Toter, ein Toter!«, und deutete auf das Haus.

Der Zugführer winkte zurück, hörte aber nichts, da war sie sicher; kein Wunder bei dem Knirschen der Räder, dem warnenden Pfeifen und dem immer schneller werdenden *Tsch-tsch-tsch-tsch … tsch-tsch-tsch-tsch …* Der Zug donnerte vorüber und hüllte sie in eine Rauchwolke.

Sie wandte dem Rauch den Rücken zu und sah wieder den Mann, der auf das Zugende zurannte; um zu dem Wagen zu kommen, musste er auf die andere Seite. Maggie setzte ihm nach. Christopher sprang los und riss sie zu Boden. Als sie sich abmühte, wieder auf die Beine zu kommen, sah sie, wie an dem Wagen auf der anderen Seite des Zuges die Scheinwerfer ausgeschaltet wurden. »Sie werden entkommen«, rief sie.

»Da hast du verdammt noch mal recht!« Christopher ging zum Chevy zurück.

Maggie warf einen letzten Blick auf die Schienen. Jetzt rannte der

Mann neben dem Zug direkt auf sie zu. Kurz bevor er sie erreichte, streckte er den Arm nach einer Leiter an der Seite eines Güterwaggons aus, packte sie und schwang sich auf die Sprossen. Einen Moment lang dachte sie daran, ihn festzuhalten, aber er war zu schnell vorüber. Der Zug nahm Fahrt auf. Zwischen den vorüberfahrenden Güterwaggons sah sie, wie das Automobil so lange neben den Schienen herfuhr, wie es auf der Straße ging, und dann nach Norden abbog. Im Licht des Bahnübergangs erhaschte sie einen Blick auf den Mann mit dem Paket. Wie eine Klette hing er an der Wand des Güterwaggons.

Maggie blickte durch die Tür in das Haus des Schrankenwärters. Er machte einen noch toteren Eindruck, falls das überhaupt möglich war, und sie kannte nicht einmal den Morsekode für SOS. Sie rannte zu Christophers Wagen zurück und stieg ein. Der Dienstwagen rollte gerade vorüber.

»Du hast mir in die Zähne getreten«, sagte Christopher. »Ich glaube, du hast meine Nadel-Nummer ruiniert.«

»Tut mir leid«, sagte sie, obwohl es ihr gar nicht leidtat. Die Nadel-Nummer war ekelhaft. »Christopher, könnten wir nicht versuchen, diesen anderen Wagen einzuholen, und mal nachschauen, wo er hinfährt?«

»Und was wird aus diesem armen alten Kerl dort unten?«

Reiner Sarkasmus.

»Wir könnten ja jemanden schicken. Und wenn er tot ist, dann ist er tot, oder?«

Sie hatten nicht die Spur einer Chance, diesen Wagen einzuholen, und so meinte Christopher, dass er es versuchen würde.

Maggie studierte im Schein der Taschenlampe die Straßenkarten. »Weißt du was? Wir kommen gleich nach Williamson. Ich möchte wetten, der Zug hält dort, und dort werden sie sich auch treffen. Ich habe bestimmt recht.«

»Und was ist dann? Was machen wir dann?«

»Ich wünschte, ich hätte eine Waffe«, sagte sie.

»Was?«

»Ich habe dir doch mal erzählt, dass mein Vater Hilfssheriff ist. Er ist eigentlich Farmer, aber auch Hilfssheriff.«

»Ich mag keine Waffen, und ich mag keine Hilfssheriffs«, sagte Christopher. »Staatsbüttel, das sind sie.«

»Trotzdem«, meinte Maggie. Dann: »Ich möchte wetten, dass die einen Postsack geklaut haben. So wie der Kerl mit den Armen gewinkt hat – vielleicht hat der Alte das jede Nacht so gemacht.«

»Okay, dann erklär mir doch mal eines, wenn du schon so schlau bist«, sagte der Magier. »Warum mussten sie dann den Alten erschlagen? Warum haben sie ihm nicht einfach den Postsack geklaut, nachdem der Zug durch und niemand mehr in der Nähe war? Wenn es überhaupt ein Postsack war.« »Weil …« sagte Maggie langsam, »sie ihn gar nicht töten wollten. Er war eingeschlafen, und sie wollten nur sichergehen, dass er nicht aufwacht und sieht, wer sie sind. Die wohnen bestimmt irgendwo hier in der Nähe. Es ist Weihnachten, und sie sind pleite. Die haben sicher gedacht, dass in der Post auch Geld ist. Christopher, können wir nicht schneller fahren?«

»Du machst mich jedes Mal ganz nervös, wenn du Christopher sagst. Uns bleiben gerade noch fünf Meilen, bevor der Wagen wieder zu kochen anfängt.«

»Vielleicht gibt es eine Belohnung, die könnten wir uns dann teilen«, sagte Maggie. »He! Wo ist deine Bühnenpistole, die, mit der du auf das Kaninchen schießt?« Das war eine weitere seiner Nummern, die Maggie nicht mochte. Sie war ziemlich sicher, dass sein taubes Kaninchen davon taub geworden war.

»Sie ist in der grünen Metallkassette, in der auch die Seidenschals sind«, sagte er. »Aber weck ja nicht das ganze Viehzeug auf.«

Maggie kniete sich auf den Sitz und machte sich, die Taschenlampe in der Hand, auf die Suche nach der grünen Kassette. Ein Wagen fuhr in entgegengesetzter Richtung an ihnen vorbei.

»Das ist der Kerl, der zurückfährt, um seinen Kumpel auf den Gleisen abzuholen.«

»Nein«, sagte Maggie. Durch einen schmalen Schlitz zwischen den Kisten konnte sie den Zug sehen, der parallel zu ihnen fuhr und ihnen dabei manchmal sogar sehr nahe kam. Sie betete, dass es vor Williamson keinen weiteren Bahnübergang geben möge. Sie würden es nie vor dem Zug dorthin schaffen. Sie betete auch darum, doch endlich diese grüne Kassette zu finden. Mit der Taschenlampe leuchtete sie dem Kaninchen, das zum Fenster seines Käfigs hinausstarrte, in seine traurigen rosa Augen.

»Seit der Depression ist Williamson eine Geisterstadt«, sagte Christopher. »Der Zug hält bestimmt nicht dort.«

»Wollen wir wetten?« Sie entdeckte die grüne Metallkassette auf dem Boden. Drei Koffer und der chinesische Kopfabhacker lagen auf ihr. Maggie musste mit dem Kaninchen den Platz tauschen, um an sie ranzukommen. Fast wie Alice im Wunderland. Es dauerte lange, bis sie die Kassette herausgezogen hatte. Als sie es endlich geschafft hatte, waren ihre Finger taub.

»Williamson drei Meilen«, las Christopher von dem Hinweisschild ab. »Irgendein Zeichen von ihrem Wagen?«

»Ich kann ein Rücklicht sehen, wenn du das meinst.«

»Es ist ihrer«, sagte sie voller Überzeugung und tauschte wieder mit dem Kaninchen den Platz. Sie holte die Pistole und vier Platzpatronen heraus, zwängte die Kassette zwischen das Kaninchen und den Käfig mit den Turteltauben und lud die Waffe mit einer Patrone. Für mehr Munition war in der Startpistole kein Platz.

»Ich muss verrückt sein, sie dir zu geben«, sagte Christopher. »Was hast du eigentlich damit vor?«

»Ich will sie eben haben, nur für den Fall.«

Ihr Abstand zum Zug wurde größer, im Augenblick waren sie mit dem Dienstwagen gleich auf.

»Bleib dran an ihm, versuch es, Christopher. Vielleicht kann ich ihn irgendwo entdecken.«

Christopher verfluchte alle verdammten Weiber, die sich für Annie Oakley hielten.

So wie es am Stadtrand aussah, *war* Williamson eine Geisterstadt. Die Straßenlaternen waren kaputt – leere, zerbrochene Glaskugeln. Die Häuser waren mit Brettern vernagelt, selbst die Reklametafeln waren kahl. Aber der Zug wurde langsamer und stieß als eindeutiges Signal einen scharfen und entschlossenen Pfiff aus. Ein Eisenbahner trat auf die Plattform des Dienstwagens und hantierte an ein paar Hebeln herum. Ein lautes Zittern durchlief den ganzen Zug.

»Er hält an«, sagte Maggie, und sie überholten einen Waggon nach dem anderen. Zwischen zwei Waggons erspähte sie eine Gestalt mit einem großen Buckel auf dem Rücken. »Ich sehe ihn!«, schrie sie. »Der springt bestimmt ab, bevor der Zug anhält.«

»Der bringt sich um, wenn er das tut. Er muss ja steif gefroren sein.«

Plötzlich verloren sie den Zug aus den Augen, weil die Straße in einer Haarnadelkurve steil den Hügel hinunterführte. Als sie ihn wiedersahen, hielt er vor ihnen auf den Schienen.

Eine schmale, hoch angebrachte Lichterkette säumte den Bahnsteig. Aus dem Büro des Bahnhofvorstehers fiel Licht, aber der Rest des einst eleganten Bahnhofsgebäudes mit seinem hohen Giebel lag in gespenstischer Dunkelheit. Der Wagen, von dem Maggie überzeugt war, dass sie ihn verfolgt hatten, parkte neben dem Bahnsteig. Christopher wollte nicht näher ranfahren.

»Okay, dann parke, und wir gehen zu Fuß«, sagte Maggie. »Tu einfach so, als würden wir dem Vorsteher von dem alten Mann berichten.«

»Ich tu nicht einfach nur so. Das ist nämlich genau das, was ich tun werde, und nicht mehr.« Er wendete den Chevy und parkte mit Blick auf den Highway, der parallel zu den Gleisen weiterlief. Die Hauptstraße kreuzte hier die Schienen und führte in die Stadt hinein. »Falls irgendetwas passiert, dann lauf so schnell wie möglich hierher zurück. Sie werden den alten Mann auch ohne uns finden.«

Maggie stapfte langsam zum Bahnsteig und ging dabei dicht an dem geparkten Wagen vorbei. Sie ging nicht direkt hin, um hineinzusehen, aber sie konnte auch so erkennen, dass niemand darin war. Vielleicht war es gar nicht ihr Wagen. Es zischte: Der Zug – ein Waggon nach dem anderen – stieß einen riesigen Seufzer aus. Am anderen Ende des Bahnsteiges, auf der anderen Seite des Büros, reichte ein Mann mit einer Eisenbahnermütze und einem Schaffellmantel Säcke zu einem Paketwagen hoch. Hinter Maggie machte die Glocke am Bahnübergang einen Heidenlärm, als wollte sie eine tote Stadt aufwecken. Mehr als die Hälfte des Zuges erstreckte sich außerhalb ihrer Sichtweite und jenseits der Kreuzung mit der Hauptstraße.

Maggie sah sich suchend nach Christopher um. Er hatte abgekürzt, war vor dem geparkten Wagen vorbeigegangen und schlenderte nun den Bahnsteig entlang auf die Stelle zu, wo das Gepäck abgeladen wurde. Sie hätte wetten mögen, dass er den Mann, den sie auf den Zug hatte springen sehen, mit keiner Silbe erwähnen würde. Sie rannte los, um ihn einzuholen, warf aber nach ein paar Schritten immer wieder einen Blick über die Schulter zurück. Der Magier und der Stationsvorsteher sprachen gerade miteinander, als sie wieder einmal zurückblickte und zwei Männer, deren Gestalten sich für einen Augenblick im Lichtkegel des Bahnübergangs abzeichneten, neben den Schienen laufen sah. Sie liefen auf den geparkten Wagen zu.

Sie rief: »Christopher!« Er achtete nicht auf sie. Sie rannte zurück. Die Männer trennten sich; der eine lief schnurstracks zum Wagen, während der andere steifbeinig Richtung Highway rannte. Nein, erkannte sie plötzlich, er lief ja in die Richtung von Christophers Wagen. Sie holte die Pistole aus ihrer Tasche und feuerte die eine Patrone, die darin war, ab. »Plopp« machte es, einfach nur »plopp«. Eine andere Patrone wäre vielleicht lauter gewesen, aber sie war zu aufgeregt, um nachzuladen. Ihr Herz fühlte sich an, als würde es sich zu Tode hämmern, aber sie rannte, so schnell ihre Beine sie trugen, auf den Chevrolet zu. Der andere Wagen setzte sich röhrend hinter ihr in Bewegung. Seine Scheinwerfer kreisten sie ein: Der Fahrer wollte sie entweder überfahren oder von der Straße jagen. Sie warf sich in die Büsche und rollte und rollte und rollte. Bis sie in Sicherheit war und alle Sinne wieder beisammenhatte, fuhren beide Wagen bereits auf den Highway und dorthin zurück, wo sie hergekommen waren. Christopher kam schreiend aus dem Bahnhof gerannt. »Halt! Ihr verdammten Diebe, anhalten!«

Maggie rappelte sich auf und schleppte sich zu der Stelle wo der Zauberer vor Zorn schluchzte.

»Er hat mich fast überfahren«, sagte Maggie.

»Sie haben mein Kaninchen! Sie haben mein ganzes Leben, Herrgott noch mal! Was hast du mir angetan, Maggie?«

Sie sagte nichts, bis die Lichter beider Wagen verschwunden waren. Dann fing ihr Verstand wieder an zu arbeiten. »Was wollen die denn mit deinem Wagen, häh? Die werden nicht weit damit fahren. Die wollen doch nur einen Vorsprung, damit wir ihnen nicht mehr folgen können. Jetzt komm schon, Chris«, beschwatzte sie ihn. »Vertrau mir noch einmal. Lass uns bis zur Kurve zurückgehen.«

»Nenn mich nicht Chris«, murmelte er.

Als sie sich der Kurve näherten, schien das ganze Tal unter ihnen wie in schimmernden Nebel getaucht, durch den ein paar nadelfeine Lichtstrahlen drangen. Es sah aus wie ein Himmelsgewölbe, das auf dem Kopf stand. »Ist das nicht schön?«, rief Maggie aus.

»Halt den Mund«, sagte Christopher.

Aber als sie um die Kurve kamen, rief er: »Bei Gott, du hattest recht! Da ist er!«

Da stand der Chevy, ungerührt und in seiner ganzen Pracht, den Kühlergrill gegen die Leitplanke des Aussichtsplatzes gerichtet. Christopher wendete den Wagen und füllte den Kühler aus der Milchkanne wieder auf. Maggie stieg ein und überlegte, wie lange es jetzt wohl schon her war, dass sie am Morgen zuvor aufgestanden war. Sie hatte im Oktober ihre Uhr in Danbury, Connecticut, versetzt und den Einlöseschein in Framingham, Massachusetts, verloren, aber sie hatte einen kleinen Wecker in ihrer Büchertasche. Sie bückte sich danach und wusste sofort, dass die Tasche zu ihren Füßen nicht die ihre war.

Sie saß sehr still da und sagte kein Wort, bis sie fast schon am Bahnhof von Williamson vorbei waren. »Christopher, halt doch mal an.«

»Nein, Ma'am«, sagte er.

»Meine Büchertasche ist weg. Sie haben sie mitgenommen.«

»Das haben sie gut gemacht.«

Sie zog die Tasche zu ihren Füßen auf ihren Schoß.

»Was ist das?«, fragte er. Und dann: »O mein Gott.«

Er bremste scharf, und selbst in dem schwachen Mondlicht konnten sie die Aufschrift »U. S. MAIL« lesen.

»Ich schätze, wir bekommen Ihre Bücher für Sie zurück, Ma'am«, sagte der Sheriff von Mingo County, »aber ich kann Ihnen nicht garantieren, dass wir es bis Mittag schaffen.«

Bis dahin, hatte der beste Mechaniker in Tug River Valley versprochen, würde er einen reparierten Kühler und zwei neue Reifen herüberschicken. Der Sheriff ging davon aus, dass die Norfolk-und-Western-Eisenbahnlinie zu gegebener Zeit schon dafür bezahlen würde.

»Aber bis dahin werden Sie bereits weit weg sein.«

Der Zauberer und Maggie hatten, jeder in seiner Ecke, ein paar Stunden auf einem alten Ledersofa im Büro des Sheriffs geschlafen. Die Frau des Sheriffs hatte ihnen ein wunderbares Frühstück aus Schinken, Maisgriesbrei und Eiern gebracht, dazu genügend Kaffee, um sie bis zur Grenze nach Michigan wach zu halten. Das Kaninchen knabberte Karotten aus dem Gemüsekeller der Frau, die Tauben hatten ihren Reiseproviant aus Körnern bekommen. Christopher holte eine goldene Fünf-Dollar-Münze hinter dem Ohr der Frau des Sheriffs hervor und steckte sie ihr in die Schürze – damit sie sie ihren Kindern zu Weihnachten schenkte.

»Gleich als ich Ihre Geschichte hörte«, fasste der Sheriff die Ereignisse zusammen, »da wusste ich, dass das nur die McCoy-Brüder gewesen sein konnten. Die machen doch alles nach der Devise: Warum einfach, wenn's auch umständlich geht. Und man muss dem Herrgott dafür danken, dass sie meistens auch noch Pech haben. Zum Beispiel, dass Sie heute Nacht aufgetaucht sind. Vor ein paar Jahren wollten die beiden mal die Bank hier ausrauben. Sie haben sich in der Nacht durch das Lüftungssystem gequetscht und drinnen gewartet, dass der Filialleiter am nächsten Morgen die Bank aufsperrt. Pech war nur, dass dies der Tag war, an dem Präsident Roosevelt alle Banken im Land schließen ließ. Keiner kam, um aufzusperren. Einige Leute hier haben die McCoys dafür verantwortlich gemacht. Um ein Haar wären sie gelyncht worden. Es hätte uns in der letzten Zeit eine Menge Ärger erspart, wenn es damals so weit gekommen wäre.«

Der Sheriff nahm seinen Hut ab, kratzte sich am Kopf und setzte den Hut wieder auf. »So wie es aussieht, war es vielleicht ihr größtes Glück, dass Sie den alten Mann gefunden haben. Man könnte sie dafür hängen, wenn er nicht durchkommt. Aber der Alte ist zäher als alle McCoys zusammen. Es würde mich nicht im Geringsten überraschen, wenn er noch als Zeuge der Anklage gegen sie aussagt.«

Maggie und Christopher sahen einander an. Dann fragte Maggie: »Wie heißt der Alte, Sheriff?«

»Smith. Einfach Willie Smith.«

Eric Wright
Kaputt

Kanadier sind große Geschichtenerzähler, und Eric Wright, der zweimalige Gewinner des Arthur Ellis Awards, ist einer der besten. Wie alle guten Erfinder unglaublicher Begebenheiten lässt er sich von allem inspirieren, was sich ihm bietet, aber oft genug weiß er nicht sofort, was er da eigentlich gefunden hat. 1952 hat Eric ein Jahr lang in Churchill, Manitoba, gearbeitet. Siebenunddreißig Jahre später kam er auf die Idee, seine dort gemachten Erfahrungen zu einer Geschichte zu verarbeiten, und hier ist sie.

Vor zehn Jahren hat dieser vielseitige Schriftsteller aus Toronto angefangen, Detektivromane zu schreiben.

Inzwischen ist Eric Wright Krimilesern durch seine Charlie-Salter-Romane bestens bekannt, doch auch bei Kurzgeschichten ist er kein Neuling. Die erste, die er jemals geschrieben hat, hat er 1959 dem *New Yorker* verkauft.

Eric ist Gründungsmitglied und Ex-Präsident der Crime Writers of Canada und er ist im Vorstand der International Crime Writers League.

»Die Einsamkeit war ganz schön schlimm«, sagte er. »Was die alles aus Menschen gemacht hat. Aber es gab noch Schlimmeres. Ich kannte hier oben mal zwei Burschen – sie hatten ihre Fallen in der Nähe der 42 aufgestellt –, nun, das kann ich Ihnen sagen, die hassten sich, die beiden, so wie in diesen Ehen, in denen Mann und Frau sich nur noch mit Zetteln verständigen und nicht mehr miteinander reden. Diese beiden sind auch so geworden. Nach einer Weile haben sie wegen jeder Kleinigkeit gestritten. Aber es half nichts, bis zum Frühjahr mussten sie es miteinander aushalten.

Sie hatten eine Packung Spielkarten dabei, wissen Sie, und um die ewigen Streitereien zu vermeiden, fingen sie an, durch Abheben auszulosen, wer die Hausarbeit machen musste. Wer die höhere Karte hatte, hatte gewonnen. Sie ließen bei allem die Karten entscheiden. Eine Zeit lang lief das ganz gut. Mal hatte der eine mehr Glück und konnte dem anderen bei der Arbeit zusehen, mal der andere. Einige der anfallenden Arbeiten waren natürlich schlimmer als die anderen, wenn man zum Beispiel bei vierzig Grad unter null und bei einem Schneesturm, der sofort wieder alle Spuren zuwehte, vor die Hütte hinaus und nachsehen musste, warum die Hunde so unruhig waren. Das war eine schlimme Sache, denn vielleicht musste man dabei ein Rudel Wölfe verjagen oder sogar einen Bären. Aber so hatten sie es nun mal geregelt.

Aber eines Tages wollte der eine der beiden besonders schlau sein. Irgendwo, wahrscheinlich auf einer Missionsstation oder im Hudson Bay Store, ist ihm ein Buch mit Zaubertricks in die Hände gefallen. Da stand auch etwas über Kartentricks, und einer dieser Tricks bestand darin, wie man beim Abheben immer die Karte bekam, die man haben wollte. Der Bursche hat also das Buch mitgenommen, es versteckt und jedes Mal, wenn sein Partner draußen bei den Fallen war, geübt, bis er jede Karte abheben konnte, die er nur wollte. Bald darauf machte sein Partner die ganze Dreckarbeit und die gefährlichen Jobs und er nur die leichten, angenehmen, wie zum Beispiel am Morgen den Kaffee zu kochen. Sein Partner kriegte nie etwas spitz, sondern wartete nur, dass das Blatt sich wieder wendete.

Als der andere einmal unterwegs war, fand er das Buch. Zunächst sagte er nichts, sondern wartete nur ab. Als sie schließlich eines Nachts glaubten, draußen einen Bären zu hören, ließen sie wieder die Karten entscheiden, und der arme Teufel verlor aufs Neue. Wissen Sie, was er daraufhin tat? Er nahm sein Gewehr, zog sich an, als wollte er hinter dem Bären her, verließ die Hütte und fing an, laut herumzubrüllen. Sein Partner kam mit seinem Gewehr hinterher, und als er noch in der Tür stand, erschoss ihn der Bursche, den er betrogen hatte.

Der feuerte dann drei oder vier Ladungen aus dem Gewehr seines Partners ab, legte ihn, mit dem Gewehr in den Händen, auf den Boden der Hütte, schirrte die Hunde an und stellte sich drei Tage später im Posten der Mounties. Er erzählte den Mounties, er habe seinen Partner in Notwehr erschossen. Er sagte, sein Partner habe durchgedreht und plötzlich angefangen, auf ihn zu schießen, während er sich draußen um die Hunde gekümmert habe. Zum Glück, sagte er, habe er sein Gewehr dabeigehabt, sodass ihm nur eins übrig geblieben sei. Er habe versucht, seinem Kumpel die Sache auszureden, aber der Kerl habe einfach weiter auf ihn geschossen. Die Mounties akzeptierten seine Geschichte. Ihnen blieb nichts anderes übrig. So was passiert nun mal.«

Duncan Bane schüttete sein Bier in einem einzigen Zug hinunter, und ich machte dem Kellner der Bierkneipe ein Zeichen, dass er Nachschub bringen solle. Ich dachte mir schon, dass es noch eine Weile dauern würde, bevor ich ans Ziel käme.

Ich hielt mich in Churchill, Manitoba, auf und sammelte Material für eine Geschichte des Nordens, die auf mündlicher Überlieferung basieren sollte. Ich hatte vor, solange es sie noch gab, einige der alten Leute aufzusuchen, die in den Dreißigerjahren bereits hier oben gewesen waren: die alten Trapper, die Missionare, vielleicht sogar den einen oder anderen Disponenten der Hudson Bay Company, der nach seiner Pensionierung beschlossen hatte, in der Gegend zu bleiben.

Bis jetzt hatte ich noch nicht allzu viel Glück gehabt. Ich hatte in Flin Flon angefangen, war nach Pas weitergezogen und saß jetzt in einer Bierkneipe in einer der ältesten Ansiedlungen an der Hudson Bay. Churchill ist ein paar Wochen im Jahr ein Umschlagplatz für Getreide, das ganze Jahr hindurch Endstation für den zweimal wöchentlich ankommenden Zug und, wie ich allmählich herausfand, eine Stadt voller Touristen. Und Duncan Bane war ihre Hauptattraktion. Ich wohnte in dem Hotel über der Bierkneipe, und als der Kellner dort von meinem Projekt erfahren hatte, war er nicht mehr davon abzubringen gewesen, dass Duncan Bane genau der Mann sei, mit dem ich unbedingt reden müsste. Bane war ein ehemaliger Trapper, der als junger Mann während der Depression in den Norden gekommen war. Jetzt, weit in den Siebzigern, verbrachte er seine Tage in der Bierkneipe, an einem eigenen Tisch in der Ecke. Ich stellte mich ihm vor, gab ihm ein paar Bier aus, und er fing zu reden an. Er redete jetzt bereits eine halbe Stunde, aber nichts davon konnte ich verwerten. Meiner Erfahrung nach muss man manchmal lange Zeit warten, bis man das bekommt, was man will. Es ergeht einem ähnlich wie einem Antiquitätenhändler, der auf einer entlegenen Farm vorbeischaut in der vagen Hoffnung, der Besitzer könnte etwas haben, dessen Wert er nicht kennt. Zuerst muss man all das bewundern, worauf der Farmer stolz ist – den Geschirrspüler, die Mikrowelle, sogar den Videorekorder; dann, unten im Keller, während er seine neue Heizung herzeigt, stolpert man über ein hundert Jahre altes Waschbecken, in dem er sein Brennholz aufbewahrt. Mit mündlicher Überlieferung verhält es sich ebenso. Was man hören will, sind die Geschichten, die den Leuten fast ein wenig peinlich sind.

Doch allmählich fing ich an zu glauben, dass ich mit Duncan Bane nur meine Zeit verschwendete. Sicher, seine Aufmachung stimmte: alte Drillichhosen, die von Hosenträgern gehalten wurden, ein verwaschenes kariertes Hemd und, als Krönung des Ganzen, ein struppiger Bart unter einem kahlen, mit blauen Adern überzogenen Schädel. Er hatte sich für die Rolle des »alten Trappers« ausstaffiert und verdiente seinen Lebensunterhalt – oder das Geld, das er versoff – damit, dass er in der Kneipe herumsaß und den Touristen Geschichten erzählte. Wahrscheinlich erlaubte er ihnen sogar, ihn gegen ein kleines Entgelt zu fotografieren.

Bis jetzt hatte er mir drei Geschichten erzählt. Die Geschichte von den zwei Trappern und dem Kartenspiel hatte ich bereits vor Jahren in Winnipeg gehört, dann zweimal auf dieser Reise, einmal in Flin Flon und einmal in Cranberry Portage. Bane erzählte sie aufgrund langjähriger Übung sehr gut.

Zuvor hatte er mir die Geschichte von dem Goldgräber erzählt, der im Norden auf Gold gestoßen und daraufhin nach Winnipeg gegangen war. Dort hatte er sich drei Huren kommen lassen, das Hotelzimmer mit einer fast meterdicken Schicht Cornflakes aufgefüllt, um sie in Stimmung zu bringen, und ihnen anschließend beigebracht, wie man oben im Norden auf Schneeschuhen lief. Diese war immer eine meiner Lieblingsgeschichten gewesen. Bane behauptete, den Goldgräber persönlich gekannt zu haben.

Seine nächste Geschichte war die von der schwangeren Eskimofrau gewesen, die von ihrem eigenen Clan zum Sterben zurückgelassen worden, zwei Monate später aber aus einem Schneesturm wieder aufgetaucht war. Sie hatte ein gesundes Baby dabei, das mit den Fellen der Tiere bekleidet war, die sie in Fallen gefangen und mit deren Fleisch sie überlebt hatte; aus den Knochen und den Sehnen hatte sie zusätzlich Nadel und Faden hergestellt, um die Felle zu Kleidungsstücken zusammenzunähen. Diese Geschichte geht auf Samuel Hearnes Tagebücher zurück, von denen Wordsworth wahrscheinlich gehört und danach seine eigene Version geschrieben hatte. Bane behauptete, den Mountie kennengelernt zu haben, der sie aufgenommen hatte, als sie an seinem Posten aufgetaucht war.

Ich wusste natürlich von Anfang an, was Sache war. An dem Tisch, an dem er saß, hielt er ganz offensichtlich immer Hof. Die wenigen Gäste an den anderen Tischen warfen uns gelegentlich grinsende Blicke zu – wahrscheinlich weil der alte Duncan wieder einmal einen Touristen leimte. Trotzdem, er *war* Trapper gewesen und hatte fünfzig Jahre im Norden gelebt, und ich dachte mir, sobald Bane einmal sein Touristenrepertoire abgespult hatte, könnte ich vielleicht etwas Interessantes erfahren. Er schien jetzt etwas an Schwung zu verlieren, und ich bestellte beim Kellner noch zwei Bier. »Wie haben Sie denn herausgefunden, was wirklich zwischen diesen beiden Partnern vorgefallen war?«, fragte ich, als glaubte ich ihm nicht ganz. Es war eine naheliegende Frage, und wenn ich ihn nicht ein bisschen herausforderte, würde er sich vielleicht langweilen.

»Er hat es mir erzählt«, sagte Bane. »Auf dem Sterbebett«, schloss er und ließ einen weiten Blick über den Raum schweifen.

Ich kam zu dem Schluss, dass es falsch war, so zu tun, als glaubte ich ihm. Etwas an der Art, wie er seine letzte lächerliche Äußerung getan hatte, ließ den Zusatz durchblicken: »Und wenn Sie das glauben, kaufen Sie mir alles ab.«

»Jetzt verscheißern Sie mich aber«, sagte ich lachend und beschloss, nicht mehr ganz so leichtgläubig zu tun, damit er sich vielleicht herausgefordert fühlte.

Sein Mund öffnete sich, seine Augen weiteten sich, und er schaute sich in gespieltem Protest erneut in dem Raum um. Dann lachte er: »Sie sind ja ein ganz Schlauer«, sagte er. »Stimmt. Diese Geschichte ist mir nur erzählt worden. Ich kann ihre Echtheit nicht bezeugen.«

»Und die anderen?«

»Oh nein«, protestierte er. »Die sind alle wahr.«

Und was jetzt? Ich brauchte etwas Persönliches, etwas, das er vielleicht noch nicht in einer Geschichte verbraten hatte.

»Wie haben Sie sich eigentlich die Zeit vertrieben?«, fragte ich. »Haben Sie allein gearbeitet?«

»Das habe ich, ja. Ungefähr einmal im Monat bin ich zur Missionsstation hinunter und habe mit dem Priester ein oder zwei Gläser geleert, oder ich bin zum Posten hoch und habe dort mit dem Disponenten gebechert. Einmal im Jahr bin ich in die Stadt gefahren.«

»Nach Winnipeg?«

»Genau. Ich habe mich ausgetobt, frische Kraft getankt und mir ein paar Zähne ziehen lassen. Das hat mir gereicht. Die Leute sagen immer, dass man verwildert und einen Koller bekommt, wenn man zu lange am Stück hier oben ist. Ich war fünfzig Jahre lang verwildert. Ich bin es sogar jetzt noch, nehme ich an, aber in der Stadt könnte ich trotzdem nicht mehr leben, ich nicht.«

Das Band war zu Ende, und ich drehte es um. Jetzt kam ich der Sache langsam näher. »Was war mit Weihnachten?«, warf ich ein.

»Wie meinen Sie das?«

»Haben Sie sich je an Weihnachten einsam gefühlt?«

»Nur einmal. Aber das war in der Stadt. Ich hatte mir beim Fallenstellen die Hand gebrochen und hab's selbst nicht hinbekommen, also bin ich ins Krankenhaus in die Stadt. Sie haben mir einen Gips angelegt, aber so einen, dass ich die Hand noch benutzen konnte. Ein Pelzhändler, mit dem ich geschäftlich zu tun hatte, machte mir einen guten Fäustling, der darüberpasste. Ich war schon drauf und dran, wieder aufzubrechen, als ich merkte, dass der dreiundzwanzigste war, also zwei Tage vor Weihnachten, und so blieb ich, wo ich war, um dort zu feiern. Nun, eines kann ich Ihnen sagen, nie in meinem Leben war ich so deprimiert. Weihnachten im Winnipeg-Hotel. Die Stadt war menschenleer – die Innenstadt von Winnipeg sieht jetzt eigentlich immer menschenleer aus, ist Ihnen das schon aufgefallen? –, und eine leere Stadt ist viel trostloser als eine Hütte, wo man draußen seine Hunde hören und nachts das Nordlicht am Himmel sehen kann. So etwas habe ich nie wieder gemacht. Wenn ich an Weihnachten nicht zur Missionsstation oder zum Posten runter bin, dann habe ich mir einen Flachmann mit Roggen-Whiskey für den Tag aufgehoben. Ich habe dann nichts gearbeitet, sondern mich nur in meine Hütte gesetzt, bis der Whiskey alle war, und bin dann ins Bett.«

»Haben Sie sonst viel getrunken, wenn Sie allein waren?«

»Nie.« Jetzt war er auf einmal ernst. »Nie. Ich habe mit angesehen, wie es ein paar der Jungs umgebracht hat, nicht das Saufen selbst, aber das, was es mit sich bringen kann. Einer, der säuft, schläft im Freien ein, und in kürzester Zeit ist er tot. Ich habe das einige Male erlebt, bei Weißen und bei Indianern. Einmal sogar direkt hier im Fort, an einem Weihnachtsabend. Rufen Sie den Kellner, und ich erzähle Ihnen mehr darüber.«

Es war zwar nicht ganz das, was ich wollte, aber es klang immerhin schon besser als seine Märchen für Touristen. Er war jetzt viel entspannter – ich schätzte, dass er bei seinem achten Bier angelangt sein musste –, und er hatte aufgehört, Reden zu schwingen. Der Kellner versorgte uns aufs Neue, und Bane fing an.

»Anfang der Fünfzigerjahre ist das passiert. Damals gab es hier eine große Militärbasis; die Armee, die Marine, die Luftwaffe, sogar ein paar Seeleute hatte es hierher verschlagen. Es waren Amerikaner und Kanadier. Ich glaube, die sollten die Russen aufhalten, wenn sie über den Rand der Welt kämen. Sie übten hier den Krieg unter arktischen Bedingungen und lernten, wie man bei vierzig Grad unter null gleichzeitig kämpft und überlebt. Ich glaube nicht, dass sie jemals zum Kämpfen kamen; denn sie mussten feststellen, dass dreiundzwanzig von vierundzwanzig Stunden nur fürs Überleben draufgingen, sodass ihnen nur noch eine Stunde zum Kämpfen übrig blieb. Einmal wollte jemand wissen, ob sie mit den Russen eine Vereinbarung treffen müssten, welche Stunde des Tages sie für das Kämpfen hernehmen würden. Na ja, jedenfalls trieben sie sich zu Hunderten hier herum, und ich arbeitete eine Weile für sie. Sie bezahlten mich dafür, dass ich ihnen das Land zeigte, und ich fuhr mit ihnen in ihren Raupenfahrzeugen herum, wenn sie die Gegend kartografierten. Ein paar von ihnen lernte ich ziemlich gut kennen, besonders einen, einen großen Sergeant, der von irgendwo aus dem Süden stammte. Er wollte unbedingt ein Eisbärfell mit nach Hause nehmen, und ich habe ihm eines besorgt. Eigentlich durfte man keine Eisbären schießen, aber eines Tages hat mich einer angegriffen, und ich musste ihn aus Notwehr töten.« Er kniff ein Auge zusammen, damit ich auch ja begriff, wie das gemeint war. »Deswegen war mir Sergeant Vivaldi sehr dankbar und bestand darauf, dass ich am Weihnachtsabend auf ein Tänzchen in das Unteroffizierkasino kommen und ein paar Tage bleiben sollte.« Er schüttete etwas Salz in sein Bier und nahm einen Schluck. »Eigentlich wollte ich ja nicht hingehen, aber er und ein paar andere ließen nicht locker, also bin ich hin, und das ist ein Abend geworden, das kann ich Ihnen sagen. Die haben mich sehr verwöhnt, mir sogar Jackett und Schlips geliehen – im Kasino musste man nämlich Jackett und Schlips tragen – und mir ein hübsches Zimmer gegeben. Bis zur Missionsstation, wo ich meine Hunde zurückließ, bin ich mit dem Schlitten gefahren, und die anderen kamen mir in einen Raupenfahrzeug entgegen und haben mich abgeholt.

An diesem Weihnachtsabend waren die amerikanischen Sergeants die Gastgeber. An den Feiertagen, die Kanadier und Amerikaner gemeinsam verbrachten, wetteiferten sie immer miteinander, wer das schönste Fest organisierte. So waren die Kanadier an unserem Tag der Arbeit Gastgeber, die Amerikaner an ihrem und am Erntedankfest. Weihnachten teilten sie so auf, dass auf die Amerikaner der Weihnachtsabend fiel, und die Kanadier kümmerten sich um Silvester. Wie ich schon sagte, das war vielleicht ein Abend. Das Kasino war wie ein Nightclub hergerichtet. ›Bar der weißen Nächte‹ nannten sie es, überall waren Lampions und Luftballons und so'n Zeug, und auf

jedem Tisch stand eine Flasche Champagner, die gratis war. Ich selbst mag das Gesöff ja nicht, aber es war nun mal da, eine Flasche auf jedem Tisch. Und sie hatten eine richtige Band! Die Yankees hatten nur für diesen einen Abend eine Band aus Washington eingeflogen, und die heizte wirklich richtig ein. Ich hatte seit zwanzig Jahren nicht mehr getanzt, und ich hatte auch nicht vorgehabt, es zu versuchen, selbst wenn ich ihre Tänze gekonnt hätte, aber Sergeant Vivaldi sagte den hübschen Mädchen immer wieder, dass sie mich auffordern sollten – mir war schon klar, was er vorhatte, und ich hatte auch nichts dagegen, aber diese Tänze konnte ich einfach nicht. Wo die Mädchen herkamen? Na ja, es gab schon ein paar, Ehefrauen und Sekretärinnen und so weiter. Sie reichten für uns alle, wenn sie sich richtig aufteilten. An unserem Tisch saß eine Mrs. Caruso, ihr Mann war ein Sergeant, der gerade in Washington war, und sie vertrieb sich mit dem Buchhalter von einer der Baugesellschaften ein bisschen die Zeit, aber darauf komme ich später. Ich sagte Vivaldi also, dass er mit dem Unsinn aufhören soll. Ich hatte nie etwas außer Polka getanzt, nicht dieses neumodische Wackelzeug, und das sagte ich ihm auch. Und auf einmal ist er zur Band gegangen und hat mit denen gesprochen, und ich steh plötzlich da und tanze Polka mit einem Mädchen namens Lucy aus St. Boniface. Französin. Ganz allein haben wir uns da auf der Tanzfläche gedreht, und die Leute haben geklatscht und uns am Ende hochleben lassen. Ich schätze, es lag am Champagner. Ich mag ihn nicht, aber etwas anderes hätte mich wohl nie so auf Touren gebracht. Danach habe ich sogar über das Mikrofon ein Gedicht vorgetragen, das ich einmal geschrieben hatte, als ich allein in meiner Hütte war, und alle haben fürchterlich geklatscht.«
Das war's, was ich wollte. »Können Sie sich noch daran erinnern? Könnten Sie es mir jetzt vortragen?«
»Sicher kann ich das. Das mache ich später. Jetzt erzähle ich erst mal die Geschichte weiter. Also, die Band wurde lauter und lauter, und

irgend wann einmal zog sich der Posaunist die Schuhe aus und spielte sein Instrument barfuß. So ein Abend war das. Dann, so gegen Mitternacht, wurde der Lunch serviert.«

»Das Abendessen?«

»In diesem Teil der Welt hier nennen wir es immer Lunch. Wo sind Sie denn her? Auf jeden Fall haben sie was zu essen gebracht. Und hier beginnt die eigentliche Geschichte. Einige der Zivilisten hatten vorher die Amerikaner gefragt, ob sie ihnen nicht helfen könnten. Es gab ungefähr zwanzig von diesen Zivilisten, die auch im Kasino aus und ein gingen, so 'ne Art Sergeants ehrenhalber, wie die Vorarbeiter der Baufirma, der Buchhalter, solche Leute eben. Und die wollten auch einmal ihre Dankbarkeit zeigen, wie man mir sagte, aber sie waren nun mal nicht genügend Leute, um ihren eigenen Abend zu organisieren, und so hatten sie die Amerikaner gebeten, bei ihnen mitmachen zu dürfen. Jetzt waren sie also für das Essen verantwortlich. Und so wurden gegen Mitternacht die Lichter gelöscht, und es gab einen Trommelwirbel, und dann passierte etwas Seltsames. Die Tür zur Küche ging auf, und der Lagerfriseur erschien und schob einen dieser Servierwagen, wie man sie in Hotelküchen verwendet und der mit Tellern voller Spaghetti beladen war, vor sich her. Hinter ihm kam noch einer mit einem Servierwagen, und hinter dem wiederum kam ein Bursche namens Figge, und alle beide rannten. Figge rempelte die beiden vor ihm an und warf sie über den Haufen; er prügelte sich mit dem Friseur, und die beiden wälzten sich in den Spaghetti, die überall am Boden lagen. Nun, inzwischen hatte die Band ja einiges geladen und fing also an, anfeuernde Musik zu spielen, und wir anderen stiegen auf die Tische und johlten und schauten zu. Selbstverständlich wollte Sergeant Vivaldi nicht zulassen, dass dieser Abend verdorben wurde – er war gar nicht verdorben, wir amüsierten uns köstlich –, und so trennten er und drei oder vier andere Männer Figge und den Friseur, und ein paar andere putzten den

Boden, und dann stellten wir uns in der Küche um unsere Spaghetti an, wie die es jeden Samstagabend machten. Hinterher erfuhren wir, dass der Streit bereits in der Küche angefangen hatte. Dieser Figge war ein übler Bursche; früher am Abend, als noch getanzt wurde, war er zu uns an den Tisch gekommen, und wir hatten zusammen etwas getrunken. Er hatte unsere Mädchen aufgefordert, aber die wollten nicht mit ihm tanzen, und als er das letzte Mal vorbeikam, da hatte er Vivaldi zugerufen, dass er nicht alle für sich alleine haben könne.«

»Alle was?«

»Er hat einen Ausdruck für das weibliche Geschlecht benutzt, wie ihn nur ein Kerl wie Figge in einer gemischten Gesellschaft verwenden würde. Sogar ich weiß das. Na ja, jedenfalls war es Figges Idee gewesen, dass sich die Zivilisten als Kellner verkleiden, dann alle gemeinsam auftreten und im Dunkeln einen Kreis bilden sollten; wenn die Lichter dann angegangen wären, hätten sie mit ihren Servierwagen voller Spaghetti dagestanden. Sean, der Friseur, hatte das für keine gute Idee gehalten. Er hatte geglaubt, dass sie sich im Dunkeln anrempeln würden, und sie waren gerade mitten im Streit gewesen, als sie den Trommelwirbel hörten. Und Sean war losgelaufen, bevor man die Lichter ausgemacht hatte oder irgendeiner von den anderen fertig gewesen war. Wir haben dann ja gesehen, was passiert ist. Figge lief den Friseur mit Absicht über den Haufen. Aber das war noch nicht alles. Einige Zeit später mussten sie Johnson – den Installationsvorarbeiter – und den Friseur voneinander trennen, und dann gingen Figge und Johnson aufeinander los. Es war wie ein Buschfeuer. Aber so kann es hier oben nun mal zugehen. Diese Kerle waren an diese Art Leben nicht gewöhnt, und sie soffen oder prügelten sich, um sich abzulenken. So etwas kriegen Sie in der Stadt fast nie zu sehen. Es war nun mal so, dass viele von ihnen deswegen im Norden waren, weil sie sonst nicht mehr wussten, wohin. Als die Arbeiten an dem militärischen Frühwarnsystem begannen, kamen eine Menge Alkoholiker hier herauf, Alkoholiker und Typen, die vor ihren Frauen und ihren Schulden davonrannten. Für einige von ihnen war der Norden die letzte Chance, noch einmal Arbeit zu bekommen. Und wie ich Ihnen sagte, sie legten sich ständig miteinander an. Im Winter haben solche Dinge genügend Zeit, um unterschwellig vor sich hin zu köcheln, weil alle aufeinanderhocken. Wie zum Beispiel bei Figge und Johnson. Zwischen den beiden herrschte dicke Luft, weil Figge eines Abends bei einem Pokerspiel Johnsons Parka gewonnen hatte. Es war eine wunderschöne Jacke, die Johnson vor seinem letzten Job auf der Halbinsel von Gaspé mitgebracht hatte. Sie war aus dem Sommerfell eines Karibus gearbeitet – die Winterfelle taugen nicht für Kleidung –, und sie war Johnsons ganzer Stolz, aber da er schwer am Verlieren war, setzte er schließlich seine Jacke gegen den Pot und verlor. Figge hätte die Jacke nehmen und wegpacken sollen, aber es machte ihm Spaß, sie ab und zu mal anzuziehen, nur um Johnson damit eins auszuwischen. Na ja, jedenfalls hatten im Winter alle Zivilisten irgendwann einmal irgendein Hühnchen miteinander zu rupfen. Die Jacke erwähne ich nur deshalb, weil sie die Ursache für das war, was später passierte. Trinken wir doch noch ein Bier.«

Als der Kellner kam, nahm Bane zwei Gläser und schüttete eines davon gleich in einem Zug hinunter. Dann fuhr er fort: »Bis ein Uhr oder so wurde noch getanzt, und dann passierte es. Alle gingen zu Bett; ich hatte ein Zimmer im Kasino, aber die meisten der Bauarbeiter übernachteten in ihrem eigenen Lager, das ein paar Hundert Meter entfernt lag – weit genug für eine Nacht wie diese. Habe ich das überhaupt schon erwähnt? Draußen kam man sich vor, als würde man im Innern einer Milchflasche herumlaufen. Die Männer marschierten immer zu zweit oder zu dritt los, und als ich ins Bett ging, waren nur noch zwei Parkas und ein Paar Mukluks in der Mantelkammer. Mukluks. Stiefel. Merken Sie sich das. Das ist ein Hinweis.«

»Ein was?«

»Ein Hinweis. Mehr sage ich nicht. Am nächsten Morgen war Weihnachten, und ich war nicht sehr fit; keiner war das, schätze ich, aber ich ging trotzdem auf eine Tasse Kaffee ins Kasino, und als ich dort ankam, glaubte ich, der Krieg sei ausgebrochen. Überall waren Leute, die wild durcheinanderredeten. Schließlich erbarmte sich jemand meiner und sagte mir, was passiert war. Johnson, der Vorarbeiter, war in der Nacht zuvor zusammengeschlagen und bewusstlos im Schnee gefunden worden; jetzt lag er auf der Krankenstation. Das Gerücht ging um, dass er es nicht überleben würde. Sein Vertreter am Bau – sein bester Kumpel, Claud Dupuis – hatte nach ihm gesucht, weil Johnson sich von ihm verabschiedet und er daraufhin noch ein letztes Glas getrunken hatte; als Dupuis schließlich nach Hause kam, war Johnson aber nicht da. Sie teilten sich ein Zimmer, wissen Sie. Dupuis ging darauf ins Kasino zurück, um Johnson zu suchen, aber inzwischen war dort alles ruhig, und so hat er den Alarm ausgelöst, und alle – die Männer von der Baufirma – machten sich auf die Suche nach ihm für den Fall, dass der draußen im Schnee eingeschlafen war. Sie fanden ihn ziemlich bald, er lag nicht weit weg, war aber ziemlich übel zugerichtet. Wie ich schon sagte, er war bewusstlos, fast erfroren, und überall war eine Menge Blut.

Alle im Kasino plapperten durcheinander und zogen die wildesten Schlussfolgerungen, aber keiner hätte behaupten können, er wüsste irgendetwas. Dupuis hatte zumindest gesehen, wie Johnson losgegangen war. Er hatte zu Dupuis gesagt, er würde heimgehen, und Dupuis hatte noch einen getrunken und war ihm dann gefolgt.

Nun war da ein Captain von der kanadischen Armee, der für die Sicherheit zuständig war, und der nahm sich der Sache an. Es war zwar ein Militärstützpunkt, aber man hatte vorher nicht geregelt, ob ein Verbrechen an einem Zivilisten von den Militärs oder von den Mounties aufgeklärt werden sollte, aber da bei dem Sturm niemand in die Stadt gelangen konnte, übernahm dieser Captain Blood den Fall. Und wie er das tat. Als er mich später am Tag vernahm, hatte er dafür extra ein – wie er es nannte – Verhörzimmer in dem Büro hinter der Bar eingerichtet, und er hatte eine Karte von der Umgebung gezeichnet, auf der ein Kreuz die Stelle markierte, an der man Johnson gefunden hatte. Das Ganze war mit bunter Wachskreide auf einen großen Bogen Papier gemalt, den er an die Wand gepinnt hatte. Auf einem anderen Blatt hatte er eine Art Zeitablaufplan des Vorher und Nachher, aufgeteilt in Viertelstunden, entworfen; und auf einem dritten Blatt hatte er die Namen aller Leute stehen, die an diesem Abend im Kasino gewesen waren, die meisten davon in schwarzer Schrift. Die Namen der Männer, die noch ins Lager der Baufirma hatten gehen müssen, waren rot geschrieben. Das waren die Hauptverdächtigen. Es sah nach schrecklich viel Arbeit aus, und in diesem Augenblick erst begriff ich, dass der arme alte Johnson im Sterben lag. Captain Blood war in seinem Element, das konnte man sehen. Es war wie in der Einsatzzentrale des Pentagons.

Viele der Namen waren bereits durchgestrichen, und nachdem er mit mir fertig war, strich er auch den meinen durch. Die meisten Leute, die er befragt hatte, konnten sich gegenseitig ein Alibi geben, und so hatte er sie durchgestrichen. Sie waren zu zweit oder dritt nach Hause gegangen und konnten so füreinander aussagen. Ich natürlich nicht, ich war einfach ins Bett gegangen, und so bat mich der Captain um meine Schlüssel und gab sie dem Sergeant, der mein Zimmer durchsuchte, während ich beim Captain bleiben musste. Er suchte nach blutbefleckten Kleidungsstücken, obwohl er das nicht sagte. Als der Sergeant zurückkam, strich der Captain meinen Namen von der Liste, so als wäre er einen Schritt weitergekommen, und ich ging. Ein paar Namen waren bis jetzt noch nicht durchgestrichen. Sean Brady, der Friseur, war darunter, aber auch Figge und noch zwei oder drei andere. Das Weihnachtsdinner an dem Tag war nicht besonders lustig, das kann ich Ihnen sagen. Jeder hatte seine eigene Theorie, wer Johnson niedergeschlagen hatte, fast jeder eine andere, und wir spekulierten eine Menge darüber, was wohl aus dem Täter werden würde, falls man ihn jemals schnappte. Claud Dupuis sagte nicht viel, aber man konnte ihm ansehen, dass er bei allem, was man dem Mann, der seinen Freund überfallen hatte, antun würde, ein Wörtchen mitreden wollte.

Johnson starb am nächsten Tag. Der Sanitätssergeant sagte uns beim Abendessen, dass er noch etwas geflüstert hätte, bevor er gestorben war. Wie der Sanitäter gehört hatte, hatte er nur ein Wort gesagt, ›kaputt‹, und wir alle wussten, was das bedeutete. Ich jedenfalls wusste es, und ich sah, wie Claud Dupuis finster aufblickte.«

»Es bedeutet ›erledigt‹«, sagte ich.

Bane schaute mich triumphierend an und nahm einen langen Schluck. »Ah. Das haben alle gedacht. Sagen wir mal, das ist noch ein Hinweis. Ich erkläre es gleich.

Der Sturm ließ etwas nach, und am nächsten Morgen erhielt ich von Captain Blood die Erlaubnis, in die Stadt zu fahren, um mich um meine Hunde zu kümmern. Einer der Amerikaner nahm mich in einem Raupenfahrzeug mit, und während ich dort in der Stadt war, hatte ich ein kurzes Gespräch mit dem französischen Priester der Missionsstation, der mir eine Idee, die mir gekommen war, bestätigte. Als ich zurückkam, erzählte ich dem Captain, was ich herausgefunden hatte. Er wurde ganz aufgeregt und organisierte Suchtrupps, die jeden Zentimeter des Tatorts absuchten. Versteckt unter einer Baracke fanden sie, was sie suchten. Der Captain ließ Figge festnehmen, und er und der Corporal der Mounties verhörten ihn für den Rest des Tages.«

»Weshalb Figge?«, fragte ich, wie man es von mir erwartete. »Was hatten sie denn gefunden?«

»Was sie gefunden hatten?«, fragte er mit einem Gesichtsausdruck, dass ich ihm am liebsten mein Bier über den Kopf geschüttet hätte. »Was glauben Sie wohl, was sie gefunden haben?«

»Ich weiß es nicht. Was?«

»Den Parka von Figge. Oder besser gesagt: Johnsons Parka. Den aus Karibu-Fell, den Figge Johnson beim Spiel abgenommen hatte. Über und über mit Blut besudelt.«

»Also hat Figge es getan?«

»Sieht so aus, oder nicht?«

»Woher wussten Sie das? Was hat Ihnen der Priester gesagt?«

»Das erzähle ich Ihnen zum Schluss, wenn Sie bis dahin nicht von selbst dahintergekommen sind. Kaum hatten alle ihre Erleichterung, dass es Figge gewesen war, verdaut, da wurden wir von der Neuigkeit überrascht, dass Spenser, der Buchhalter an unserem Tisch, irgendwie in die Sache verwickelt sei. Er war drei Stunden beim Captain und dem Mountie, und als er wieder herauskam, fing er an, seine Sachen zu packen und sich zur Abreise fertig zu machen. Figge wurde freigelassen. Man ließ ihn natürlich nicht ganz frei. Claud Dupuis hätte ihn umgebracht, schon auf den bloßen Verdacht hin, dass sie vorher doch recht gehabt hatten; also haben sie Figge in die Stadt gebracht und ihn dort in einem kleinen Gefängnis der Mounties zu seinem eigenen Schutz eingesperrt. Sind Sie inzwischen dahintergekommen, warum?«

»Nein.

Der alte Mann wirkte zufrieden. »Später kam heraus, dass Figge beweisen konnte, die ganze Nacht auf einem der Sofas im Billardzimmer verbracht zu haben, und zwar deshalb, weil der Buchhalter ebenfalls sehr lange dort gewesen war, unter anderem zu der Zeit, als Johnson überfallen wurde.«

»Zusammen mit Figge?«

»Nein, nein. Mit Mrs. Caruso, der Amerikanerin, deren Mann gerade in Washington war. Der Buchhalter musste ihm ein Alibi geben, da Figge haargenau erzählen konnte, wie die beiden es in der Nacht miteinander getrieben hatten, während er am anderen Ende des Zimmers gewesen war und so getan hatte, als schliefe er. Ich sagte Ihnen doch, er war ein mieser Kerl. Zusätzlich hatten sie sich auch noch eingeschlossen, was der für das Kasino zuständige Sergeant bestätigen konnte. Er hatte die Tür verriegelt vorgefunden, als er seinen Rundgang machte. Der Buchhalter fuhr auf der Stelle ab, noch bevor Sergeant Caruso zurückkam. Man wollte die Sache geheim halten, aber es waren zu viele Leute im Raum, als Figge auspackte, und so sprach es sich herum.

Und da kam Captain Blood auf die Idee. Zuerst hatte er wegen des Parkas angenommen, es sei Figge gewesen, doch jetzt glaubte er, dass es jemand gewesen sein musste, der Figges Parka trug und mit beiden ein Hühnchen zu rupfen hatte, mit Johnson *und* Figge. Ich hielt das für ziemlich clever von ihm. Jetzt wollte er, dass die Kleidungsstücke von allen auf seiner Liste im Labor untersucht werden sollten, weil diese Karibu-Jacken nämlich alle ein bisschen haaren und bestimmt ein paar Haare auf der Kleidung des Mörders hinterlassen haben mussten. Die Forschungsabteilung der Armee hatte ein paar Botaniker und Biologen hier oben. Einer von denen kam doch eines Tages zu mir und fragte, ob er eine Blutprobe von einem meiner Hunde nehmen könne, und ich sagte, natürlich, nehmen Sie, so viel Sie wollen, und der Kerl ging doch glatt mit einer Nadel in der Hand auf meinen Leithund los, bevor ich ihn noch zurückhalten konnte. Ich hatte mir natürlich einen Spaß machen wollen. Noch ein paar Meter, und die Hunde hätten eine Probe von *seinem* Blut genommen! Diese Wissenschaftler hatten zwar ein kleines Labor, aber das, was Captain Blood von ihnen verlangte, hätte wohl so an die sechs Monate gedauert, aber trotzdem fingen sie damit an. In der Zwischenzeit befragte der Mountie uns alle, um herauszufinden, wer gleichermaßen etwas gegen Johnson und Figge gehabt hatte, und schließlich tauchte ein Name auf. Wissen Sie, welcher?«

»Der von Sean Brady, dem Friseur.«

»Das stimmt. Gut gemacht. Ich hätte den Mounties schon damals sagen können, dass dieser Name fallen würde.«

»Und warum haben Sie es nicht getan?«

»Weil ich inzwischen erkannt hatte, dass sie vollkommen im Dunkeln tappten, und weil ich meine eigene Theorie hatte, die ich auf eigene Faust überprüfen wollte. Ich hatte genug von Captain Bloods wilden Mutmaßungen. Sie schossen sich also auf Sean ein, wie ich mir gedacht hatte, und sie nahmen sein Zimmer mit einer Lupe in Augenschein und untersuchten ihn nach Verletzungen, während die im Labor sich anstrengten, Karibu-Haare auf seinem besten Anzug zu finden. Ich wusste, dass sie nichts finden würden. Aber was Sean Brady anging, er hätte es getan, wenn er den Mumm gehabt hätte; also hatte ich nichts dagegen, dass sie ihn etwas in die Mangel nahmen. Sie fanden nichts, aber ich sagte ihnen, sie sollten Brady lieber auch in Schutzhaft nehmen, weil Dupuis nur darauf brannte, irgendeinen zu vermöbeln, um seinen Freund zu rächen. Während sie Brady verhörten, ging ich zur Krankenstation, um Johnson die letzte Ehre zu erweisen. Ich bot mich an, seine Habseligkeiten für Dupuis mitzunehmen, der sie dann in eine Schachtel packen und an Johnsons Frau schicken wollte. Der arme alte Claud war in einem schrecklichen Zustand, also blieb ich und sprach lange auf ihn ein und beruhigte ihn. Am nächsten Tag fuhr er mit dem Zug weg. Und das war's dann. Sie fanden nie heraus, wer sich in jener Nacht als Figge ausgegeben hatte. Ich schon.«

»Claud Dupuis, Johnsons Freund.«

»Wie sind Sie bloß dahintergekommen?« Vor Verwunderung stand ihm der Mund ein Stück offen. Man konnte seinen rechten unteren Eckzahn sehen.

»Ich habe einfach geraten«, sagte ich, obwohl das nicht ganz stimmte. Alle außer Dupuis waren verdächtigt worden. »Ich weiß nicht, wie ich dahintergekommen bin, aber ich glaube, ich weiß, warum Dupuis es getan hat.«

»Und warum?«

»Die Geschichte mit den beiden Trappern. Dupuis und Johnson hatten sich sechs Monate ein Zimmer geteilt. Sie hassten einander, und Dupuis hasste Figge, so wie alle anderen auch. Also zog er Figges Parka an, ging Johnson nach und schlug so zwei Fliegen mit einer Klappe.« Der alte Mann starrte mich an und vergaß sogar zu trinken.

Er wirkte völlig verblüfft. »Was erzählen Sie da? Kannten Sie diese beide Burschen? Nein? Nun, ich habe sie gekannt. Die zwei waren Blutsbrüder, das kann ich Ihnen sagen.«

Ich hatte noch nie einen Menschen so wütend erlebt. Die Ader, die in der Mitte seines kahlen Schädels verlief, sah aus, als wollte sie gleich platzen. Irgendwie hatte ich den Kern seiner Geschichte getroffen, und er musste mich erst wieder im Griff haben, bevor er weitermachen konnte.

»Das hier ist *nicht* die Geschichte der beiden Trapper«, blaffte er. »Was ich Ihnen jetzt erzähle, ist die Wahrheit. Verstehen Sie mich? Ich kannte diese Burschen.« Er wartete ab, ob ich auch ja genug eingeschüchtert war.

Ich machte eine versöhnliche Geste. »Also erzählen Sie es mir. Wie sind Sie dahintergekommen?«

Eine Zeit lang schwieg er weiter, riss sich dann aber zusammen und nahm einen Schluck Bier. »Fangen wir bei dem Wort ›kaputt‹ an«, sagte er. »Sie sprechen kein Französisch? Ich dachte, heutzutage sollten wir Kanadier alle zweisprachig sein. Also ich spreche es, und Ojibwa und die Sprache der Eskimos. Das müssen sie hier oben. Habe ich Ihnen gesagt, dass Johnson Franzose war? Das Wort, das er sagte, war nicht ›kaputt‹. Ich wusste, dass er kein Deutsch konnte, und außerdem hatte mich der Ausdruck auf Dupuis' Gesicht stutzig gemacht, und so bin ich, wie schon gesagt, in die Stadt gefahren und habe mich mit dem Priester unterhalten. Es stellte sich heraus, dass das Wort ›capote‹ lautet. Das ist französisch und bedeutet eine besondere Art von Parka, so wie Johnson einen gehabt hatte. Also nahm ich zuerst an, dass es Figge war, aber als Figge dann mit seinem Alibi daherkam, war mir auf einmal alles klar. Wie Sie schon sagten, ist nur einer nicht verdächtigt worden, und als Captain Blood die Kleidung von allen untersuchen lassen wollte, brachte er mich auf eine Idee. Natürlich waren die beiden Parkas und das Paar Mukluks in der Garderobe eine große Hilfe.«

»Warum?«

»Wo war das andere Paar Stiefel? Bei einem solchen Wetter konnte man ja wohl schlecht in Pantoffeln hinausgehen. Also hatte jemand seine Stiefel an, aber nicht seinen Parka.«

»Dupuis? Hat er Figges Parka genommen und ist hinter Johnson her?«

»Das könnte ein Außenstehender, der die beiden nicht kannte, vielleicht annehmen.« Wieder wies er mich mit einem strengen Blick in die Schranken, bevor er fortfuhr. »Ich aber nicht. Mir war gleich von Anfang an klar, warum Dupuis einen so seltsamen Gesichtsausdruck hatte, als er das Wort ›kaputt‹ hörte. Er wusste, was Johnson wirklich gemeint hatte, und wenn er unschuldig gewesen wäre, dann hätte er es sofort gesagt. Aber das tat er nicht, er wusste überhaupt nicht, wie er reagieren sollte.«

»Und warum ist er Johnson nachgegangen?«

»Wissen Sie es immer noch nicht? Er hat es gar nicht getan. Er wäre niemals Johnson hinterhergegangen.« Er sah mich stolz an. »Auf keinen Fall. Er ist hinter Figge her.«

»Aber Figge war doch im Billardzimmer und belauschte …«

»Das war er auch, aber Dupuis wusste das nicht. Als er einen Burschen mit Figges Jacke durch die Tür gehen sah; da beschloss er, für sich und für seinen Freund eine alte Rechnung zu begleichen. Johnson hatte sich seine Jacke einfach zurückgeholt. Alle waren ziemlich betrunken, vergessen Sie das nicht. Dupuis hat Johnson erschlagen, bevor er ihn überhaupt richtig gesehen hatte.«

»Warum hat er es denn nicht dabei belassen? Er hätte ihn immer noch eine Weile später entdecken und dann dem ganzen Lager dabei zusehen können, wie es den suchte, der es auf Figge abgesehen hatte. Außerdem wusste er nicht, dass Figge ein Alibi hatte. Es hätte wie ein Kampf zwischen Johnson und Figge um die Jacke aussehen können. Warum hat er sie nicht dort liegen lassen?«

»Wegen des Blutes. Ich sagte Ihnen doch, dass eine Menge Blut auf seinem Parka war. So betrunken waren die anderen nun auch wieder nicht. Irgendeinem hätte es auffallen können. Also zog er Johnson seinen Parka an und versteckte den von Figge so, dass er gefunden werden würde. Dann schlich er zurück und nahm sich Johnsons Parka aus der Garderobe, wo Johnson ihn hatte hängen lassen, als er beschlossen hatte, seinen eigenen ›capote‹ zurückzustehlen. Also trug Johnson jetzt einen normalen Parka mit Blut darauf, und Dupuis einen ohne.«

»Das konnten Sie aber nicht beweisen.«

»Deswegen bin ich ja in die Krankenstation, um Johnson die letzte Ehre zu erweisen. Als man mich mit ihm allein ließ, fand ich seinen Anzug, der voller Karibu-Haare war. Daraufhin untersuchte ich seinen Parka. Es war ein Parka aus Armeebeständen; die kanadische Armee hatte sie an eine Menge Bauarbeiter verkauft, und so sah auch der hier aus wie viele andere auch. Genau aus diesem Grund hatte auch jeder seinen Namen auf einem kleinen weißen Wäschezeichen, das deswegen in die Jacke eingenäht war, stehen. Das in Johnsons Parka war herausgerissen worden.«

»Warum haben Sie das nicht der Polizei erzählt?«

»Wegen der Art, wie Captain Blood daherredete. Er wollte unbedingt jemand wegen versuchten Mordes oder Totschlags unter Anklage stellen, aber so war es in Wirklichkeit gar nicht gewesen. Dupuis war kein Mörder. Er hatte Figge bloß ein paar Zähne lockern wollen. Es war eine Verwechslung. Er tat mir leid, und so erzählte ich ihm, was ich wusste, und erklärte ihm, dass das fehlende Wäschezeichen nichts nützen würde, weil die Polizei Mittel zur Verfügung hätte, um zu beweisen, dass es seine Jacke war. Also ist er gegangen. Er hätte nicht weggehen müssen. Ich hätte meinen Mund gehalten. Wie ich schon sagte, es war ein Missverständnis. Verstehen Sie, worauf ich hinaus will? Er hat seinen Freund aus Versehen getötet.«

Ich verstand nun, warum ihn mein voreiliger Vergleich seiner wahren Geschichte mit der erfundenen von den beiden Trappern so wütend gemacht hatte.

»Aber dem Mountie habe ich es erzählt«, sagte er unvermittelt. »Ich habe ein Jahr gewartet, dann habe ich es ihm erzählt. Wissen Sie, was er mir geantwortet hat?«

»Was?«

»Er sagte, angesichts der Tatsache, dass ich ein ganzes Jahr in meiner Hütte allein gewesen war und Zeit genug gehabt hatte, hätte ich mir auch eine bessere Geschichte ausdenken könne. Er wollte keinen Ärger haben, verstehen Sie, und außerdem hatte Dupuis alle Beweise mitgenommen. Und jetzt schnappen Sie sich den Kellner, bevor ich vor Durst sterbe.«

»Was ist mit dem Gedicht?«

»Das ich vorgetragen habe? Wohnen Sie hier im Hotel? Kommen Sie morgen wieder, und ich sage es Ihnen. Ich habe jetzt genug geredet. Da ist der Kellner. Schnell, bevor er wegschaut.«

Ich ließ ihn daraufhin allein, kam aber am nächsten Tag wieder, um sein Gedicht aufzunehmen. Ich wartete eine Stunde, aber er kam nicht. Der Kellner sagte mir, ich solle warten; Duncan Bane sei *immer* da, aber ich hatte so ein Gefühl, als würde Bane nicht so schnell wieder mit mir reden wollen.

John Lutz
Onkel Willy

John Lutz gibt selbst zu, dass er sich mit dem griesgrämigen
Vater in dieser Geschichte identifiziert. Eigentlich hat er ja nichts gegen Weihnachten, ihn stören nur der Wirbel und das Theater der Vorbereitungen. Seine Kinder haben immer auf einem echten Weihnachtsbaum bestanden, aber jetzt, da sie erwachsen und im College sind,
hat er sich einen lang gehegten Wunsch erfüllt und sich einen künstlichen Baum gekauft.

Was den Baum in dieser Geschichte betrifft, so ist nichts Künstliches
an ihm; doch ist es auch ganz sicher nicht die Art von Baum, die man
ganz normal am Christbaumstand nebenan kaufen kann.

John Lutz schreibt eigentlich schnörkellose Kriminalromane, aber in
seinen geliebten Kurzgeschichten – für die er einen Edgar gewonnen
hat – steckt er voller Überraschungen. In dieser Feiertagsgeschichte
erfahren wir, dass sich hinter einem schönen, geraden Weihnachtsbaum mehr verbergen kann, als man auf den ersten Blick vermuten
würde.

Clayton Blake hatte schon jetzt genug von Weihnachten, und dabei
waren es noch ganze fünf Tage hin. Sein vier Jahre alter Sohn Andy
lag zusammengerollt und schmollend auf dem Sofa und sorgte dafür,
dass Clayton sich ungefähr so klein wie eine der Elfen des Weihnachts-

mannes fühlte. Aber zum Teufel, was diese Sache anging, so war er im Recht.

Seine Frau Blair sagte: »Dazu hast du nicht das Recht, Clay. Was kann es schon schaden, noch einmal einen echten Weihnachtsbaum zu kaufen? Für Andy ist es sehr wichtig, und er ist doch noch so klein. Er versteht noch nicht, was du von Weihnachten hältst.«

Der Streit mit Blair und Andy hatte Clayton sehr mitgenommen. Aber er war immer noch fest entschlossen, dieses Jahr einen kleinen künstlichen Baum zu kaufen und den schrecklichen Weihnachtsstress auf ein Minimum zu reduzieren. »Andys Gefühle ändern nichts daran, was Weihnachten wirklich ist«, sagte er. »Es ist doch nichts anderes als eine größere Verkaufsoffensive, die irgendwann im Oktober anfängt. Ist dir eigentlich klar, dass der Einzelhandel die Hälfte seines Profits während der Weihnachtszeit macht?« Er zog empört die Augenbrauen hoch. »*Die Hälfte!* So weit ist es inzwischen schon gekommen, dass die Tatsache, wie viel die Händler uns Weihnachten aufschwätzen können, über das Wohl und Wehe der Wirtschaft entscheidet. Der Wirtschaft auf der *ganzen* Welt! Der Aufstieg und Fall ganzer Regierungen hängt davon ab.« Andy klagte: »Will'n lichtigen Baum.« Ganz jämmerlich hörte sich das an.

Blair sah aus, als litte sie Schmerzen. Schließlich schüttelte sie den Kopf, und ihr langes blondes Haar schwang hin und her. Sie war eine schöne Frau, noch keine vierzig, mit leicht kurzsichtigen blauen Augen. Schlafzimmeraugen. »Sprich mit Andy über die Wirtschaft«, sagte sie. »Er wird deinen Standpunkt verstehen, wenn ihr euch über das Bruttosozialprodukt und das Handelsdefizit unterhalten habt.«

Auf der Veranda klapperte es. Stampfende Schritte entfernten sich. Die Post war da. Clayton war dankbar für die Unterbrechung.

Er und Blair gingen gleichzeitig Richtung Haustür, doch Blair blieb stehen, als sie das bemerkte, und ließ Clayton auf die Veranda gehen und die Post hereinholen. Als er vor die Tür trat, drang ihm der Wind wie mit eisigen Nadeln bis auf die Knochen.

Als er schon längst wieder im Haus war, war ihm immer noch kalt. Die paar Sekunden draußen hatten ihn ganz schnell ausgekühlt. Die Temperatur musste um die minus fünfzehn Grad liegen. Er hasste nicht nur Weihnachten, sondern die ganze Jahreszeit, den grauen Himmel und das düstere Licht.

»Baum«, beharrte Andy.

Clayton verschloss sein Herz und ignorierte seinen Sohn. »Sieht aus, als seien es nur Weihnachtskarten«, sagte er enttäuscht. Er ließ den Stapel Post auf den Tisch im Vorraum fallen und lachte humorlos über den einen Umschlag, den er noch in der Hand hielt. Der Umschlag war länger als die anderen, und der Absender war ihm vertraut: das Staatsgefängnis. Wahrscheinlich der jährliche Weihnachtsgruß von seinem Bruder Willy, der wegen Trickbetrügereien einsaß. Clayton sagte: »Die übliche Karte von Willy«, und warf den Umschlag auf den Stapel der sich häufenden unbezahlten Rechnungen, die für die Weihnachtseinkäufe angefallen waren. Das ist die Jahreszeit der Schulden.

Blair sagte: »Sogar im Gefängnis ist Willy in Weihnachtsstimmung.«

»Sogar aus dem Gefängnis legt Willy dich herein«, sagte Clayton. »Willy kann jeden, den er will, übers Ohr hauen, und das aus jeder Entfernung.«

»Er mag ja ein Betrüger sein«, sagte Blair gereizt, »aber er ist ein anständiger Mensch.« Drohend hing die unausgesprochene Folgerung in der Luft, dass Clayton kein anständiger Mensch war; er war einer von diesen Geizkragen, die ihrer Familie nicht einmal einen richtigen Christbaum gönnen. Das ärgerte ihn. Brachte er nicht gutes Geld nach Hause? War er nicht ein treuer Ehemann, der nicht trank? Ein guter Vater für ihren Sohn, wenn vielleicht auch etwas strenger, als Blair es gerne gesehen hätte? Und wieso war Willy – ein verurteilter Trickbetrüger – ein anständiger Mensch? War das nicht genau das, was ein Trickbetrüger einen immer glauben machte – dass er im Grunde anständig war?

Blair fing an, die Weihnachtskarten zu öffnen, und benutzte einen ihrer langen roten Fingernägel, um die Umschläge aufzureißen. »Also, wann gehst du jetzt los, um diesen künstlichen Baum zu kaufen?«, fragte sie resigniert und ohne ihn dabei anzusehen.

»Bald.«

Sie blickte immer noch nicht auf, als sie sagte: »Andy hat sich schon so darauf gefreut, am Stand drüben an der Elm Avenue einen richtigen Baum mit uns auszusuchen.«

Clayton gab keine Antwort. Eigentlich wollte er sich nicht einmal die Mühe machen, einen künstlichen Baum zu kaufen und aufzustellen. Einige waren furchtbar kompliziert zusammenzustecken, und manchmal saßen die Äste nicht richtig. Am liebsten hätte er ein Rollo mit der Abbildung eines Baumes darauf gehabt. Während der Feiertage könnte er es herunterlassen, und irgendwann um Neujahr herum könnte er es wieder aufrollen. Aber er erzählte Blair lieber nichts von dieser Idee.

Andy meldete sich vom Sofa: »Bitte, Daddy!«

»Du kannst jetzt wieder aufstehen, mein Sohn«, sagte Clayton, als es an der Tür läutete. »Aber benimm dich. Keine Wutanfälle mehr.«

In zwei Schritten war er an der Tür und öffnete sie. Er stand da mit offenem Mund und sog die kalte Luft ein.

Sein Bruder Willy stand auf der Veranda.

»Willy, wie kommst du –«

»Man hat mir wegen guter Führung bis nach Weihnachten freigegeben«, sagte Willy. »Das machen sie jetzt bei vertrauenswürdigen Gefangenen, die keine Gewaltverbrechen begangen haben.« Er grinste. »Keiner wird ihnen abhauen. Nicht um diese Jahreszeit. Deswegen nennen sie uns ja vertrauenswürdig.«

Clayton wusste nicht, was er sagen sollte. Im Grunde freute er sich nicht besonders, seinen Bruder zu sehen. Sie waren nie gut miteinander ausgekommen.

»Willy!«, sagte Blair hinter Clayton. »Um Gottes willen, komm doch herein!«

»Aber natürlich!«, sagte Clayton, der sich von seinem Schock wieder erholte. »Komm rein, Willy. Draußen ist es kalt.«

Willy, der König der Verbrecher, lächelte. Er war eine kleinere, stämmigere Ausgabe von Clayton, aber sein Gesicht strahlte immer, und seine Nase war rot, weil er sie in zu viele Gläser mit Whiskey-Cocktails gesteckt hatte. Während Clayton ein schmales, angespanntes Gesicht hatte, das ihm das Aussehen eines besorgten Oberlehrers verlieh, ähnelte Willy einem ungehobelten Kaufhaus-Weihnachtsmann ohne Kostüm, der auf dem Weg in eine Kneipe war. Clayton fragte sich, ob Willy wohl etwas getrunken hatte, bevor er zu ihnen gekommen war.

Willy hatte sich nicht von der Stelle gerührt. Er sagte: »Ich habe euch etwas mitgebracht.«

Dann griff er links neben sich und zerrte an einem offensichtlich schweren und widerspenstigen Gegenstand.

Ein Weihnachtsbaum kam zum Vorschein.

Nicht einfach nur ein Baum, sondern ein großer noch dazu. Fast zwei Meter hoch und entsprechend breit. Seine Wurzeln waren immer noch von einem dicken Klumpen Erde umgeben und steckten in einem Jutesack, der mit einer Schnur zugebunden war.

Was war hier los?, fragte sich Clayton. Hatte sich eine Baumschule vor lauter Weihnachtsduselei von Willy den Baum abschwatzen lassen? Genau so sah es aus, und Willy wäre durchaus dazu fähig gewesen.

Blair schrie fast. »Ein *richtiger* Baum!«

»Ein lichtiger Baum!« Andy stürmte quer durchs Wohnzimmer und trat Clayton dabei vor lauter Begeisterung auf den Fuß.

Clayton räusperte sich und sagte: »Das ist dein Onkel Willy, mein Sohn.«

Andy sagte: »Wiwi.«

Clayton war überrascht, mit was für einem sanften Ausdruck Willy auf Andy herunterstrahlte. Willy war bereits vor Andys Geburt ins Gefängnis gekommen. »Lerne ich dich endlich kennen, kleiner Bursche.«

Clayton sagte: »Lass den Baum einstweilen auf der Veranda und komm herein, Willy. Du bist ja ganz bleich vor Kälte.« *Bis auf deine Schnapsnase.*

Während Willy den Baum an die Wand lehnte und durch die Tür trat, sagte Blair: »Bist du sicher, dass es dir gut geht, Willy? Du bist wirklich sehr blass.«

»O ja. Im Ge … Dort, wo ich herkomme, bekommt man so eine Gesichtsfarbe. Du kennst mich doch, ich bin immer gesund. Krieg nicht mal eine Erkältung.«

Weil der Alkohol die Viren abtötet, dachte Clayton, behielt seine Meinung aber für sich.

Willy zog seinen Mantel aus. Er trug einen billigen blauen Anzug und abgetragene schwarze Schuhe, Marke Kleidersammlung.

Willy reichte Clayton seinen Mantel und schaute sich um. »Gut. Ich habe gehofft, dass ihr noch keinen Baum habt. Wollte euch überraschen. Wir müssen ihn recht bald in eine Wanne mit Wasser stellen. Nach Weihnachten könnt ihr ihn dann irgendwo in den Garten pflanzen. Er wird dann zusammen mit Andy groß und stark werden.«

Clayton war nicht überrascht, dass Andy, wie alle warmblütigen Wesen, sofort Gefallen an Willy gefunden hatte. Er stand dicht bei ihm und starrte zu ihm hinauf, als ob Willy ein lebensgroßer G. I. wäre. Kriegsspielzeug, fiel Clayton dabei ein. Wenigstens hatte Willy Andy kein Kriegsspielzeug mitgebracht.

Blair eilte davon, um Willy eine Tasse heiße Schokolade zu holen.

Willy setzte sich zusammen mit Andy auf das Sofa. Wie zwei alte Freunde.

Clayton sagte: »Wo wohnst du, Willy?«

Willy wartete mit der Antwort, bis Blair zurückgekommen war. Er sagte: »Nun, ich dachte, hier vielleicht. Ich muss mich gleich nach Weihnachten wieder zurückmelden.«

Clayton hatte den Mund noch gar nicht richtig aufgemacht, da sagte Blair bereits: »Großartig, Willy. Wir haben ein Gästezimmer.«

Andy sagte: »Wohin zurück, Onkel Wiwi?«

»Onkel Willy wollte damit sagen, dass er wieder nach Hause muss«, warf Clayton schnell ein. »Sobald Weihnachten vorbei ist.«

Willy lehnte sich auf dem weichen Sofa zurück und schaute sich um. »Hübsche Bude, Clayt. Wunderbare Familie. Köstliche Tasse Schokolade. Weißt du überhaupt, wie glücklich du bist?«

Clayton sagte, dass er es wüsste.

Zum Abendessen gingen sie in ein familienfreundliches Restaurant, wo es Brathähnchen gab und das mit Stechpalmenblättern, Girlanden aus Tannengrün und roten Schleifen geschmückt war. Willy zog wie früher alle in seinen Bann, und Andy benahm sich einfach traumhaft. Clayton war überrascht, dass selbst er sich amüsierte. Er freute sich doch tatsächlich, dass er Willy, seinen älteren Bruder, auf den er sonst immer eifersüchtig gewesen war, wiedersah. In der Highschool hatte Willy Clayton um die Zuneigung von Janet Gerinski gebracht, einer Cheerleaderin, deren gutes Aussehen sogar die glitzernde Zahnspange vergessen ließ, die sie damals tragen musste. Janet, die für Willy etwa zwei verliebte Wochen lang von Interesse gewesen war, hatte mittlerweile einen Versicherungsvertreter geheiratet und lebte in einem noch teureren Viertel der Stadt als die Blakes.

Clayton wusste, dass er es Willy nie richtig verziehen hatte, der, nachdem er Janet fallen gelassen hatte, von der Schule abgegangen und per Anhalter nach Kalifornien gefahren war. Dort war Willys Traum von einer Karriere als Rockmusiker schnell geplatzt, und damals hatte er auch begonnen, sich mittels seines Charmes auf unlautere Art und Weise Geld zu verschaffen. Angefangen bei der Plattenindustrie über Börsenmaklerbüros bis hin zu luxuriösen Hotelsuiten in Reno, Willy hatte arglose Bewunderer und Geschäftspartner um Tausende von Dollars geprellt.

Seltsam, dachte Clayton, obwohl niemand das mochte, was Willy getan hatte, schien doch ein jeder Willy zu mögen. Das war etwas, was Clayton nie verstanden hatte.

Am nächsten Tag war Samstag, und die drei Erwachsenen stellten die echte Kiefer mehr oder weniger gerade in einen Waschzuber und schmückten sie, wobei Andy ihnen half.

Clayton machte es Freude, Andy dabei zuzusehen. Zum ersten Mal dachte er, dass es vielleicht doch keine so gute Idee gewesen war, einem Jungen von gerade vier Jahren seinen echten Weihnachtsbaum vorzuenthalten.

»He, Clayt«, meinte Willy an diesem Abend, nachdem sie sich Blairs Essen hatten schmecken lassen, »fahren wir doch in die Stadt und zeigen Andy die Schaufenster. In einem der Kaufhäuser haben sie einen Zug, der ist fast eine Meile lang.« Er grinste Andy an. »Hast du schon mal beim Weihnachtsmann auf dem Schoß gesessen, Kleiner?«

»Nicht mehr, seit er ein Jahr alt war«, sagte Blair und warf Clayton, dem Geizhals, einen bösen Blick zu.

Willy schob seinen Stuhl zurück und stand auf. »Nun, dann werden wir heute Abend etwas dagegen unternehmen. Die Geschäfte haben ja länger offen. Kommt schon, Leute. Ich muss sowieso ein paar Einkäufe erledigen.«

Clayton war überrascht. »Wo willst du denn das Geld –«

Blair hob die Hand, um Clayton zum Schweigen zu bringen.

»Ah, du kennst mich doch, Clayt«, sagte Willy. »Du weißt doch, wie gut ich immer Karten gespielt habe.«

Wie gut du immer betrogen hast, dachte Clayton. Aber wieder sagte er nichts.

Nachdem Willy Blair geholfen hatte, den Geschirrspüler einzuräumen, fuhren sie mit dem Kombi auf dem Highway in Richtung Innenstadt los. Willy schlug vor, doch etwas zu singen. Clayton sträubte sich nur kurz, bevor er überstimmt wurde. Als sie endlich in die Stadt kamen, machte es ihm tatsächlich Spaß, Weihnachtslieder zu schmettern und Andys begeistertem lispelndem Sopran zuzuhören. Blair lächelte und sah einfach – nun ja – wie ein Engel aus.

Willy zwinkerte Clayton im Rückspiegel zu. »Bald ist Weihnachten, Clayt.«

Clayt. Clayton hatte diesen Spitznamen immer gehasst. Und jetzt nannte ihn nur noch Willy so.

Andy war völlig aus dem Häuschen, als er die bunten Auslagen sah. Strahlend saß er auf dem Schoß von Santa Claus und wünschte sich ein Modellflugzeug. Was Clayton verblüffte, denn er und Blair hatten ohnehin schon geplant, Andy ein einfaches Modell aus Plastik zu Weihnachten zu schenken.

Eine Stunde vor Geschäftsschluss bat Willy die restliche Familie, doch schon mal ohne ihn nach Hause zu fahren. Er wolle noch etwas erledigen und dann mit einem Taxi nachkommen. Clayton war einverstanden, und sie verabschiedeten sich voneinander und verließen das Kaufhaus, um den kurzen Weg die zwei Blocks bis zum Parkplatz zu laufen.

Niemand sagte etwas. Selbst Clayton dachte, dass der Heimweg relativ langweilig war.

Aber während der Fahrt fing er an, sich Gedanken zu machen. Warum war Willy so charmant? Hatte er etwa irgendeine Gaunerei vor? Clayton war sich nicht sicher, war aber entschlossen, vorsichtig zu sein.

Der Weihnachtsmorgen war traumhaft schön. Clayton empfand eine Wärme, die er niemals für möglich gehalten hätte, als er Andy zusah, wie dieser die vielen Päckchen öffnete, die sein Onkel Willy unter den Baum gelegt hatte. Zusammen mit dem warmen Gefühl verspürte er eine unerwartete Melancholie und ein Sehnen nach den Weihnachtsmorgen, die Jahre zurücklagen, als er und Willy oben auf der Treppe hatten warten müssen, bis man ihnen endlich erlaubte, nach unten zu kommen und ihre Geschenke auszupacken. Er erinnerte sich an den aromatischen Geruch des echten Christbaumes, derselbe Geruch, an den Andy sich auch erinnern sollte. Die Jahre, die er zu Hause zusammen mit Willy verbracht hatte, waren vielleicht doch nicht so übel gewesen, wie Clayton sie normalerweise in Erinnerung hatte. Und außerdem, warum sollte es nicht auch eine Verjährungsfrist für alte Kränkungen geben?

Es hatte an diesem Morgen geschneit, als hätte Petrus gewusst, dass eines von Willys Geschenken an Andy ein Schlitten sein würde. Am Nachmittag, nachdem sie Backschinken mit Süßkartoffeln und Apfelkuchen als Nachspeise gegessen hatten, schlug Willy vor, doch zusammen zu dem Hügel in einem nahe gelegenen Park zu gehen und dort den Schlitten auszuprobieren. Clayton wollte erst nicht so recht, kam aber dann doch mit und amüsierte sich köstlich, obwohl er den Verdacht hegte, sich drei oder vier Finger fast erfroren zu haben. Er fuhr sogar allein mit dem Schlitten den Hügel hinunter, etwas, was er seit seinem zwölften Lebensjahr nicht mehr getan hatte. »Es hat mich einfach gepackt«, erklärte er einer grinsenden Blair, als er, voller Schnee und den Schlitten an der Schnur hinter sich herziehend, den Hügel hochgestapft kam.

Als sie durch den Schnee zurückgingen, fielen Clayton und Andy hinter Willy und Blair zurück. Andy sah zu Clayton hoch, und sein gerötetes Gesicht unter der Skimütze drückte Neugierde aus. »Wie kommt es, dass Onkel Wiwi nicht friert?«

»Er friert auch, da bin ich sicher.«

»Er benimmt sich aber nicht so.«

Was stimmte, erkannte Clayton. Vielleicht wappnete der Alkohol Willy gegen die Kälte, dachte er, hatte aber sofort ein schlechtes Gewissen. Soweit er wusste, hatte Willy keinen Alkohol mehr angerührt, seit er zu seinem Weihnachtsbesuch bei ihnen eingetroffen war.

An diesem Abend, nachdem ein erschöpfter Andy auf dem Sofa neben Willy eingeschlafen und dann nach oben ins Bett getragen worden war, machte Blair einen Eierflip, und die drei Erwachsenen setzten sich zusammen und unterhielten sich.

»Ich habe dich immer beneidet, Clayt«, sagte Willy und wischte sich den Eierflip von der Oberlippe.

Clayton war überrascht.

»Das tue ich immer noch. Dass du so früh sesshaft geworden bist. Du solltest dir darüber klar werden, was dir wichtig ist auf der Welt, und es besser schätzen lernen. Ich meine, nichts währt ewig, und du hast Blair und Andy ...«

Jetzt war Clayton wirklich verblüfft. Einen Augenblick schien es so, als würde Willy gleich zusammenbrechen und zu weinen anfangen. *Willy, ein Familienmensch?*

Aber dann richtete Willy sich auf und bat um ein neues Glas Eierflip. Wieder ganz der alte Willy; im Eierflip war Alkohol. Wieder ganz der charmante Betrüger, der die Leute um Tausende geprellt hatte, die ihn aber seltsamerweise nicht als ihren Feind betrachteten.

Nachdem Willy ins Bett gegangen war, sagte Blair: »Er weiß, dass er älter wird und dass er morgen ins Gefängnis zurückmuss. Es geht mir schrecklich, wenn ich daran denke. Dir nicht auch, Clay?«

Zum ersten Mal seit Jahren sagte Clayton ohne Vorbehalt: »Er tut mir leid.«

Am Morgen nach Weihnachten war Willy verschwunden. Sie hatten ihn nicht weggehen hören.

Er hatte ihnen keine Nachricht hinterlassen.

Sein Bett war gemacht, und nichts ließ darauf schließen, dass er sie jemals besucht hatte. Als Andy aufwachte und nach ihm fragte, erklärte Clayton, sein Onkel Willy habe wieder dorthin zurückfahren müssen, wo er arbeitete, in einem anderen Land. Peru, hatte Clayton schließlich gesagt, als der Junge nicht lockergelassen hatte. Andy gefiel das gar nicht. Er weinte eine Weile. Dann akzeptierte er die Erklärung und wandte sein Interesse wieder den vielen Spielsachen zu, die er am Tag zuvor bekommen hatte.

Zwei Tage später las Clayton gerade die Morgenzeitung, als Blair sagte: »Clay!« Etwas in ihrer Stimme alarmierte ihn. Er ließ die Zeitung sinken und sah, dass sie neben dem Tisch im Vorraum stand, wo sie die Post durchgesehen hatte. Ihr Gesicht war bleich und bestürzt. »Das hier habe ich noch ungeöffnet gefunden«, sagte sie und streckte ihm einen weißen Umschlag und den Brief darin entgegen. Clayton stand auf und ging zu ihr. Er sah, dass sie den Umschlag in der Hand hielt, der aus dem Staatsgefängnis gekommen war. »Willys Weihnachtskarte«, sagte er.

Nie zuvor hatte er einen solchen Blick in ihren tiefblauen Augen gesehen. »Aber das ist keine Karte. Es ist …« Als er ihr sanft den Brief aus der Hand nahm, fuhr sie fort: »… eine Todesanzeige.«

Clayton stand wie gelähmt da und las. Blair hatte recht. Das Staatsgefängnis hatte ihnen geschrieben, um Clayton als Willys nächsten Verwandten darüber zu informieren, dass ein gewisser Willard Blake an Lungenentzündung gestorben war. Man wartete auf Benachrichtigung, was mit der Leiche geschehen solle.

Clayton stand mit schlaffen Armen da, die Hand, in der er den Brief hielt, baumelte an seiner Seite.

»Sieh dir mal den Poststempel an«, sagte Blair mit rauer, flüsternder Stimme, verschränkte die Arme und legte die Hände schützend um die Ellbogen, als wäre ihr kalt. »Sieh dir mal das Datum auf dem Brief an. Das war drei Tage vor Willys Besuch.«

Ein Etwas mit tausend winzigen Beinen schien Clayton den Nacken hochzukrabbeln. Er holte tief Luft. Atmete wieder aus. »Ein Irrtum, das ist alles. Die müssen im Gefängnis einen Irrtum begangen haben.« Er warf einen Blick auf den Briefkopf, fand eine Telefonnummer, ging in die Küche und rief das Gefängnis an.

Es war kein Fehler gewesen, sagte die Frau, mit der er sprach. Sie sagte ihm, es tue ihr leid wegen seines Bruders. Sagte: »Wegen der sterblichen Überreste …«

Clayton legte langsam den Hörer auf; er saß da und starrte das Telefon an. Blair kam in die Küche, sah seinen Gesichtsausdruck und ließ sich ihm gegenüber auf einen Stuhl sinken.

Sie starrten einander an.

Andy half Clayton, den echten Baum in den Garten zu pflanzen. Jedes Jahr zu Weihnachten schmückten sie ihn liebevoll mit bunten Lichterketten.

Da war etwas – etwas, von dem er wusste, dass es absurd war –, das Clayton aber dennoch nicht aus seinen Gedanken vertreiben konnte. An einem Ort jenseits aller Lügen hatte Willy sich entweder Petrus oder dem Teufel gegenübergesehen. War es möglich, dass Willy – selbst der begnadete Betrüger Willy – einen von diesen beiden übers Ohr gehauen hatte? Möglich war es.

Aber nur vielleicht.

Und das ließ Clayton keine Ruhe: Wenn Willy keinen Trick angewandt hatte, um sich zusätzliche Zeit auf der Erde zu kaufen, hatte er sich dann auf einen Handel eingelassen? Selbst noch, als Andy groß war und aufs College ging, fuhr Clayton fort, die stattliche Kiefer jedes Jahr zu Weihnachten zu schmücken. Und im Sommer rollte er den Gartenschlauch aus, stellte sich geduldig in die pralle Sonne und begoss den Boden um ihren dicken Stamm. Sorgfältig wässerte er die Erde unter dem Bett aus braunen, getrockneten Nadeln.

Man konnte nie wissen, wie tief die Wurzeln eines solchen Baumes reichen.

Howard Engel
Schnee

Juden feiern Weihnachten nicht, sie haben es nur angezettelt. Was also hat der jüdische Detektiv Benny Cooperman in einem Band mit Weihnachtsgeschichten zu suchen? Howard Engel will uns daran erinnern, dass Weihnachten schließlich die Zeit ist, sich mit guten Freunden zusammenzusetzen – und die Lieblingsfiguren des Autors sind nicht einfach nur seine Geschöpfe, sondern seine besten Freunde. Das einzige Problem mit Protagonisten wie Benny ist, dass sie dazu neigen, sich selbstständig zu machen und eigene Freundschaften zu schließen, die nichts als Ärger bringen; und das ist auch der Grund, warum es Benny in den Gottesdienst von St. Mary verschlagen hat.

Howard Engel ist nicht nur Autor von Kriminalgeschichten. Früher war er als Redakteur beim kanadischen Rundfunk tätig, und jetzt arbeitet er als Schriftsteller in der Bücherei in Hamilton, Ontario. Das ist eine äußerst seltene Stellung, aber Kriminalautoren finden sich oft in ungewöhnlichen Situationen wieder – wie ihre Protagonisten.

Die süßen Träume in meinem Kopf hörten schlagartig zu tanzen auf und verschwanden im Friedhof unterbrochener Träume, als das Telefon läutete.

»Hallo?«

»Benny? Hoffentlich habe ich dich nicht aufgeweckt.«

»Martha? Wie spät ist es?«

»Woher soll ich das wissen? Ich trage keine Uhr mehr, seit ich die verloren habe, die mir meine böse alte Stiefmutter hinterlassen hat. Ich rufe nur an, um dir frohe Weihnachten zu wünschen, Cooperman.« Martha klang, als hätte sie einen Mordskater, und ich war einer der Menschen, denen sie dieses Wissen über Telefon zukommen ließ. Sie wusste, dass ich selbst nicht trank, und so erfuhr ich von ihren Heldentaten immer erst hinterher.

»Auch dir frohe Weihnachten, Martha. Warst du die ganze Nacht lang auf? Ich vermute, das graue Zeug vor meinem schmutzigen Fenster ist das Tageslicht.«

»Oh Benny, du darfst nicht sauer auf mich sein, nicht an Weihnachten. Du bist der einzige Mensch in der Stadt, von dem ich weiß, dass er um diese Zeit nicht knietief in Geschenkpapier steht und von brüllenden Bälgern belagert wird. Ihr Juden feiert Weihnachten nicht, ihr habt es nur angezettelt.«

»Martha, du klingst, als hättest du genug für Christen und Juden zusammen gefeiert. Beantworte mir eine Frage: Hast du die ganze Nacht durchgemacht?«

»Natürlich habe ich das. Ich beschloss, doch nicht zu meiner Schwester auf die Bermudas zu fahren. Meine Brüder haben alle schon den Löffel abgegeben, bis auf Francis, und sie, seine komische Ehefrau, hat mich angerufen, um mir zu sagen, dass sie dieses Jahr eine intime kleine Familienfeier veranstalten wolle. Nur mit sechzig oder siebzig ihrer liebsten und engsten Freunde, aber ohne die Schwester ihres Mannes. Die Tracys werden immer weniger im Telefonbuch, habe ich zu ihr gesagt. Und er, Francis, wollte nicht einmal mit mir sprechen. Aber das ist mir egal, Benny. Möge der Herr ihnen Kinder versagen, das ist alles, worum ich bete. Ich habe dich doch nicht bei irgendetwas gestört, oder, Benny?« Martha machte eine Pause, und ich schaute auf die unbenutzte Hälfte meines Bettes. Sie war so sauber, unzerknittert und ordentlich wie immer.

»Nein, eigentlich nicht«, sagte ich.

»Gut! Ich habe eben an dich gedacht, du kleiner Teufel, und da kam ich auf die Idee, dich mal kurz anzurufen.«

»Und so hast du den Telefonhörer genommen und mich bei Tagesanbruch angerufen.«

»Benny, der Tag ist schon lange angebrochen, schon lange. Und Auroras rosige Morgenfinger über jenem ostwärts gerichteten Hügel habe ich auch nicht gesehen. Zu viele Eigentumswohnungen werden in Grantham hochgezogen, Benny. Es ist ein verdammtes Verbrechen.«

»Martha, mit wem hast du gefeiert?« Das ließ sie lange genug innehalten, damit ich mir meine Jacke mit den Zigaretten angeln und mir eine Players anzünden konnte, ohne dabei einen Fuß auf das nackte Linoleum setzen zu müssen. Dass ich so dabei noch einen Stapel mit Taschenbüchern umwarf, stellte nur eine kleinere Katastrophe dar. Jeder Tag, der mit einem Anruf von Martha begann, war bereits anders als die anderen.

»Gefeiert, mit wem?«, fragte sie und zog das Tempo des Gesprächs, das ein wenig nachgelassen hatte, wieder an. Das war aber auch das Einzige, was bei ihr ab und zu nachließ, wenn sie, wie an diesem Morgen offensichtlich der Fall, verkatert war. Ich hatte Martha Tracy 1980 kennengelernt. Sie arbeitete damals für die Kleinstadtausgabe eines Immobilienhais, der sich augenscheinlich gerade mit seiner Sportpistole erschossen hatte. Zu dieser Zeit hatte ich mich selbst noch für einen Spezialisten auf dem Scheidungssektor gehalten. Ich glaube, damals war bei mir der Groschen noch nicht gefallen, dass man kein Geld mehr damit machen konnte, unter tropfenden Dachrinnen zu stehen und durchs Fenster zu spähen, um den Scheidungsanwälten Beweise für einen Ehebruch zu liefern. Verstehen Sie mich nicht falsch, wann immer man mit einer Scheidungssache einen Dollar verdienen konnte, habe ich zugegriffen. Heutzutage nehme ich, was so daherkommt, und bis es daherkommt, suche ich für meinen Cousin Melvyn Eintragungen im Grundbuchamt heraus. Seit unserer ersten Begegnung hat Martha mir bei ein paar Fällen geholfen. Einige Male hat sie für mich sogar einen Zeugen in ihrem Haus drüben auf dem Western Hill versteckt. Einmal hat sie auch mich versteckt, als ein paar Schläger hinter mir her waren.

Martha war am Telefon fast so gut wie in natura. Aber wenn man ihr von Angesicht zu Angesicht gegenüberstand, sah man zusätzlich noch ihr festes, dem von Churchill nicht unähnlich sehendes Kinn und ihre robuste Figur. Zu dieser Morgenstunde war sie bereits mehr als real. Es war nicht das erste Mal, dass sie mich aus dem Bett geholt hatte, das ist schon richtig, aber ich musste an Zeiten denken, als es umgekehrt gewesen war.

»Ich habe mit der berühmten Martha B. Tracy gefeiert, jetzt weißt du's. Ich habe alle Läden in der St. Andrew Street abgeklappert, dann im Golf Club mit der richtigen Feier angefangen und bin dann schließlich dort gelandet, wo ich immer lande, nämlich in der Christmette von St. Mary, weil die gleich bei mir um die Ecke liegt.«

»Du hast bestimmt einen Aufruhr verursacht.«

»Nicht so, wie du dir das in deinem perversen kleinen Gehirn vielleicht vorstellst, Benny. Ich bin in eine Keilerei mit ein paar Punks verwickelt worden.«

»Während der Messe?«

»Sicher. Weil ich nicht zur Beichte war, konnte ich nicht zur Kommunion gehen. Ich saß einfach so neben der Säule, wo der Opferstock hängt, auf der linken Seite, wenn man auf den Altar schaut. Aber das kannst du ja gar nicht wissen. Oder warst du vielleicht schon mal in St. Mary?«

»Martha, ich habe dort sogar schon die Glocken geläutet.« Sie glaubte mir nicht, aber ich wollte sie nicht in ihrer Geschichte unterbrechen, falls es überhaupt eine werden sollte. »Erzähl mir lieber, was passiert ist.«

»Ich saß also da und hing meinen Gedanken nach, als die drei Punks daherkamen und mich befummeln wollten.«

»Sie hatten es bestimmt auf deine Jungfräulichkeit abgesehen, stimmt's?«

»Sei nicht kindisch. Sie waren frech und gewalttätig, obwohl sie am Ende doch durch die Tür im Querschiff davonrannten.«

»Im Ernst? Haben sie dich verletzt, Martha?«

»Ich werde es überleben. Ich werde auch dich noch überleben, Cooperman. Du wirst schon noch sehen. Ehrlich gesagt waren sie gar nicht hinter mir her, sondern hinter einem Päckchen, das in Zeitungspapier eingewickelt war und in einer Ecke der Kirchenbank steckte, in der ich saß. Ihr Interesse an mir bestand nur darin, ein Hindernis aus dem Weg zu räumen. Aber, Benny, wie hätte ich das wissen sollen? Sie haben nicht gesagt: Rutsch mal, sondern haben gleich zugeschlagen. Ich habe erst gedacht, dass sie mich für eine Säuferin hielten und mich ausrauben wollten und es auf meine Geldbörse abgesehen hätten.«

»Was ist aus dem Päckchen geworden?«

»Deswegen rufe ich dich doch an. Hörst du etwa schlecht? Das Päckchen war voller Plastikbeutel mit weißem Pulver, Benny. Ich glaube, ich habe einen Deal von eineinhalb Kilo durchgezogen.«

»Du hast gar keinen Deal durchgezogen. So etwas sagt man nicht einmal mehr im Fernsehen, Martha. Lass mich überlegen. Hm.«

»Und?«

»Ich überlege. Ich überlege.«

»Du und Jack Benny. Du wirst mir jetzt sicher gleich erzählen, dass ich es unseren Freunden und Helfern bringen soll, richtig?«

»Danach könntest du mit einem ruhigeren Gewissen zur Beichte gehen.«

»Das habe ich mir auch schon überlegt, als ich mir die Sache überlegte, und wie ich überlegt habe. Aber die Polizei und diese Rotznasen, Benny. Das sind doch noch Schulkinder. Warum denn gleich mit Kanonen auf Spatzen schießen, wenn man es nicht zuerst mit einem kleineren Kaliber probiert hat?«

»Und was bin ich in diesem Spiel, ein Luftgewehr? Martha, du musst das der Polizei melden. Schau zu, dass du entweder mit Sergeant Savas oder mit Sergeant Staziak reden kannst. Sie werden sich diese Bürschchen schon nicht mehr zur Brust nehmen, als sie es verdient haben. Okay?«

»Das muss ich mir erst überlegen. Das ist schwer, Benny, wenn man das durchgemacht hat, was ich durchgemacht habe.«

»Ist dir jemand gefolgt, als du St. Mary verlassen hast?«

»Ja … nein. Nein, als ich aufstand, waren schon alle fort. Ich bin vielleicht ohnmächtig geworden von dem Schock und so.« Wieder folgte eine ihrer nachdenklichen Pausen. »Ich glaube, der Gottesdienst war schon eine ganze Weile vorbei, als ich aus der Kirche ging. Die Altarkerzen waren bereits alle aus, und vor den Türen stand niemand mehr herum.«

»Hat auf dem Heimweg irgendjemand versucht, sich an dich ranzumachen?«

»Ein paar Kinder wollten wissen, ob ich etwas Kleingeld für sie übrig hätte. Du weißt doch, wie sie das heutzutage so machen. Die probieren's doch alle. Aber niemand hat versucht, mir das Päckchen wegzunehmen.«

»Martha, ich kenne dich doch jetzt schon ziemlich lange, nicht?«

»Ein paar Jährchen werden es schon sein. Warum?«

»Du verschweigst mir doch etwas. Komm schon, warum willst du nicht zur Polizei gehen? Ich bin's, Benny, kennst du mich noch? Erzähl es dem alten Benny.«

»Ach, Benny, ich glaube, ich kenne die Jungs, die das getan haben. Ich habe sie aufwachsen sehen. Sie haben mir immer den Schnee vom Bürgersteig geräumt und mir überflüssige Schokoriegel für ihr Basketballteam angedreht. Es muss doch einen weniger brutalen Weg geben, als gleich die schwere Artillerie aufzufahren.«

»Die hätten dir in der Kirche die Kehle durchschneiden können, Martha, und du machst dir Gedanken, wer dir in Zukunft den Schnee vom Bürgersteig räumt. Jetzt komm aber!«

»Jason Abbott war immer so ein netter Junge. Auch Lester Garvey und dieser andere, dieser Larry, wie heißt er noch gleich, Storchuck, glaube ich. Ich glaube, die waren selber überrascht, mich dort zu sehen, Benny. Was soll ich denn nun tun? Du bist der Privatpolizist.«

»Privatdetektiv. Ich bin kein Polizist. Hör mal, Martha. Das hier ist ein großer Drogendeal. Es geht hier nicht um kleine Fische. Diese Kinder hatten einen großen Handel vor. Es sei denn, du hast bei der Größe des Päckchens etwas übertrieben.«

»Nun, gewogen habe ich es natürlich nicht. Vielleicht ist es doch eher ein halbes Kilo oder so. Benny, wenn du ihre Gesichter gesehen hättest, als sie weggerannt sind.«

»Du brichst mir das Herz, Martha. Gleich erzählst du mir das Märchen von dem Mädchen mit den Schwefelhölzchen.«

»Sag mir lieber, wann du jemals die Glocken von St. Mary in der St. Andrew Street West geläutet haben willst? Das ist doch nicht gerade die Synagoge in deinem Viertel, oder?«

»Ich werde mich kurz fassen. Nur so lange, wie ich brauche, um die Nummer von Chris Savas bei der Niagara Regional Police herauszusuchen. Als wir damals in der Monck Street 40 gewohnt haben, hat unser Nachbar, Jim O'Reilly, bis zu seiner Rente als Metzger gearbeitet. Danach hat er in St. Mary die Glocken geläutet. Als ich so drei, vier Jahre alt war, waren wir dicke Freunde. Er hat mich auf den Schultern auf den Kirchturm mitgenommen, und ich habe mit an den Glockensträngen gezogen.«

»Und ich habe mein ganzes Leben in dieser Pfarrei verbracht und nichts davon gewusst, Benny. Ob das der Dichter wohl gemeint hat, als er sagte: ›Frag nie, wem die Stunde schlägt, denn sie schlägt dir.‹«

»Eine Glocke zu läuten ist nicht schwer, Martha, aber was soll man schon groß darüber reden. Aber wenden wir uns wieder deinem Problem zu. Die Lösung besteht darin, dass du Chris Salvas unter der Nummer 555–6000 anrufst.« Ich wiederholte die Nummer, und sie notierte sie sich widerstrebend. Ich beendete unsere Unterhaltung, indem ich ihr sagte, dass ich in einer Stunde bei ihr vorbeikommen würde. Sie wurde allmählich stur und störrisch an ihrem Ende der Leitung. Sie wollte nicht, dass ich in ihrer Küche herumsaß, sie wollte nur das Päckchen mit dem Rauschgift aus dem Haus haben, ohne ein paar Kinder an Weihnachten hinter Gitter schicken zu müssen. Aber schließlich stimmte sie zu, und ich rollte mich aus dem Bett, duschte, rasierte mich und tat all die Dinge, von denen ich eigentlich nicht angenommen hatte, dass sie an Weihnachten tun würde, angefangen bei meinem ersten Schritt in die eiskalte Welt hinaus. In der Kirche St. Mary in der St. Andrew Street West war es kühl und dämmrig, so wie es sich für Kirchen gehört. Durch hohe, spitze Fenster, in die vorläufig schmale Scheiben Fensterglas eingesetzt waren, fiel etwas Licht herein. Das Buntglas sollte erst später folgen, wenn das Dach repariert und der Kirchturm so hoch war, wie der Architekt es sich vorgestellt hatte. Von den düsterkalten Straßen fiel sowieso nicht viel Licht herein; selbst das schönste Buntglas hätte bei diesem Licht nicht viel Inspiration geben können.

Ich fand die Säule mit dem Opferstock auf der linken Seite der Kirche und untersuchte die Kirchenbank, auf der Martha gesessen hatte. Jemand hatte in der Ecke der Bank zwischen Sitzfläche und senkrechtem Brett eine kleine Vertiefung ausgehöhlt. Lange Predigten und müßige Hände, dachte ich. Als ich auf dem Weg nach draußen war, kamen drei Jugendliche herein. Sie musterten mich, taten dabei aber so, als gelte ihr größtes Interesse einer Marienstatue in einer von Kerzen beleuchteten Seitenkapelle. Sie sahen aus wie sechzehn, vielleicht auch jünger. Der Junge in der Mitte war ein Schwarzer mit relativ heller Haut, dessen Haar an den Seiten extrem kurz geschnitten war. Oben auf dem Kopf war es länger. Die anderen beiden Jungs hatten einen ähnlichen Haarschnitt, das heißt, bis auf einen, den Dunkelhaarigen, dessen Haar zusätzlich mit einem Zickzackmuster verschönert war. Sie trugen alle schwarze Lederjacken und kauten Kaugummi. Ich blieb hinter ihnen stehen und beobachtete sie und die erhöht stehende Statue. Sobald ich stehen blieb, wandten sie ihre Aufmerksamkeit mir zu.

»Was wollen Sie?«, fragte der schwarze Junge.

»Das war ja ein Riesenreinfall. Wir haben erfahren, was passiert ist.« Ich versuchte mich an einer Rolle, die ich nur selten spielte. Vielleicht kam ich so an Informationen ran, vielleicht wurde ich aber auch nur am Altargitter platt gedrückt. »Wir sind ganz schön sauer auf euch drei«, sagte ich absichtlich untertreibend. »Was habt ihr denn nun vor?«

»Die Alte hat zu schreien angefangen. Wir mussten abhauen!«, sagte der Junge mit dem Zickzackmuster im Haar, der jetzt etwas jünger als die anderen beiden wirkte.

»Ihr habt euch von dieser alten Schachtel zum Narren halten lassen! Wisst ihr wenigstens, wer sie ist?«

»Sie ist …«, setzte der schwarze Junge an, hielt aber wieder inne. »Sie ist eben jemand, der in den Gottesdienst gekommen ist, das ist alles. Wir haben sie noch nie zuvor gesehen.«

»Sie hat um sich gestoßen und rumgeschrien. Sie müssen das mal von unserer Seite aus sehen«, sagte der Junge, der bis jetzt geschwiegen hatte.

»Wir dachten, ihr Jungs könntet das Ding schaukeln.«

»Wir haben Ihnen doch vorher gesagt, dass wir so etwas noch nie durchgezogen haben. Keine so große Sache.«

»Ihr habt mich in eurem Leben noch nie gesehen, und das merkt ihr euch besser.«

»Er meint ja auch, dass wir das zu Eddie Manion gesagt haben.«

»Eddie hat euch aber nicht gesagt, dass ihr den Stoff an Frauen verschenken sollt, die sich an Weihnachten einen andudeln.«

»Sehen Sie, Mister, wir wollten das Zeug von Eddie ja nicht einmal haben.«

»Das stimmt, er hat uns dazu gezwungen. Er hat gesagt, dass er uns bei Pfarrer Daeninckx anschwärzt, wenn wir nicht mitspielen.«

»Und was solltet ihr damit machen?«

»Es über das verlängerte Wochenende behalten und dann im Dittrick Hotel zurückgeben.«

»Das ist richtig. Und was wollt ihr jetzt tun? Eddie hat ein gutes Gedächtnis, aber nur wenig Geduld.«

»Vielleicht könnten Sie erklären …« Der schwarze Junge sprach den Satz nicht zu Ende. Die anderen beiden sahen ihn an.

»Ihr könntet eine Menge Ärger bekommen, wenn ihr in dieser Sache mit Eddie Manion in Verbindung gebracht werdet.«

»Ja, darüber haben wir die ganze Nacht gesprochen.«

»He, für wen arbeiten Sie überhaupt, Mister? Arbeiten Sie mit Manion zusammen?«

»Jetzt hört mal zu, ihr drei. Manion ist nicht mehr im Geschäft, der steht auf der Abschussliste, und ihr seid vielleicht gerade noch einmal mit dem Leben davongekommen. Und das ist auch noch nicht sicher, das muss ich euch sagen. Ihr habt russisches Roulette mit einer Automatikpistole gespielt und es nicht einmal gemerkt.«

»Was können wir denn nur tun?«

»Wenn ich an eurer Stelle wäre, dann würde ich mich in den Ferien über meine Hausaufgaben hermachen und solche Aktionen für mindestens ein halbes Jahr vergessen.«

»Sind Sie von der Drogenfahndung oder von der Polizei oder was?«

»Hört mir zu, ihr drei. Die Bullen wissen, wer ihr seid. Man hat euch identifiziert. Wer von euch ist Lester?« Die beiden Weißen deuteten auf ihren schwarzen Kumpel. »Alles hängt davon ab, was ihr in Zukunft machen werdet.«

»Okay, okay, Mister, wir machen keinen Mist mehr, in Ordnung?« Die anderen beiden stimmten Lester zu und zogen sich langsam zurück.

»Einen Augenblick noch! Wo kann ich euch erreichen, falls sich etwas ergeben sollte? Vielleicht muss ich euch übers Wochenende sprechen.« Die drei steckten die Köpfte zusammen, und als sie wieder zum Vorschein kamen, gaben sie mir die Telefonnummer von Storchuck. Ich schrieb sie mir auf und ließ die Jungs dann durch den Mittelgang des Kirchenschiffes und durch die filzbespannten Türen in den Schutz des Vorraumes entweichen. Eine Sekunde später hörte ich, wie eine der drei großen Vordertüren gedämpft ins Schloss fiel. Auf dem Weg nach draußen war ich versucht, alle Kerzen wieder anzuzünden, die über Nacht ausgegangen waren, aber dann beschloss ich, mich lieber nicht einzumischen, welche Gebete denn nun erhört werden sollten und welche nicht. Ich hielt mich auch davor zurück, meine Finger in das muschelförmige Weihwasserbecken zu tauchen, das neben dem Eingang stand. Ich hatte soeben mehr Zeit in einer Kirche verbracht als meine ganze Familie in den letzten tausend Jahren.

Als ich zu Martha kam, schlug sie sich eindeutig mit einem ausgewachsenen Kater herum. Außerdem schien sie nervös. Sie berichtete, dass sie mit einem Corporal Harrow telefoniert hatte. Ihrem Gesicht sah ich an, dass ihr diese Unterhaltung nicht gefallen hatte. »Manche Polizisten stellen Fragen, dass man das Gefühl hat, selbst daran schuld zu sein, dass man überfallen wurde, so als hätte man sich eine Zielscheibe aufgemalt und mit der Waffe drauf gezielt.«

»Kommt er her?«

»Das hat der Mann jedenfalls gesagt.«

»Was macht dir Sorgen, Martha?«

»Sieht man mir das an? Ich werde wohl allmählich alt, Benny.« Sie werkelte in der Küche herum und wischte immer wieder mit einem blauen Tuch über die makellos saubere Küchentheke. Doch am Ende war ich sturer als sie, und sie erzählte mir von ihren Zweifeln. »Dieser Harrow ist davon überzeugt, dass die Jungs zu einer Bande von Drogendealern gehören.«

»Nun, wenn das Päckchen voller Rauschgift war …«

»Ich weiß, ich weiß«, sagte sie und wusch das blaue Tuch aus. »Aber, Benny, er redete daher, als ob die drei ganz große Nummern auf dem Drogenmarkt seien. Er sagte, er würde sie kriegen, und wenn ihn das seine Dienstmarke kostete.«

»Da ist er ja mächtig übereifrig; ist es das, was dir Kummer macht?«

»Benny, sieh doch. Harrow hat mir mehr Angst eingejagt als diese Kinder.«

»Hast du ihm ihre Namen genannt?«

Martha wich meinem Blick aus. »Sie waren mir in dem Moment entfallen. Dieser Corporal ist ein sehr einschüchternder Mensch. Und ich wollte nicht, dass die Jungs noch mehr Ärger bekommen, als sie ohnehin schon haben. Verstehst du das?«

»Ja«, sagte ich und sah Martha zu, wie sie zwei Tassen von ihrer Spezialität zubereitete: Pulverkaffeem mit heißem Leitungswasser aufgebrüht. »Dieser Corporal war früher Sergeant, bis er vor lauter Übereifer seine Streifen verlor. Schätze, das nagt immer noch an ihm.«

Martha reichte mir eine Tasse und warf mir dabei einen Blick zu. »Wir kennen uns schon sehr lange«, erklärte ich. »Und ich glaube, dass es für diese Kinder nichts Gutes bedeutet, wenn Harrow dahinterkommt, dass ich in diese Sache verwickelt gewesen bin. Ich melde mich in ein paar Stunden wieder bei dir. Okay?«

»Hmm, ja, schon. Bring eine Pizza mit, falls du ein offenes Restaurant findest. Diese Stadt hat für Singles nichts übrig.« Ich ging, machte einen großen Schritt über die kaputte Stufe der Vordertreppe und fuhr nach Hause zurück. Eine halbe Stunde später rief Martha an. »Benny, bist du es?«

»Nein, hier ist der Weihnachtsmann. Was ist passiert?«

»Also, er war da, hat mich über die Sache ausgequetscht und mir doch tatsächlich ihre Namen abgepresst. So ein Mist, ich wusste doch, dass ich unter Druck plaudern würde. So bin ich nun mal, Benny.«

»Nun, das wird sie aus dem Verkehr ziehen. Weihnachten in der Zelle. Bescherung auf dem Revier.«

»Vielleicht ist die Sache doch etwas komplizierter, Benny.«

»Du meinst, er muss erst mal eine Gegenüberstellung mit dir machen?«

»Nicht nur. Ich habe das Päckchen geöffnet, bevor Harrow kam.«

»Und?«

»Und ich habe ein zweites Päckchen aus genau denselben Gefrierbeuteln gemacht. Und das habe ich Harrow gegeben.« Martha Stimme wurde immer leiser, sodass ich sie kaum mehr verstehen konnte.

»Was hast du denn in die Beutel getan, Martha?«

»Talkumpuder«, flüsterte sie.

»Talkum!«

»Nun, ich hatte noch eine Menge davon, weil ich doch vor einem Jahr mal Fußpilz hatte.«

Martha gelang es immer wieder, mich zu erstaunen, aber das sagte ich ihr nicht, und ich langweilte sie auch nicht mit Reden über Manipulation von Beweismitteln. Ich war viel zu sehr mit einem Plan beschäftigt, der sich in meinem Kopf zusammenfügte. Ich gab Martha die Telefonnummer von Storchuck und schärfte ihr ein, was sie ihm sagen sollte. Murmelnd stimmte sie mir zu, was bei Martha aber oft auch das genaue Gegenteil bedeuten konnte, und dann machte ich mich auf die Suche nach einer extra schönen Pizza.

Am Ende musste ich mich mit einem unförmigen Exemplar zufriedengeben, das aussah, als hätten die Anchovis darauf bereits fünfzig verflossene Pizzas geziert. Als ich zu Marthas Haus kam, hielt ich nach Streifenwagen Ausschau. Die Luft war so rein, wie die eben anbrechende Nacht klar war. Zwischen den Wolkenfetzen konnte ich über meinem Kopf scharf umrissene, nicht funkelnde Sterne ausmachen. Wenn keine Wolken da sind, dann kommt die Kälte durch, so hat man mir das immer erklärt.

Die kaputte Stufe gab meinem schlimmen Rücken beinahe den Rest, aber ich schaffte es, ohne weitere Verletzungen bis zur Tür zu gelangen. Ich konnte sie schon kommen hören, ehe ich noch einen Handschuh an die Tür legen und klopfen konnte. »Pizza!«, verkündete ich und reichte ihr die Pappschachtel, die bereits durchgeweicht war. Martha trug sie zu dem altmodischen Küchentisch mit der Keramikplatte und öffnete den Karton.

»Wunderbar«, sagte sie. »Hol dir ein Bier aus der Eisbox.« Eine Menge Leute in Grantham sagen immer noch Eisbox, obwohl sie nie im Leben eine zu Gesicht bekommen haben. Martha hatte das schon, und das hielt ich ihr zugute, als ich zwei Flaschen mit Ale öffnete. Martha hasste das Zeug, das sie »Kinderbier« nannte und für das im Fernsehen immer Reklame gemacht wurde.

Martha und ich stießen miteinander an und nahmen uns die erste von diesen matschigen Teigscheiben, von denen der Käse tropfte. Martha trank inzwischen ihr zweites Bier und erzählte mir, wie so oft, von damals, als sie in einem Restaurant außerhalb von Fredericton, New Brunswick, neben einem Minister aus irgendeinem Provinzkabinett zur Besinnung auf die Überreste einer Tiefkühlpizza gestarrt hatte. Der Häufigkeit nach zu schließen, mit der sie sie immer wieder erzählte, musste es sich um die traurige Geschichte ihres Lebens handeln.

»Glaubst du, dass dein Plan funktioniert, Benny?«

»Das werden wir erst wissen, wenn wir es im Fernsehen sehen oder nach dem zweiten Feiertag in der Zeitung lesen«, sagte ich. »Ich kann direkt die Schlagzeile vor mir sehen, Martha: ›DROGENKÖNIG MIT EINEM KILO KOKS GESCHNAPPT.‹«

»Manion wird der überraschteste Schuldige sein, den die Polizei jemals bei einer Razzia hat hochgehen lassen«, meinte Martha. »Man muss schon ein so perverses Gehirn wie du haben, um sich einen so teuflischen Plan auszudenken.«

»Martha, du hast das meiste dazu beigetragen, indem du das falsche Talkum-Päckchen gepackt hast. Ich meine, das Talkum war echt, nur …«

»Ich kann deine Gedanken lesen. Du brauchst gar nicht auszureden.«

»Manion wollte das Zeug über das verlängerte Wochenende nicht bei sich im Dittrick Hotel haben. Das heißt doch, dass er einen Tipp bekommen hat, dass in dem Hotel eine Razzia stattfinden wird.«

»Was gibt es dafür eine bessere Zeit als Weihnachten?«

»Das wird die Überraschung seines Lebens werden. Der Junge wird schon wissen, wo er den Stoff verstecken muss, damit ihn auch der dümmste Polizist nicht übersehen kann.«

»Und die drei Jungen? Vergiss nicht, dass Harrow ihnen auf den Fersen ist.«

»Ja, und wenn er sie erwischt, kann er sie wegen Drogenbesitzes einsperren.«

»Nein, kann er nicht. Sie haben doch gar keine Drogen in ihrem Besitz.«

»Nun, er könnte sie wegen Anstiftung einer Straftat belangen. Nur, sobald das Labor den Stoff untersucht, wird Harrow feststellen, dass sich seine Anklage gegen die Jungs in einer Wolke aus Talkumpuder aufgelöst hat.«

»Selbst wenn man sie mit einer ganzen Tonne erwischt hätte, gibt es noch lange kein Gesetz, das einem verbietet, so viel Talkum zu besitzen, wie man will.« An dieser Stelle verdüsterte sich Marthas Gesicht. Wenn ich ihr nicht fast Nase an Nase am Tisch gegenübergesessen hätte, wäre mir das vielleicht entgangen.

»Was ist los, Martha?«

»Ich versuche gerade, mich zu erinnern. Nein. Ich bin sicher, dass ich ihm das Talkum gegeben habe. Ich bin mir zu achtzig Prozent sicher.«

Mary Higgins Clark
Einmal Millionär sein

Die Leute haben es gern, wenn es an Weihnachten schneit, aber vermutlich würden sich die meisten schon damit zufriedengeben, wenn es an diesem Tag blaue Scheinchen regnete. Wer hätte nicht schon mal von einem Lottogewinn geträumt? Und wem, außer dieser liebenswürdigen und großzügigen Dame, der Bestsellerautorin Mary Higgins Clark, wäre es eingefallen, den Traum eines glücklichen Spielers in Erfüllung geben zu lassen. Aber einen Lottoschein einzulösen, ist fast so schwierig, als würde man einen Fisch mit der Hand fangen – man darf sich keinen Augenblick ablenken lassen, sonst macht man vielleicht die Erfahrung, dass Tannenzweige sich in Giftefeu verwandeln können.

Wenn Wilma Bean nicht auf Besuch bei ihrer Schwester Dorothy in Philadelphia gewesen wäre, wäre es nie passiert. Ernie, der ja wusste, dass Wilma sich die Ziehung im Fernsehen ansehen würde, wäre um Mitternacht von seiner Arbeit als Nachtwächter im Einkaufszentrum von Paramus, New Jersey, nach Hause geeilt, und dann hätten sie miteinander gefeiert. *Zwei Millionen Dollar!* Das war die Summe, die sie bei der Weihnachtsziehung gewonnen hatten.
Doch da Wilma ihrer Schwester Dorothy in Philadelphia einen vorweihnachtlichen Besuch abstattete, schaute Ernie auf ein, zwei Gläser

im Shamrock vorbei und fuhr dann in die Harmony-Bar weiter, die nur sechs Querstraßen von seinem Haus in Elmwood Park entfernt lag. Dort nickte Ernie Lou, dem Besitzer, der hinter der Theke stand, glücklich zu, bestellte seinen dritten Whiskey mit Seven-up, schlang seine dicken, sechzig Jahre alten Beine um den Barhocker und dachte träumerisch darüber nach, wofür er und Wilma ihren neu gewonnenen Reichtum ausgeben würden.

In diesem Augenblick fielen seine wässrigen blauen Augen auf Loretta Thistlebottom, die auf dem Hocker in der Ecke thronte, einen Krug Bier in der einen, eine Marlboro in der anderen Hand. Ernie dachte, dass Loretta eine sehr attraktive Frau war. Heute Abend fiel ihr das platinblonde Haar in einem Pagenkopf auf die Schulten, ihr rosa Lippenstift unterstrich farblich ihre großen, dunkellila umrahmten grünen Augen, und ihre üppige Oberweite hob und senkte sich mit sinnlicher Regelmäßigkeit.

Ernie betrachtete Loretta mit fast unpersönlicher Bewunderung. Es war allgemein bekannt, dass Loretta Thistlebottoms Mann Jimbo Posters, ein bulliger Lastwagenfahrer, extrem stolz darauf war, dass Loretta früher einmal als Tänzerin gearbeitet hatte, und dass er extrem eifersüchtig war. Es hieß, er würde nicht davor zurückschrecken, Loretta zu verprügeln, falls sie anderen Männern gegenüber zu freundlich war. Aber da Lou, der Barmann, Jimbos Cousin war, hatte Jimbo nichts dagegen, wenn Loretta die Abende, an denen Jimbo einen Langstreckentransport hatte, in der Kneipe verbrachte. Schließlich traf sich hier die ganze Nachbarschaft. Viele Frauen kamen zusammen mit ihren Männern, und wie Loretta oft meinte: »Jimbo kann von mir doch nicht erwarten, dass ich mich allein vor den Fernseher setze oder zu Tupperware-Partys gehe, wenn er Knoblauchzehen oder Bananen über die Route 1 kutschiert. Als ein Mensch, der in eine Showbiz-Familie hineingeboren ist, muss ich einfach immer Leute um mich haben.«

Ihre Showbusiness-Karriere war bei Loretta ein häufiges Gesprächsthema und nahm mit den Jahren immer größere Bedeutung an. Das war auch der Grund, warum Loretta, obwohl sie dem Gesetz nach eigentlich Mrs. Jimbo Potters war, sich selbst immer noch Thistlebottom nannte und ihren Bühnennamen verwendete.

In dem düsteren Licht der nachgemachten Tiffany-Lampe über der stark verkratzten Theke bewunderte Ernie Loretta im Stillen und dachte sich, dass sie eine noch ganz gute Figur hatte, eine sehr gute sogar, obwohl sie bestimmt schon Mitte fünfzig sein musste. Aber so sehr interessierte ihn das auch wieder nicht. Der Lottoschein mit den richtigen Zahlen, den er sich ans Unterhemd geheftet hatte, wärmte ihm das Herz. Es fühlte sich an, als habe er dort ein glühendes Feuer. Zwei Millionen Dollar. Das waren vor Abzug der Steuern hunderttausend Dollar im Jahr, und das zwanzig Jahre lang. Das würde ihnen weit bis ins einundzwanzigste Jahrhundert reichen. Bis dahin konnte man vielleicht sogar schon mit einer Reisegruppe auf den Mond fliegen.

Ernie versuchte, sich den Ausdruck auf Wilmas Gesicht vorzustellen, wenn sie die guten Neuigkeiten erfuhr. Wilmas Schwester Dorothy hatte keinen Fernsehapparat und hörte nur selten Radio, sodass Wilma unten in Philadelphia nicht wissen würde, dass sie jetzt reich war. Im ersten Augenblick, als er die Nachricht in seinem Transistorradio gehört hatte, war Ernie versucht gewesen, sofort ans Telefon zu laufen und Wilma anzurufen, hatte sich aber noch im selben Moment gedacht, dass das keinen großen Spaß machen würde. Jetzt lächelte Ernie glücklich, und sein rundes Pfannkuchengesicht legte sich in tausend fröhliche Falten, als er sich Wilmas morgige Ankunft bildlich vorstellte. Er würde sie in Newark vom Bahnhof abholen. Sie würde ihn fragen, wie nahe sie an einen Gewinn herangekommen waren. »Hatten wir zwei Richtige? Oder drei?« Er würde ihr sagen, dass sie keine der Gewinnkombinationen hatten. Dann, wenn sie nach Hause kamen, würde sie ihren Strumpf am Kaminsims finden, so wie sie es seit ihrer Hochzeit immer gehalten hatten. Damals hatte Wilma Strümpfe und Strapse getragen. Jetzt trug sie Strumpfhosen in Übergrößen, sodass sie bis zu den Zehen hinunter nach dem Schein würde graben müssen. Er würde sagen: »Such nur weiter. Warte, bis du die Überraschung siehst.« Er konnte sich richtig vorstellen, wie sie aufschreien und die Arme um ihn werfen würde.

Wilma war ein verdammt ansehnliches junges Ding gewesen, als sie vor vierzig Jahren geheiratet hatten. Sie hatte immer noch ein hübsches Gesicht, und ihr weiches, weißblondes Haar fiel immer noch in Naturlocken. Sie war kein Revuegirl-Typ wie Loretta, aber sie war genau die Richtige für ihn. Manchmal wurde sie zwar etwas übellaunig, weil er mit den anderen ab und zu gern einen heben ging, aber im großen und ganzen war Wilma in Ordnung. Oh, Junge, was würde das dieses Jahr für ein Weihnachten werden! Vielleicht würde er mit ihr zu Fred, dem Pelzhändler, gehen und ihr einen Biberfellmantel oder so etwas kaufen.

Ernie malte sich aus, welche Freude es ihm bereiten würde, seine Großzügigkeit zu zeigen, und bestellte seinen vierten Whiskey. Aber seine Gedanken wurden in eine andere Richtung gelenkt, als ihm auffiel, was für ein seltsames Ritual Loretta Thistlebottom in diesem Moment vollführte. Alle ein, zwei Minuten legte sie die Zigarette aus der rechten Hand in den Aschenbecher, stellte den Bierkrug in ihrer linken Hand auf die Theke und kratzte sich heftig Innenfläche, Finger und Rücken der rechten Hand mit den langen, spitzen Fingernägeln der linken Hand. Ernie sah, dass ihre rechte Hand entzündet war; sie war feuerrot und mit kleinen, übel aussehenden Pusteln bedeckt.

Es wurde spät, und die Leute gingen allmählich. Das Paar, das neben Ernie und schräg gegenüber von Loretta gesessen hatte, stand ebenfalls auf. Loretta, die merkte, dass Ernie sie beobachtete, zuckte mit den Schultern. »Giftefeu«, erklärte sie. »Würden Sie das für möglich halten, Giftefeu im Dezember? Dieser beschränkten Schwester von Jimbo ist doch eines Tages nichts Besseres eingefallen, als dass sie es mal mit der Gärtnerei versuchen könnte, und ihr armer Trottel von Mann musste ihr die Küche als Gewächshaus ausstaffieren. Und was wächst dort? Unkraut und Giftefeu. Dazu braucht man wirklich Talent.« Loretta zuckte mit den Achseln und nahm den Bierkrug und die Zigarette wieder in die Hand. »Und wie ist es Ihnen ergangen, Ernie? Gibt's irgendwas Neues in Ihrem Leben?«

Ernie war vorsichtig: »Nicht viel.«

Loretta seufzte. »Bei mir auch nicht. Immer die alte Leier. Jimbo und ich, wir sparen, damit wir hier wegkommen, wenn er nächstes Jahr zu arbeiten aufhört. Jeder erzählt mir, dass es in Fort Lauderdale hoch hergehen soll. Aber für die vielen Jahre, die er jetzt auf dem Lastwagen hockt, kriegt Jimbo nicht gerade einen Haufen Kohle. Ich rechne ihm die ganze Zeit vor, wie viel Geld ich als Bedienung dazuverdienen könnte, aber er will nichts davon hören, dass irgendjemand mit mir herumflirtet.« Loretta rieb sich ihre Hand an der Theke und schüttelte den Kopf. »Können Sie sich vorstellen, dass Jimbo nach fünfundzwanzig Jahren immer noch glaubt, dass jeder Kerl auf der Welt hinter mir her ist? Irgendwo ist das ja recht schmeichelhaft, aber es kann auch ziemlich lästig sein.« Loretta seufzte, ein Seufzer, in dem ihre ganze Weltverdrossenheit lag. »Jimbo ist der leidenschaftlichste Mann, den ich jemals kennengelernt habe, und das will was heißen. Aber wie meine Mutter immer zu sagen pflegte, macht so ein kleiner Hüpfer noch mehr Spaß, wenn eine pralle Brieftasche zwischen der Sprungfeder und der Matratze liegt.«

»Das hat Ihre Mutter gesagt?« Ernie wunderte sich über deren praktischen Sinn. Er nahm einen Schluck von seinem vierten Drink aus Seagrams-Whiskey und Seven-up.

Loretta nickte. »Alle haben sie ausgelacht, aber sie hat gesagt, wie es ist. Aber was soll's. Vielleicht gewinne ich ja eines Tages im Lotto.«

Die Versuchung war zu groß. Ernie schlüpfte, so schnell sein aus der Fasson geratener Körper das erlaubte, über die beiden leeren Barhocker. »Zu schade, dass Sie nicht mein Glück haben«, flüsterte er.

Als Lou von der Theke her brüllte: »Letzte Runde, Leute«, klopfte sich Ernie auf den breiten Brustkorb auf die Stelle direkt über seinem Herzen.

»Hier, Loretta, hier liegen Sie richtig. Bei der Weihnachtsziehung gab es sechzehn Scheine mit den richtigen Zahlen. Einer davon ist genau hier an meinem Unterhemd befestigt.« Ernie merkte, dass seine Zunge immer schwerer wurde. Seine Stimme sank zu einem verstohlenen Flüstern ab. »*Zwei Millionen Dollar.* Was sagen Sie dazu?« Er legte den Finger auf die Lippen und zwinkerte.

Loretta ließ ihre Zigarette fallen und achtlos auf der schon sehr ramponierten Oberfläche der Theke verglühen. »*Das ist doch nicht Ihr Ernst!*«

»Es ist mein Ernst.« Jetzt fiel ihm das Sprechen wirklich schwer. »Wilma und ich, wir tippen immer dieselben Zahlen: eins, neun, vier, sieben, fünf, zwei. 1947, weil das das Jahr ist, in dem ich die Highschool abgeschlossen habe. Und '52 ist das Jahr, in dem Klein Willie auf die Welt gekommen ist.« Sein triumphierendes Lächeln ließ keinen Zweifel an seiner Ehrlichkeit zu. »Das Verrückte daran ist, dass Wilma es bis jetzt noch gar nicht weiß. Sie ist auf Besuch bei ihrer Schwester Dorothy und kommt erst morgen wieder heim.«

Ernie suchte nach seiner Brieftasche und gab ein Zeichen, dass er bezahlen wollte. Lou kam zu ihm und beobachtete, wie Ernie vom Hocker rutschte und unsicher schwankend auf den Beinen stand. »Ernie, warte einen Moment«, befahl ihm Lou. »Du bist doch sternhagelvoll. Ich fahre dich heim, wenn ich zugesperrt habe. Du musst deinen Wagen stehen lassen.«

Beleidigt steuerte Ernie die Tür an. Lou hatte doch tatsächlich gewagt, ihm ins Gesicht zu sagen, er sei sternhagelvoll. Was für eine Nervensäge. Ernie öffnete die Tür zur Damentoilette und war schon in einer Kabine gelandet, ehe er seinen Irrtum überhaupt bemerkte.

Loretta ließ sich vom Barhocker gleiten und meinte schnell: »Lou, ich fahre ihn nach Hause. Er wohnt doch nur zwei Straßen von mir entfernt.«

Lou runzelte die knochige Stirn. »Das sieht Jimbo vielleicht nicht so gern.«

»Dann sag es ihm halt nicht.« Sie sahen zu, wie Ernie schwankend wieder aus der Damentoilette kam. »Glaubst du wirklich, der macht sich noch an mich heran?«, fragte sie verächtlich.

Lou traf schließlich die Entscheidung. »Du tust mir damit wirklich einen Gefallen, Loretta, *aber sag's bloß Jimbo nicht.*« Loretta ließ ihr übertrieben kehliges Lachen ertönen. »Glaubst du vielleicht, ich will meine neuen Kronen riskieren? Das dauert immerhin noch ein Jahr, bis die abbezahlt sind.«

Irgendwo hinter sich konnte Ernie undeutlich laute Stimmen und Gelächter ausmachen. Plötzlich fühlte er sich ziemlich miserabel. Das gesprenkelte Muster des Fliesenbodens fing zu tanzen an und ließ Flecken vor seinen Augen herumwirbeln, dass ihm übel wurde. Er spürte, wie ihn jemand am Arm packte. »Ich bringe Sie jetzt nach Hause, Ernie.« Durch das Dröhnen in seinen Ohren erkannte Ernie Lorettas Stimme.

»Das is' verdammt nett von Ihnen, Loretta«, murmelte er. »Ich hab' wohl zu viel gefeiert.« Undeutlich hörte er noch, wie Lou etwas von einem Weihnachtsdrink auf Kosten des Hauses erzählte, wenn er wiederkommen und seinen Wagen holen würde.

In Lorettas angejahrtem Pontiac Bonneville legte er den Kopf auf die Lehne zurück und schloss die Auen. Er bekam überhaupt nicht mit, dass sie bereits in seiner Auffahrt angekommen waren, bis Loretta ihn wach rüttelte. »Geben Sie mir Ihren Schlüssel, Ernie. Ich helfe Ihnen ins Haus.«

Sie legte ihm den Arm um die Schultern und hielt ihn so im Gleichgewicht. Ernie hörte, wie der Schlüssel im Schloss klapperte, und spürte, wie ihn seine Füße durch das Wohnzimmer und dann das kurze Stück den Gang hinunter trugen.

»Welches?«

»Welches was?« Ernie konnte seine Zunge einfach nicht aus ihrer Erstarrung lösen.

»Welches Schlafzimmer?« Lorettas Stimme klang gereizt. »Jetzt kommen Sie schon, Ernie. Sie sind nicht gerade ein Leichtgewicht. Oh, vergessen Sie's. Es muss das andere sein. Das hier ist ja voll mit diesen Vogelplastiken, die Ihre Tochter immer macht. Mann, die könnten Sie nicht einmal als Tombolagewinn einer Klapsmühle stiften. Kein Mensch ist so verrückt.«

Instinktiv loderte in Ernie eine Flamme der Abneigung hoch, als Loretta sich so abfällig über seine Tochter Wilma jr., Klein Willie, wie er sie nannte, äußerte. Klein Willie hatte nämlich wirklich Talent. Eines Tages würde sie eine berühmte Bildhauerin sein. Seit sie 1968 vorzeitig von der Schule abgegangen war, lebte sie in New Mexico und arbeitete als Kellnerin bei McDonald's. Tagsüber töpferte sie und stellte ihre Vogelplastiken her.

Ernie spürte, wie er umgedreht und aufs Bett geworfen wurde. Seine Knie gaben nach, und er hörte das vertraute Quietschen der Sprungfedermatratze. Er seufzte dankbar, streckte sich und war im selben Augenblick sofort hinüber.

Wilma Bean und ihre Schwester Dorothy hatten einen angenehmen Tag verbracht. Ab und an machte es Wilma sogar Spaß, mit Dorothy, die mit ihren dreiundsechzig Jahren fünf Jahre älter war als sie, zusammen zu sein. Das Schlimme an ihr war nur, dass Dorothy ausgesprochen besserwisserisch war und es nicht lassen konnte, Ernie und Klein Willie ständig zu kritisieren, was Wilma nicht immer ertragen konnte. Aber im Grunde tat ihr Dorothy leid. Ihr Mann hatte sie vor zehn Jahren verlassen und lebte nun mit seiner zweiten Frau, einer Karatelehrerin, in Saus und Braus. Mit ihrer Schwiegertochter kam Dorothy auch nicht sehr gut aus. Außerdem musste Dorothy immer noch halbtags als Schadensbearbeiterin in einem Versicherungsbüro arbeiten, wo sie, wie sie oft zu Wilma sagte und worauf sie großen Wert legte, mit getürkten Versicherungsansprüchen nicht so leicht hinters Licht zu führen war.

Nur wenige Leute glaubten, dass sie Schwestern waren. Dorothy war, um es mit Ernies Worten auszudrücken, ein rappeldürres Gestell. Mit ihrer kerzengeraden Haltung und dem dünnen grauen Haar, das sie in einem strengen Nackenknoten trug, wäre sie die Idealbesetzung für eine strenge Dorfschullehrerin gewesen. Wilma wusste, dass Dorothy immer noch eifersüchtig auf sie war, weil sie die Hübschere von beiden gewesen war. Und obwohl Wilma ziemlich in die Breite gegangen war, war ihr Gesicht faltenlos geblieben, und auch das neidete ihr Dorothy. Aber dennoch, Blut ist dicker als Wasser, das war nun mal Wilmas Meinung, und alle vier Monate ungefähr ein Wochenende in Philadelphia zu verbringen – besonders um die Feiertage herum –, war immer recht nett.

An dem Nachmittag, an dem die Ziehung der Lottozahlen stattfand, holte Dorothy Wilma vom Bahnhof ab. Danach gingen sie auf einen späten Lunch zu Burger King und fuhren dann in dem Viertel umher, in dem Grace Kelly aufgewachsen war. Zu ihren Lebzeiten waren sie beide glühende Verehrerinnen von ihr gewesen. Nachdem die Schwestern einmütig ihre Meinung darüber geäußert hatten, dass Prinz Albert nun endlich heiraten solle, dass Prinzessin Caroline tatsächlich ruhiger geworden sei und inzwischen ganz gute Arbeit leistete und dass man Prinzessin Stephanie in ein Kloster stecken solle, bis sie zur Vernunft gekommen war, gingen sie ins Kino und fuhren anschließend in Dorothys Wohnung. Sie hatte ein Hähnchen vorbereitet, und das ganze Abendessen lang und bis spät in die Nacht hinein tauschten die beiden den neuesten Klatsch aus.

Dorothy beklagte sich bei Wilma, dass ihre Schwiegertochter keine Ahnung davon hätte, wie man ein Kind erzog, aber zu stur sei, um wenigstens einen nützlichen Rat anzunehmen.

»Nun, du hast wenigstens Enkelkinder«, seufzte Wilma. »Bei Klein Willie ist immer noch keine Hochzeit in Aussicht. Sie hat nun mal ihr Herz an ihre Karriere als Bildhauerin gehängt.«

»Was für eine Karriere?«, sagte Dorothy schnippisch.

»Wenn wir uns doch nur einen guten Lehrer für sie leisten könnten«, seufzte Wilma und tat so, als hätte sie den Seitenhieb nicht mitbekommen.

»Ernie sollte Willie nicht auch noch ermutigen«, fuhr Dorothy schonungslos fort. »Sag ihm, er soll kein solches Theater wegen diesem Schrott machen, den sie immer heimschickt. Euer Haus sieht aus, als hätte ein Wahnsinniger darin seine Vorstellung von einem Vogelhaus verwirklicht. Was treibt Ernie überhaupt? Ich hoffe, du hältst ihn von den Kneipen fern. Hör auf mich. Er hat die Veranlagung zum Alkoholiker. Diese vielen geplatzten Adern auf seiner Nase.«

Wilma fielen die sperrigen Geschenkkartons ein, die ein paar Tage zuvor von Klein Willie eingetroffen waren. Außer der Aufschrift *Nicht vor Weihnachten öffnen* war noch ein kleiner Zettel dabei gewesen. »Warte, Ma, bis du meine Pfauen und Papageien siehst.« Wilma fiel auch wieder die Weihnachtsfeier im Einkaufszentrum kürzlich ein, als Ernie etwas zu tief ins Glas geschaut und einer der Kellnerinnen in den Hintern gekniffen hatte.

Doch selbst das Wissen, dass Dorothy recht hatte, wenn sie andeutete, dass Ernie gern einen über den Durst trank, milderte nicht Wilmas Groll darüber, dass man ihr die Wahrheit gesagt hatte. »Nun, Ernie mag sich ja manchmal danebenbenehmen, wenn er etwas zu viel getrunken hat, aber was Klein Willie betrifft, da hast du nicht recht.

Sie hat wirklich Talent, und wenn ich einmal reich bin, werde ich ihr helfen, das zu beweisen.«

Dorothy goss sich noch eine Tasse Tee ein. »Ich nehme an, dass du immer noch einen Haufen Geld für Lottoscheine ausgibst.«

»Natürlich tue ich das«, sagte Wilma fröhlich und bemühte sich, ihre gute Laune zurückzugewinnen. »Heute Abend ist die Weihnachtsziehung. Wenn ich jetzt daheim wäre, würde ich vor dem Fernseher sitzen und uns die Daumen drücken.«

»Diese Zahlenkombination, die ihr immer benutzt, ist doch absolut lächerlich! Eins, neun, vier, sieben, fünf, zwei. Ich kann ja verstehen, dass man das Geburtsjahr seines Kindes benutzt, aber das Jahr, in dem Ernie den Highschool-Abschluss gemacht hat? Das ist doch wirklich lächerlich.«

Wilma hatte Dorothy nie erzählt, dass Ernie ganze sechs Jahre dazu gebraucht hatte, endlich die Highschool abzuschließen, und dass seine Familie anschließend die ganze Nachbarschaft zum Feiern eingeladen hatte. »Die schönste Party, die ich je erlebt habe«, sagte er oft zu ihr, und die Erinnerung daran erhellte sein Gesicht. »Sogar der Bürgermeister war da.« Auf jeden Fall mochte Wilma die Kombination der Zahlen. Sie war absolut sicher, dass sie und Ernie eines Tages eine Menge Geld gewinnen würden. Nachdem sie Dorothy eine gute Nacht gewünscht und, vor Anstrengung schnaufend, die Bettcouch hergerichtet hatte, auf der sie bei ihren Besuchen immer schlief, dachte sie darüber nach, dass Dorothy mit zunehmendem Alter immer verschrobener wurde. Außerdem redete sie wie ein Wasserfall, und es war kein Wunder, dass ihre Schwiegertochter von ihr nur als »Nervensäge« sprach.

Am nächsten Tag stieg Wilma gegen Mittag in Newark aus dem Zug. Ernie sollte sie abholen. Als sie zu ihrem Treffpunkt am Haupteingang kam, war sie beunruhigt, als sie dort stattdessen Ben Gump, ihren Nachbarn von nebenan, stehen sah.

Ängstlich eilte sie auf Ben zu. »Ist was passiert? Wo ist Ernie?« Bens hageres Gesicht verzog sich zu einem beruhigenden Lächeln. »Nein, es ist alles in Ordnung, Wilma. Ernie ist heute früh aufgewacht und hatte ein bisschen Grippe oder so was Ähnliches. Er hat mich gebeten, dich abzuholen. Mensch, ich habe doch den ganzen lieben langen Tag nichts anderes zu tun, als dem Gras beim Wachsen zuzuschauen.« Ben lachte herzlich über die witzige Bemerkung, die zu seinem Standardspruch geworden war, seit er sich im Ruhestand befand. »Eine Grippe«, meinte Wilma spöttisch. »Das kann ich mir vorstellen.«

Ernie war ein Mensch, der nicht viel Worte machte, und Wilma hatte sich auf eine friedliche Heimfahrt gefreut. Beim Frühstück hatte Dorothy, die wusste, dass sie nun ihr unfreiwilliges Publikum verlieren würde, ohne Unterlass geplappert und einen solchen Wasserfall an bissigen Kommentaren losgelassen, dass Wilma davon schon Kopfschmerzen bekommen hatte.

Wilma kümmerte sich nicht um Bens Schneckentempo und seine langatmigen Geschichten, sondern stellte sich die angenehme Aufregung vor, mit der sie, sobald sie zu Hause wäre, in die Zeitung schauen und die Lottozahlen heraussuchen würde. »Eins, neun, vier, sieben, fünf, zwei; eins, neun, vier, sieben, fünf, zwei«, summte sie vor sich hin. Es war albern. Die Ziehung war längst vorbei, und trotzdem hatte sie ein gutes Gefühl. Bestimmt hätte Ernie sie angerufen, falls sie gewonnen hätten; doch selbst die Tatsache, dass sie nahe daran gewesen wären, vier oder fünf der sechs Zahlen gehabt hätten, hätte sie wissen lassen, dass ihr Glück sich wendete.

Ihr fiel auf, dass der Wagen nicht in der Auffahrt stand, und sie erriet den Grund. Wahrscheinlich stand er vor der Harmony-Bar. Es gelang ihr, Ben Gump an der Tür loszuwerden, indem sie sich überschwänglich für seine Gefälligkeit bedankte und nicht auf seine unüberhörbaren Andeutungen reagierte, dass er sehr wohl eine Tasse Kaffee vertragen könne. Anschließend ging Wilma sofort in Schlafzimmer. Wie sie erwartet hatte, lag Ernie im Bett. Er hatte sich die Decke bis zur Nasenspitze hochgezogen. Ein Blick genügte ihr, um zu wissen, dass er einen Mordskater hatte. »Wenn die Katze aus dem Haus ist, tanzen die Mäuse auf dem Tisch.« Sie seufzte. »Ich hoffe, dein Kopf fühlt sich an wie ein Ameisenhaufen.«

In ihrem Ärger warf sie den einen Meter hohen Pelikan um, den Klein Willie zum Erntedankfest geschickt hatte und der auf einem Tisch vor der Schlafzimmertür hockte. Als er zu Boden krachte, riss er eine Tonvase, ein Frühwerk von Klein Willie, und die Plastikblumen – Schleierkraut und Weihnachtssterne – mit sich, die Wilma schon für Weihnachten darin arrangiert hatte.

Die Scherben der Vase aufzufegen, die Blumen aufs Neue zu arrangieren und den Pelikan, dem jetzt ein Stück vom Flügel fehlte, wieder auf den Tisch zu stellen, strapazierte Wilmas Geduld aufs äußerste. Doch der Gedanke an den magischen Augenblick, wenn sie nachschauen würde, wie nahe sie einem Lottogewinn gekommen waren, um schließlich herauszufinden, dass sie dieses Mal wirklich nahe rangekommen waren, dieser Gedanke stellte bald ihre übliche gute Laune wieder her. Sie machte sich eine Tasse Kaffee und bereitete sich einen Zimttoast zu, bevor sie sich an den Küchentisch setzte und die Zeitung aufschlug.

Zweiunddreißig Millionen für sechzehn glückliche Gewinner lautete die Überschrift.

Sechzehn glückliche Gewinner. Ach, wenn sie doch nur dazugehörte! Wilma deckte die Gewinnzahlen mit der Hand zu. Sie las immer eine Zahl nach der anderen. So machte es mehr Spaß.

Eins, neun, vier, sieben, fünf …

Wilma hielt die Luft an. In ihrem Kopf hämmerte es. War das möglich? Gequält vor Aufregung zog sie die Hand von der letzten Zahl fort.

Zwei.

Ihr Schrei und der Krach, als der Küchenstuhl umstürzte, ließen Ernie sich auf einen Schlag im Bett aufrichten. Das Jüngste Gericht stand ihm bevor.

Wilma kam mit starrem Gesichtsausdruck ins Zimmer gestürzt. »Ernie, warum hast du mir nichts gesagt? *Gib mir den Schein!*«

Ernie ließ den Kopf auf die Brust sinken. Seine Stimme war nur noch ein verlorenes Flüstern. »Ich habe ihn verloren.«

Loretta hatte gewusst, dass es unvermeidlich war. Dennoch ließ der Anblick von Wilma Bean, wie sie so den verschneiten Weg hochkam, einen sich sträubenden, niedergeschlagenen Ernie im Schlepptau, eine Welle der Panik in ihr hochsteigen. »Hör auf damit«, ermahnte Loretta sich. »Sie haben keine Beweise.« Sie hatte keine Spuren hinterlassen, sprach sie sich selbst gut zu, als Wilma und Ernie zwischen den beiden Tannen, die Loretta mit Dutzenden von Weihnachtskerzen behängt hatte, die Stufen zur Veranda hochstiegen. Sie hatte sich ihre Geschichte zurechtgelegt. Sie hatte Ernie bis zur Haustür begleitet. Jeder, der wusste, wie eifersüchtig Big Jimbo war, würde verstehen, dass Loretta nie die Schwelle zum Heim eines anderen Mannes, dessen Frau nicht anwesend war, überschreiten würde.

Wenn Wilma nach dem Lottoschein fragte, würde Loretta die Gegenfrage stellen: »Welcher Schein?« Nie hatte Ernie ihr gegenüber einen Schein auch nur *erwähnt*. Er war gar nicht mehr in der Lage gewesen, irgendein vernünftiges Wort von sich zu geben. Fragen Sie Lou, würde sie sagen, Ernie war doch nach ein paar Drinks schon blau gewesen. Wahrscheinlich hatte er vorher schon irgendwo gebechert.

Ob Loretta denn selbst einen Schein für die Weihnachtsziehung gekauft hatte? Natürlich hatte sie einen gekauft. Möchten Sie ihn sehen? Jede Woche, wenn sie daran dachte, füllte sie ein paar Scheine aus. Aber nie im selben Laden. Den hier vielleicht im Schnapsladen oder im Schreibwarengeschäft. Sie wissen doch, nur so aus Spaß. Und sie kreuzte immer Zahlen an, die sie sich spontan ausdachte.

Loretta kratzte sich heftig an der Hand. Verdammter Giftefeu. Sie hatte den Gewinnschein mit den Zahlen 1−9−4−7−5−2 sicher in der Zuckerdose ihres besten Kaffeeservices versteckt. Man hatte ein Jahr Zeit, um seine Gewinnansprüche geltend zu machen. Kurz bevor das Jahr um war, würde sie *zufälligerweise* den Schein finden. Sollten Wilma und Ernie doch Zeter und Mordio schreien, dass das der ihre sei. Es läutete. Loretta fuhr sich durch ihr platinblondes Haar, das in kunstvollem Durcheinander ihren Kopf umrahmte, rückte sich die Schulterpolster ihres üppig mit Strass verzierten Pullovers zurecht und eilte in die winzige Diele. Als sie an der Tür stand, zwang sie sich zu einem strahlenden Lächeln und vergaß dabei ganz, dass sie ja eigentlich nicht mehr so viel lachen wollte. Sie bekam allmählich Falten, ein Problem, das in ihrer Familie erblich bedingt war. Ständig machte sie sich darüber Gedanken, dass das Gesicht ihrer Mutter mit sechzig Jahren wie ein verschrumpelter Apfel ausgesehen hatte. »Wilma, Ernie, was für eine nette Überraschung«, meinte sie überschwänglich. »Kommen Sie herein. Kommen Sie doch herein.«

Loretta beschloss, nicht darauf einzugehen, dass weder Wilma noch Ernie ihr eine Antwort gaben, dass keiner von beiden sich die Mühe machte, sich auf der Fußmatte in der Diele den Schnee von den Überschuhen zu klopfen – wozu diese Matte Gäste doch ausdrücklich einlud – und dass kein freundliches Feiertagslächeln auf ihren Lippen lag, um ihren Gruß zu erwidern.

Wilma lehnte die Aufforderung, doch Platz zu nehmen, ab, desgleichen die Einladung zu einer Tasse Tee oder einer Bloody Mary. Sie kam gleich zur Sache: Ernie hatte einen Lottoschein im Wert von zwei Millionen Dollar bei sich gehabt. Er hatte Loretta in der Harmony-Bar davon erzählt. Loretta hatte ihn von der Bar nach Hause gefahren und ihn in sein Zimmer gebracht. Ernie war eingeschlafen, und der Schein war seitdem verschwunden.

1945, bevor sie berufsmäßig das Tanzbein auf der Bühne geschwungen hatte, hatte Loretta an der *Sonny Tufts School for Thespians* Schauspielunterricht genommen. So griff sie jetzt auf diese lang zurückliegende Erfahrung zurück und lieferte Wilma und Ernie, ernsthaft und ehrlich, eine gut einstudierte Vorführung. Ernie habe nie auch nur mit einem Wort einen Lottoschein erwähnt. Sie habe ihn nur heimgefahren, um ihm und Lou einen Gefallen zu tun. Lou hatte ja nicht weggekonnt, und außerdem war Lou nicht der Typ, der Ernie die Autoschlüssel hätte abnehmen können. »Immerhin war es Ihnen ganz recht, dass ich Sie heimgefahren habe«, sagte Loretta empört zu Ernie. »Dabei habe ich schon damit, dass ich Sie auf dem Heimweg in meinem Wagen habe schnarchen lassen, mein Leben riskiert.« Sie wandte sich an Wilma und sagte ihr von Frau zu Frau: »Sie wissen doch, wie eifersüchtig Jimbo auf mich ist, der dumme Kerl. Man könnte glauben, ich sei gerade mal sechzehn. Auf gar keinen Fall würde ich Ihr Haus betreten, es sei denn, Sie wären selber da. Ernie, Sie waren in der Harmony-Bar wirklich ziemlich schnell blau. Fragen Sie nur Lou. Haben Sie vorher schon mal angehalten und sich vielleicht mit jemand anderem über den Lottoschein unterhalten?«

Loretta gratulierte sich selbst, als sie den Zweifel und die Verwirrung auf den Gesichtern der beiden sah. Ein paar Minuten später gingen sie. »Ich hoffe, Sie finden ihn. Ich werde ein Gebet sprechen«, versprach sie fromm. Sie gab ihnen zum Abschied nicht die Hand und erzählte Wilma von dem wild wuchernden Giftefeu im Gewächshaus ihrer beschränkten Schwägerin. »Kommen Sie doch noch mal vorbei, dann trinken wir gemeinsam auf Weihnachten«, drängte sie. »Am Weihnachtsabend ist Jimbo schon um vier Uhr zu Hause.«

Zu Hause saß Wilma bedrückt bei einer Tasse Tee und sagte: »Sie lügt. Ich weiß, dass sie lügt, aber wer soll das beweisen? Fünfzehn Gewinner haben sich bis jetzt schon gemeldet. Einer fehlt noch und hat ein Jahr Zeit dafür.« Tränen der Wut rollten unbeachtet über Wangen.

»Sie wird der ganzen Welt erzählen, dass sie mal hier, mal da einen Lottoschein ausgefüllt hat. Das wird sie die ganzen kommenden einundfünfzig Wochen machen, und dann, *Bingo*, wird sie den Schein finden, von dem sie nicht mehr wusste, dass sie ihn überhaupt hatte.«
Ernie beobachtete niedergeschlagen und schweigend seine Frau. Eine weinende Wilma war ein seltener Anblick. Ihr Gesicht war voller Flecken, und ihre Nase lief, und so gab er ihr sein großes rotes Taschentuch. Seine unvermittelte Bewegung verursachte den Sturz eines Keramik-Kolibris vom Regal hinter sich. Der Schnabel des Kolibris zersplitterte an der imitierten Marmorfliese in der Essnische der Küche und entlockte Wilma einen erneuten Klagelaut.
»Ich hatte so gehofft, dass Klein Willie endlich ihre Nachtarbeit bei McDonald's aufgeben, studieren und sich ganz ihren Vögeln widmen könnte«, schluchzte Wilma. »Und jetzt ist dieser Traum geplatzt.«
Nur um absolut sicher zu sein, fuhren sie auch ins Shamrock in der Nähe des Einkaufszentrums von Paramus. Der Barkeeper bestätigte, dass Ernie am Abend zuvor so gegen Mitternacht da gewesen sei, vielleicht zwei, drei Whiskeys gehabt, aber mit niemandem ein Wort gewechselt habe. »Er hat nur dagesessen und wie ein Honigkuchenpferdchen in sich hineingegrinst.«
Nach dem Abendessen, das keiner von ihnen angerührt hatte, untersuchte Wilma sorgfältig Ernies Unterhemd, an dem immer noch die Sicherheitsnadel steckte. »Sie hat sich nicht einmal die Mühe gemacht, die Nadel aufzumachen«, sagte Wilma bitter. »Hat einfach hineingegriffen und den Schein abgerissen.«
»Können wir sie nicht verklagen?«, schlug Ernie zaghaft vor. Das Ausmaß seiner Dummheit wurde ihm von Minute zu Minute klarer. Sich so zu betrinken. Und dann alles an Loretta zu verraten.
Zu müde, um ihm eine Antwort zu geben, öffnete Wilma ihren Koffer, den sie bis jetzt noch nicht ausgepackt hatte, und holte ihr Flanellnachthemd heraus. »Natürlich können wir sie verklagen«, meinte sie

sarkastisch. »Wir können ihr zum Vorwurf machen, dass sie nicht auf den Kopf gefallen war, als ihr ein Dummkopf über den Weg lief. Jetzt mach das Licht aus, schlaf und hör mit dem verdammten Kratzen auf. Du machst mich ganz verrückt.«

Ernie kratzte sich auf der Seite, wo sein Herz lag. »Da juckt was«, jammerte er.

Eine Alarmglocke schrillte in Wilmas Kopf, aber sie machte die Augen zu. Sie war so mitgenommen, dass sie beinahe auf der Stelle einschlief, aber ihre Träume waren angefüllt mit Lottoscheinen, die wie Schneeflocken durch die Luft wirbelten. Ab und zu wurde sie von Ernies unruhigen Bewegungen aus dem Schlaf gerissen. Normalerweise schlief Ernie wie ein Murmeltier.

Der Weihnachtstag brach grau und freudlos an. Wilma schleppte sich durch das Haus und legte automatisch die Geschenke unter den Baum – die zwei Kartons von Klein-Willie. Wenn sie den Lottoschein nicht verloren hätten, hätten sie Klein Willie angerufen und sie über Weihnachten nach Hause kommen lassen können. Vielleicht wäre sie ja gar nicht gekommen. Klein Willie mochte das spießige vorstädtische Viertel nicht. In dem Fall hätte Ernie seinen Job gekündigt und mit ihr nach Arizona fahren können, um ihre Tochter dort zu besuchen. Und Wilma hätte endlich den Fernsehapparat mit dem riesigen Bildschirm kaufen können, der letzte Woche im Kaufhaus solchen Eindruck auf sie gemacht hatte. Man musste sich nur mal vorstellen, J. R. fast in Lebensgröße.

Na ja. Schnee von gestern. Nein, eher schon der Schnaps von vorgestern. Ernie hatte ihr von seinem Plan erzählt, den Lottoschein in ihre Strumpfhose am Sims des falschen Kamins zu stecken, wenn er ihn nicht verloren hätte. Wilma wollte gar nicht länger daran denken, wie sehr sie sich gefreut hätte, wenn sie den Schein dort gefunden hätte.

Ernie gegenüber, der immer noch an seinem Kater litt und sich den zweiten Tag krankgemeldet hatte, verhielt sie sich nicht sehr freundlich. Sie sagte ihm unmissverständlich, wo er sich seine Kopfschmerzen hinstecken könne.

Gegen Nachmittag ging Ernie ins Schlafzimmer und schloss die Tür hinter sich. Nach einer Weile wurde Wilma unruhig und folgte ihm. Ernie saß am Bettrand, hatte sein Hemd ausgezogen und kratzte sich wehleidig auf der Brust. »Ich bin schon in Ordnung«, sagte er immer noch mit dieser schuldbewussten Miene im Gesicht, die ihm allmählich zu bleiben schien. »Es juckt nur so fürchterlich.«

Nur mäßig erleichtert, dass Ernie keinen Weg gefunden hatte, Selbstmord zu begehen, fragte Wilma gereizt: »Wieso juckt es dich so, deine Allergien gehen doch jetzt noch nicht los. Es reicht mir, wenn ich mir das den ganzen Sommer anhören muss.« Sie schaute sich die entzündete Stelle näher an. »Um Himmels willen, das ist Giftefeu. Wo hast du denn das her?«

Giftefeu.

Sie starrten einander an.

Wilma packte Ernies Unterhemd, das auf der Kommode lag. Sie hatte es dort liegen lassen; die Sicherheitsnadel steckte immer noch daran, und ein Eckchen des Lottoscheins gemahnte als schweigender Zeuge der Anklage an Ernies Dummheit. »Zieh es an«, befahl sie ihm.

»Aber …«

»Zieh es an!«

Es war ganz deutlich zu sehen, dass der Giftefeu sich nur auf die Stelle konzentrierte, an der der Schein versteckt gewesen war.

»Diese verlogene Hupfdohle.« Wilma reckte ihr Kinn vor und straffte die Schultern. »Sie hat doch gesagt, dass Big Jimbo so gegen vier zu Hause sein würde, nicht wahr?«

»Ich glaube schon.«

»Gut. Es geht doch nichts über ein Empfangskomitee.«

Gegen halb vier fuhren sie vor Lorettas Haus vor und stellten den Wagen ab. Wie sie erwartet hatten, stand Jimbos Sechzehntonner noch nicht da. »Wir werden ein paar Minuten hier sitzen bleiben und diese Gaunerin nervös machen«, beschloss Wilma.

Sie beobachteten, wie die Lamellen des Rollos am vorderen Fenster von Lorettas Haus ins Wackeln gerieten. Als es drei Minuten vor vier Uhr war, streckte Ernie nervös die Hand aus. »Da. An der Ampel. Das ist Jimbos Lastwagen.«

»Gehen wir«, erklärte Wilma ihm.

Loretta öffnete ihnen die Tür, das Gesicht zu einem Lächeln verzogen. Mit grimmiger Genugtuung bemerkte Wilma, dass das Lächeln sehr, sehr nervös war.

»Ernie, Wilma. Wie nett. Sie sind tatsächlich auf einen Weihnachtsumtrunk gekommen.«

»Ich werde mir hinterher einen Weihnachtsumtrunk genehmigen«, erklärte Wilma ihr. »Und damit begießen, dass wir unseren Schein wieder zurückhaben. Wie geht's Ihrem Giftefeu, Loretta?«

»Oh, es wird allmählich besser. Wilma, mir gefällt Ihr Tonfall überhaupt nicht.«

»Das ist aber schade.« Wilma ging an der rot-schwarz karierten Sitzgruppe vorbei, stellte sich ans Fenster und schob das Rollo hoch. »Nun, was sagt man dazu? Da ist ja Big Jimbo. Ich schätze, ihr zwei Turteltauben könnt es gar nicht mehr erwarten, Hand aneinander zu legen. Ich schätze, er wird wirklich wütend werden, wenn ich ihm erzähle, dass Sie mich eifersüchtig gemacht haben, weil Sie an meinem Mann herumgefummelt haben.«

»Ich habe was?« Lorettas sorgfältig aufgetragener purpurroter Lippenstift trat umso stärker in ihrem Gesicht hervor, je mehr ihr Teint eine grauweiße Farbe annahm.

»Sie haben mich schon verstanden. Und ich habe einen Beweis dafür. Ernie, zieh das Hemd aus. Zeig dieser Ehebrecherin deinen Ausschlag.«

»Ausschlag«, stöhnte Loretta.

»Giftefeu, so wie bei Ihnen. Hat auf seiner Brust angefangen, als sie ihm mit der Hand in die Wäsche gefahren sind, um an den Schein zu kommen. Nur zu. Leugnen Sie es. Sagen Sie Jimbo, dass Sie nichts von dem Schein wissen, dass Sie und Ernie nur ein kleines Techtelmechtel gehabt haben.«

»Sie lügen. Hinaus mit Ihnen. Ernie, lassen Sie Ihr Hemd zu.« Hektisch packte Loretta Ernies Hände.

»Was für ein kräftiger Mann Jimbo doch ist«, meinte Wilma bewundernd, als er aus seinem Lastwagen stieg. Sie winkte ihm zu. »Ein wirklich kräftiger Mann.« Sie drehte sich um. »Zieh auch deine Hosen aus, Ernie.« Wilma ließ das Rollo fallen und stellte sich neben Loretta. »Er hat auch da *unten* einen Ausschlag«, flüsterte sie.

»O mein Gott. Ich hole ihn. Ich hole ihn. Lassen Sie Ihre Hosen an!« Loretta eilte in das winzige Esszimmer und machte den Geschirrschrank auf, in dem die Reste des Kaffeeservices ihrer Mutter standen. Mit zittrigen Fingern griff sie nach der Zuckerdose. Sie fiel ihr aus den Händen und zerbrach, als sie den Lottoschein herausnahm. Jimbos Schlüssel drehte sich gerade in der Tür, als sie Wilma den Schein in die Hand stopfte. »Und jetzt raus. Und kein Wort.« Wilma setzte sich auf die rot-schwarz karierte Couch. »Es würde doch wirklich komisch aussehen, wenn wir jetzt davonliefen. Ernie und ich werden Ihnen und Jimbo bei einem Weihnachtsumtrunk gern Gesellschaft leisten.«

Die Häuser auf ihrer Straßenseite waren mit Weihnachtsmännern auf dem Dach, Engeln auf dem Rasen und Lichterketten in den Fenstern dekoriert. Als sie zu Hause ankamen, meinte Wilma mit einem friedlichen Lächeln auf den Lippen, wie wunderschön ihr

Viertel doch sei. Im Haus gab sie Ernie den Lottoschein. »Steck ihn in meine Strumpfhose, wie du es vorgehabt hast.«

Brav ging er ins Schlafzimmer und holte ihre Lieblingsstrumpfhose, die weiße mit den Strasssteinen, hervor. Sie kramte in seiner Schublade und brachte einen seiner gemusterten Kniestrümpfe zum Vorschein; der war zwar etwas dick, da Wilma nicht sehr gut stricken konnte, aber es war immer noch sein bestes Paar. Als sie die Strümpfe am Sims über dem falschen Kamin befestigten, sagte Ernie: »Wilma, ich habe keinen Giftefeu«, seine Stimme senkte sich zu einem schwachen Flüstern, »da unten.«

»Natürlich weiß ich, dass du da nichts hast, aber es hat funktioniert. Jetzt steck den Lottoschein in meinen Strumpf, und ich stecke das Geschenk für dich in den deinen.«

»Du hast mir ein Geschenk gekauft? Nach all dem Ärger, den ich dir gemacht habe? Oh, Wilma.«

»Ich habe es ja nicht gekauft. Ich habe es nur aus dem Arzneischränkchen genommen und einfach eine Schleife darum gebunden.« Mit einem glücklichen Lächeln ließ Wilma eine Flasche mit medizinischer Hautlotion in Ernies gemusterten Strumpf gleiten.

Bill Pronzini
Hier kommt der Weihnachtsmann

Darf ich Sie mit Bill Pronzinis Lieblingshelden bekannt machen? Bill hat mehrere Romane und eine Sammlung mit Kurzgeschichten über ihn geschrieben und zusammen mit Marcia Muller ein Buch verfasst, in dem sein Held an der Seite von Marcia Mullers Privatdetektivin McCone auftritt. Nach Bills Aussage muss es eine wahre Freude sein, über diesen Helden zu schreiben. Er ist dem Autor so vertraut, dass diesem die Geschichten nur so aus der Feder fließen – und das ist keine Arbeit, sondern Spaß. Aber fragen Sie nicht nach dem Namen dieses Helden, denn nicht einmal Bill Pronzini kennt ihn.

Doch im vorliegenden Fall war sich der Autor keineswegs sicher, wie es seinem literarischen Alter ego wohl gefallen würde, bei einer Benefiz-Veranstaltung die Rolle des Weihnachtsmannes zu spielen. Wie sich schließlich herausstellte, hatte er auch allen Grund, sich Sorgen zu machen. Selbst ein großer, lustiger Detektiv ohne Namen kann mit seinem »Ho, ho, ho« in ernsthafte Schwierigkeiten geraten, wenn er sich mit falschem Bart im Gesicht, einem Kissen unter dem Gürtel und einem besonders garstigen kleinen Jungen auf den Knien wiederfindet.

Kerry teilte mir ihre kleine Überraschung in der Woche vor Weihnachten mit. Und das Schlimmste war, dass ich gar nicht mehr dick war. Die vierzig Pfund schwere Wabbelkugel, die mir früher über den Gürtel hing, war schon längst dahingeschmolzen.

»Das spielt keine Rolle«, sagte sie. »Nimm ein Kissen.«

»Warum ausgerechnet ich?«, fragte ich.

»Zum einen hat man mich zur Verantwortlichen für den Unterhaltungsteil gewählt, und zum anderen bist du der größte und lustigste Mann, den ich kenne.«

»Ho, ho, ho«, sagte ich säuerlich.

»Es ist doch für eine gute Sache. Für viele gute Sachen – für bedürftige Kinder, für Obdachlose und für drei andere gute Zwecke. Wo bleibt denn nur deine Weihnachtsstimmung?«

»Ich habe keine. Warum fragst du nicht Eberhardt?«

»Meinst du das im Ernst? *Eberhardt?*«

»Dann einen anderen. Irgendjemanden.«

»Ich frage aber dich«, sagte sie.

»Nein, nein. Ich liebe dich irrsinnig, und ich würde fast alles für dich tun, aber das hier nicht. Da hört es bei mir auf.«

»Oh, komm schon, hör auf, dich wie ein Spielverderber aufzuführen.«

»Ich *bin* ein Spielverderber. Pah, Unsinn.«

»Du magst doch Kinder, du weißt das genau …«

»Ich mag Kinder nicht. Wie kommst du denn auf die Idee?«

»Ich habe dich mit Kindern beobachtet, deswegen.«

»Maske, reine Maske.«

»Dann setz sie doch für die Benefizveranstaltung auf. Von fünf bis neun Uhr, vier Stunden deines Lebens als Hilfe für die, die weniger Glück haben. Ist das zu viel verlangt?«

»In diesem Fall ja.«

Sie schaute mich an. Sagte nichts, schaute mich nur an.

»*Nein*«, sagte ich. »Es kommt auf keinen Fall in Frage, dass ich mich als Weihnachtsmann verkleide und kleine Kinder auf den Knien schaukle. Hörst du mich? Auf gar keinen Fall!«

»Ho, ho, ho«, machte ich.

Das kleine Mädchen, das auf meinen Knien thronte, schaute aus großen runden Augen zu mir auf. Es war derselbe Blick aus großen runden Augen, den Kerry mir in der Woche zuvor zugeworfen hatte.

»Bist du *wirklich* der Weihnachtsmann?«, fragte sie.

»Ja, natürlich. Und wer bist du?«

»Melissa.«

»Das ist aber ein hübscher Name. Wie alt bist du denn, Melissa?«

»Sechseinhalb.«

»Sechseinhalb. Schön, schön. Jetzt sag dem alten Santa Claus mal, was du dir zu Weihnachten wünschst.«

»Eine Puppe.«

»Was für eine Puppe?«

»Eine große.«

»Einfach nur eine große? Keine besondere?«

»Doch. Eine Puppe, der man Wasser in den Mund gießen kann und die dann Pipi macht.«

Ich seufzte. »Ho, ho, ho«, machte ich.

Die weihnachtliche Benefizveranstaltung fand in der Turnhalle der Lowell-Highschool statt, draußen neben dem Golden-Gate-Park. Eine Handvoll Unternehmen aus San Francisco sponserte die Veranstaltung, darunter auch Bates & Carpenter, die Werbeagentur, in der Kerry als verantwortliche Werbetexterin arbeitet. Das Ganze war also eine ziemlich professionell organisierte Angelegenheit. Der Dekorationsausschuss hatte die Turnhalle so ausgestattet, dass sie aussah wie eine Mischung aus dem Dorf, in dem der Weihnachtsmann normalerweise haust, und einem Weihnachtsmarkt à la Dickens. Es gab einen hohen, bunten Baum, Unmengen an rot-grünen Girlanden und anderen weihnachtlichen Dekorationen, massenhaft Stechpalmen und Mistelzweige, sogar künstlichen Schnee; und die Mitarbeiter der einzelnen Firmen hatten sich als Elfen und andere Gestalten aus Fantasie und Wirklichkeit kostümiert. Aus den Lautsprechern tönten Weihnachtslieder. An den Ständen, die sich die Wände entlangzogen, wurden Spezialitäten angeboten – Fleischpasteten, Plumpudding, Lebkuchen und viele andere Süßigkeiten – und außerdem eine Auswahl an selbst gebasteltem Spielzeug und anderen schönen Dingen, die alle gespendet worden waren. Für die Erwachsenen hatte man ein paar von der Stadt zugelassene Glücksspiele organisiert und eine Bar mit Festpunsch und anderen weihnachtlichen Getränken eingerichtet.

Für die Kinder gab es mich.

Ich saß auf einem thronähnlichen Stuhl seitlich auf einem Podest, verunstaltet von einem falschen Bart, Perücke und Bauch, angetan mit einem roten Kostüm, roter Mütze, schwarzen Stiefeln und einem Gürtel. Überall um mich herum lagen Schneewehen aus weißer Watte; neben mir stand ein Sack, aus dem bunt eingewickelte Päckchen quollen, und der glitzernde Pappmaché-Nachbau meines Schlittens plus einiger Pappdeckel-Rentiere. Einige der als Elfen verkleideten jungen Frauen standen ebenfalls dort, um als meine Hilfskräfte zu fungieren. Ihr Lächeln war so falsch wie mein Bart und mein Bauch; aber ihnen ging es nicht ganz so schlecht wie mir. Denn auf der einen Seite – und fast die Hälfte der Absperrung einnehmend – schlängelte sich eine Reihe kleiner Kinder, um die uns der Rattenfänger von Hameln beneidet hätte; einige Kinder hatten ihre Eltern dabei, die meisten waren ohne da. Alle aber waren ganz versessen darauf, dem alten Santa Claus auf den Schoß zu klettern und ihm ihre geheimsten Wünsche anzuvertrauen.

Ich schwitzte in meinem Kostüm – und zwar nicht nur, weil es warm darin war. Ich bildete mir ein, dass die Blicke eines jeden Erwachsenen auf mir ruhten und dass wieherndes Gelächter in jeder erwachsenen Kehle nur darauf lauerte, endlich hervorzubrechen. Das war natürlich lächerlich, umso mehr, als keiner der ungefähr zweihundert anwesenden Erwachsenen die wahre Identität des Weihnachtsmannes kannte. Ich hatte Kerry einen heiligen Eid schwören lassen, dass sie es niemandem erzählen würde, am allerwenigsten meinem Partner Eberhardt, der mich nie mehr meines Lebens hätte froh werden lassen, wenn er davon erfahren hätte. Außerdem, was regte ich mich überhaupt auf, ich war sowieso nur ungefähr einer Handvoll der Anwesenden bekannt, denn es war ein recht nobles Publikum; und von denen, die mich kannten, gehörten drei zum privaten Sicherheitsdienst. Trotzdem fühlte ich mich ausgeliefert und verletzlich und äußerst unwohl in meiner Haut. Ich fühlte mich so, wie Sie sich fühlen würden, wenn Sie plötzlich nackt auf einer belebten Straße stehen würden. Und ständig musste ich denken: Was, wenn mich einer der Zeitungsfotografen erkennt und ein Foto von mir macht? Was, wenn Eberhardt dahinterkommt? Oder Barney Rivera oder Joe DeFalco oder ein anderer meiner sogenannten Freunde?

Ein weiteres Kind wollte gerade auf meinen Schoß. Automatisch lächelte ich und warf einen verstohlenen Blick auf meine Uhr. Mein Gott! Mir schien, als säße ich mindestens schon zwei Stunden auf meinem Platz, aber seit der Eröffnung war erst eine Dreiviertelstunde vergangen. Noch mehr als drei Stunden lagen vor mir. Fast zweihundert Minuten. Fast zwölftausend Sekunden …

Das neue Kind kletterte auf meine Knie. Während es sich damit abmühte, begann eines der Kinder, das fast ganz vorne in der Schlange stand und offensichtlich von der Aussicht auf seine bevorstehende Audienz beim Herrscher des Nordpols überwältigt wurde, eine Reihe nur allzu bekannter Geräusche von sich zu geben. Ein Kind daneben krähte: »Oh Mist, gleich kotzt er!« Zum Glück jedoch hatte das Kind, dem schlecht geworden war, seine Mutter bei sich; es gelang ihr, den Jungen zu den Klängen von »O Tannenbaum, O Tannenbaum« noch rechtzeitig hinauszuschaffen.

Ich stellte mir vor, was gewesen wäre, wenn er auf meinem Schoß gesessen statt in der Schlange gestanden hätte.

Und ich dachte mir: Kerry, dafür wirst du mir büßen, Kerry. Ich hörte mir die Wünsche des neuen Kindes an und dachte an all die anderen kleinen, hoffnungsvoll piepsenden Stimmen, die ich mir noch würde anhören müssen, und schwitzte und lächelte und versuchte, nicht auf dem Stuhl hin und her zu rutschen. Täte ich das, dann würden die Leute wirklich in wieherndes Gelächter ausbrechen – sowohl die Kinder als auch die Erwachsenen. Sie würden denken, der Weihnachtsmann müsse aufs Töpfchen und versuche, sich nicht in die Hosen zu machen.

Der Junge, der gerade auf mir saß, hatte Haare in der Farbe von Apfelmost. Er sagte: »Du bist nicht Santa Claus.«

»Natürlich bin ich das. Sehe ich nicht so aus?«

»Nein. Dein Gesicht ist nicht rot, und du hast keine kirschrote Nase.«

»Wie heißt du denn, mein Kleiner?«

»Ronnie. Außerdem bist du nicht dick.«

»Natürlich bin ich dick. Ho, ho, ho.«

»Nein, bist du nicht.«

»Was wünschst du dir denn zu Weihnachten, Ronnie?«

»Das geht dich nichts an. Du bist nicht echt. Außerdem brauche ich keine Geschenke von dir. Ich kann mir meine Geschenke selber kaufen.«

»Wie schön für dich.«

»Außerdem glaube ich sowieso nicht mehr an den Weihnachtsmann«, sagte er. Er war etwa neun, sehr aggressiv und hatte tückische Augen.

Als Erwachsener würde er wahrscheinlich als Axtmörder enden. Entweder das oder als Politiker.

»Wenn du schon nicht mit dem Weihnachtsmann reden willst«, sagte ich, Nachsicht heuchelnd, »wie wär's dann, wenn du wieder von seinem Schoß heruntersteigen und einen anderen Jungen oder ein anderes Mädchen heraufklettern lassen würdest?«

»Nein.« Ohne Vorwarnung schlug er mir in den Magen. Und zwar fest. »Ha!«, meinte er. »Ein Kissen. Ich *wusste* doch, dass deine Wampe nur ein Kissen ist.«

»Runter von meinem Schoß.«

»Nein.«

Ich beugte mich so nahe über ihn, dass nur er mich hören konnte, als ich sagte: »Runter von meinem Schoß, oder der Weihnachtsmann wird sein Kissen herausholen und dir damit dein kleines Schandmaul stopfen.«

Ungefähr fünf Sekunden starrten wir uns unverwandt an. Dann stieg Ronnie von meinem Schoß, wobei er sich genügend Zeit ließ. Anschließend streckte er mir die Zunge heraus und sagte: »Arschloch.« Und dann verschwand er hüpfend in der Menge.

Ich setzte zum x-ten Male ein gekünsteltes Lächeln hinter meinem künstlichen Bart auf und sagte grimmig zu einer der Elfen: »Der Nächste bitte.«

Während ich mir von einem Achtjährigen mit Zahnspange und einem mörderischen Glitzern in den Augen seinen sehnlichsten Wunsch erzählen ließ – »einen kleinen Panzer mit einer echten Rakete; und darin kann man die Rakete abschießen, und die jagt alles in die Luft, wenn sie auftrifft« –, tauchte Kerry mit einem Becher in der Hand auf. Sie bedeutete mir, dass sie mich auf der anderen Seite des Podestes, hinter dem Schlitten von Santa Claus, treffen wollte. Ich sah zu, dass ich den angehenden Kriegstreiber loswurde, sagte der am nächsten stehenden Elfe, dass ich eine kurze Pause machte, erhob mich knarrend und mit so viel Würde, wie mir noch verblieben war, und ging durch die Schneewehen aus Watte zu Kerry hinüber.

Sie sah in ihrem Kostüm weitaus vorteilhafter aus als ich in meinem, direkt unschuldig und reizend, sodass ich für einen Augenblick meinen Ärger über sie vergaß. Sie war als Engel verkleidet – ganz in Weiß, mit einem Kleiderbügel, der mit Stanniolpapier umwickelt war, als Heiligenschein. Wenn echte Engel so aussahen wie sie, konnte ich es gar nicht mehr erwarten, in den Himmel zu kommen.

Sie reichte mir den Becher, der mit einem undefinierbaren, punschartigen Gesöff gefüllt war, auf dessen Oberfläche ein seltsam aussehendes braunes Ding trieb. »Ich dachte mir, du könntest vielleicht eine kleine weihnachtliche Aufmunterung vertragen«, sagte sie.

»Ich kann jede Menge weihnachtliche Aufmunterung vertragen. Ist in dem Zeug überhaupt Alkohol?«

»Natürlich nicht. Seit wann trinkst du denn harte Sachen?«

»Seit ich mich auf dem Thron da drüben niedergelassen habe.«

»Oh, komm aber, so schlimm kann es doch nicht sein.«

»Nein? Na, dann hör dir das mal an. Ein Fünfjähriger hat mir so laut ins linke Ohr gebrüllt, dass ich jetzt halbseitig taub bin. Ein fettes Kind ist mir auf den Fuß getreten und hat mir dabei fast einen Zeh gebrochen. Ein anderes Kind hat mir aus Versehen das Knie in den Unterleib gebohrt und mir dabei beinahe etwas abgebrochen. Und noch keine drei Minuten ist es her, da hat ein hoffnungsvoller junger Schläger namens Ronnie mir einen Schwinger in den Magen versetzt und mich ein Arschloch genannt. Und das sind nur die absoluten Tiefpunkte.«

»Armes Baby.«

»Das klang jetzt aber nicht sehr mitfühlend.«

»Aber Tatsache ist«, sagte sie, »dass die meisten Kinder begeistert von dir sind. Ich habe mit angehört, wie ein paar von ihnen zu ihren

Eltern gesagt haben, was für ein lieber alter Santa Claus du doch bist.«

»So, so.« Ich probierte etwas von dem Punsch. Er war gar nicht mal so schlecht, wenn man das verdächtige braune Ding übersah, das auf seiner Oberfläche trieb. Ich kam zu dem Schluss, dass es eine deformierte Nelke sein musste; die einzige andere Möglichkeit – ein Ding, das aus dem hinteren Ende einer Maus gekommen war – war wohl unvorstellbar. »Wie lange muss der liebe alte Santa Claus denn noch durchhalten?«

»Zweieinhalb Stunden.«

»Himmel! Das schaffe ich nie.«

»Sei nicht so ein alter Brummbär«, sagte sie. »Es sind noch zwei Tage bis Weihnachten, wir nehmen einen Haufen Geld für die Bedürftigen ein, und alle amüsieren sich köstlich – bis auf dich. Nun, bis auf dich und Mrs. Simmons.«

»Wer ist Mrs. Simmons?«

»Randolph Simmons Frau. Du weißt schon, der Wirtschaftsanwalt. Sie hat irgendwo ihre Brieftasche verloren – mit all ihren Kreditkarten und zweihundert Dollar in bar.«

»Das ist aber schlimm. Sag ihr, dass ich ihr die zweihundert Dollar ersetzen werde, wenn sie einverstanden ist, auf der Stelle mit mir den Platz zu tauschen.«

Kerry warf mir ihren Manchmal-bist-du-wirklich-nervig-Blick zu. »Halt die Ohren steif, Santa Claus«, sagte sie und ließ mich stehen.

»Sag so etwas nicht in Gegenwart von diesem Ronnie«, rief ich hinterher. »Das bringt ihn nur auf dumme Gedanken.«

Ich saß noch keine zehn Sekunden wieder auf meinem Thron, als – wie sollte es anders sein – der kleine Schläger höchstpersönlich erschien. Ronnie war dieses Mal nicht allein; er hatte einen Mann im grauen Anzug dabei, der einen buschigen Schnurrbart hatte und finster dreinschaute. Die beiden polterten auf das Podest, schoben eine Elfe mit einem pausbäckigen, engelhaften kleinen Mädchen an der Hand zur Seite und stellten mich zur Rede.

Der Kerl mit dem Schnurrbart sagte leise, aber wütend: »Was soll das? Was fällt Ihnen ein, meinen Jungen zu bedrohen?« Schön, wunderbar. Genau das hatte mir noch gefehlt – ein erzürnter Vater.

»Geben Sie mir eine Antwort. Wie kommen Sie dazu, Ronnie zu erzählen, Sie würden ihm ein Kissen in den Mund stopfen?«

»Er hat mir in den Magen geboxt«, sagte ich.

»So? Das gibt Ihnen noch lange nicht das Recht, ihn anzuschnauzen. Zum Teufel, *ich* sollte Ihnen in den Magen boxen.«

»Los, Dad«, sagte Ronnie, »schlag den alten Schwindler.«

Nebenan plärrte der pausbackige Engel. Und zwar laut.

Unser aller Blicke richteten sich auf den Cherub. Ronnies Vater sagte: »Was haben Sie jetzt wieder angestellt? Die Kleine auch angeschnauzt?«

»Will zu Santa Claus! Ich bin dran! Ich bin dran!«

Die Elfe sagte: »Keine Angst, Kleines, du kommst schon noch dran.«

Ronnies Vater sagte: »Entschuldigen Sie sich bei meinem Sohn, und wir vergessen die Sache.«

Ronnie sagte: »Nein, hau ihm eine rein!«

Ich sagte: »Würde es Ihnen etwas ausmachen, mir Ihren Namen zu sagen?«

Ronnies Vater starrte mich zwei oder drei Sekunden lang verständnislos an, dann meinte er: »Hm?«

»Ihren Namen. Wie lautet er?«

»Warum wollen Sie den denn wissen?«

»Weil Sie mir bekannt vorkommen. Sehr bekannt sogar. Ich glaube, wir sind uns schon mal über den Weg gelaufen.«

Er fuhr zusammen. Dann warf er einen langen argwöhnischen Blick auf mich, als versuchte er, hinter meinen Bart zu schauen. Schließlich blinzelte er, und ganz plötzlich verpuffte seine rechtschaffene Empörung und machte einer Nervosität Platz, die schon beinahe verdächtig war. Er fuhr sich mit der Zunge über die Lippen und wich einen Schritt zurück.

»Komm schon, Dad«, sagte der kleine Schläger, »mach ihn fertig.« Sein Vater sagte ihm, er solle die Klappe halten. Zu mir sagte er: »Vergessen wir die ganze Sache, okay?«, und dann drehte er sich eilig um und zog einen protestierenden Ronnie von dem Podest herunter und hinein in die Menge.

Ich starrte ihnen hinterher. Und plötzlich machte es bei mir klick, und ich sah ein Foto von Ronnies Vater in jüngeren Jahren und ohne den dicken, buschigen Schnurrbart vor mir – und er trug einen Namen und eine Nummer quer über der Brust. Ronnies Vater und ich kannten uns tatsächlich. Ich hatte mal bei seiner Verhaftung die Hand im Spiel gehabt, als man ihn anschließend wegen schweren Diebstahls nach San Quentin gesteckt hatte.

Ronnies Vater war Markey Waters, ein professioneller Taschendieb und Langfinger, der in seinem ganzen Leben nie zu einer solchen Gala gegangen wäre oder etwas Wohltätiges getan hätte, es sei denn, Markey Waters hätte dabei profitiert. Was hatte er also bei dieser weihnachtlichen Benefizveranstaltung zu suchen?

Sie hat irgendwo ihre Brieftasche verloren – mit all ihren Kreditkarten und zweihundert Dollar in bar.

Richtig.

Er ging selbstverständlich seinem Beruf nach.

Ich hätte auf meinem Podest bleiben sollen. Ich hätte eine der Elfen schicken sollen, damit sie den Sicherheitsdienst verständigt, während ich weiter auf meinem Thron geblieben und mein Ohr den Kindern geliehen hätte.

Doch ich tat es nicht. Dumm, wie ich war, beschloss ich, die Sache selbst in die Hand zu nehmen. Und dumm, wie ich war, stürzte ich mich in die Menge, begleitet vom Gebrüll des kleinen Cherubs, das hinter mir zu einem tosenden Crescendo anschwoll: »Will zu Santa Claus, *ich* bin dran, will zu Santa Claus!«

Die hin und her wogenden Besuchermassen hatten sich um Markey Waters und seinen Sohn geschlossen, und ich konnte sie nicht mehr sehen. Aber sie hatten eine Ecke neben den östlichen Eingang angesteuert, und in diese Richtung wandte auch ich mich. Meine Gummistiefel waren mir eine Nummer zu klein und zwickten mich an den Zehen, sodass ich gezwungen war, mich in einer Art Trippelschritt vorwärtszubewegen; und als ob das nicht schon schlimm genug gewesen wäre, waren die Stiefel auch noch neu und quietschten wie ein Paar rostige Türangeln. Des Weiteren war ich dazu gezwungen, mich auf etwas unsanfte Art durch die Menge zu drängeln, sodass einige der Blicke, die meine Manöver bei den Leuten hervorriefen, nicht gerade auf Friede-auf-Erden-und-den-Menschen-ein-Wohlgefallen-Stimmung schließen ließen. Ein elegant gekleideter Herr rief mir nach: »Pass auf, wo du deine Hände hinsteckst, du Weihnachtsmann«, was unter anderen Umständen vielleicht ganz witzig gewesen wäre, hätte ich mich nicht in einer solch düsteren und stürmischen Verfassung befunden.

Ich hatte beinahe schon die ersten Essensstände an der Ostwand erreicht, als ich Waters wieder erspähte, der in der Nähe des vorletzten Standes stehen geblieben war. Mit einer Hand umklammerte er Ronnies Handgelenk, und mit der anderen fummelte er an einer korpulenten Frau in einem quer gestreiften rot-grünen Kleid, in dem sie wie ein überdimensionaler Lutscher aussah. Markey hatte sie in seiner Eile offensichtlich angerempelt, und dabei hatte sie ihren Becher mit Punsch über sich ausgeschüttet. Sie schimpfte lautstark auf ihn ein, nannte ihn einen ungeschickten Hornochsen und weigerte sich, seine Jacke loszulassen, bevor sie ihre Klage losgeworden war.

Ich zwängte mich an einem weiteren Grüppchen von Erwachsenen vorbei, die alle in das Lied einstimmten, das gerade aus dem Lautsprecher drang. Und das war ausgerechnet »Hier kommt der Weihnachtsmann«.

Waters hatte vielleicht das Lied nicht gehört, die Botschaft hatte er dennoch verstanden. Er sah, wie ich aus zehn Metern Entfernung zum Sprung auf ihn ansetzte, und verstand sofort, was ich vorhatte. Panik spiegelte sich auf seinem Gesicht wider; er versuchte, sich aus der Umklammerung der korpulenten Frau zu befreien. Doch diese hängte sich mit der Hartnäckigkeit einer Bulldogge an ihn.

Ich war gerade noch drei Meter von ihm entfernt, um ihn in *meinen* Bulldoggengriff zu nehmen, als er sich anschickte, die fröhliche Ausgelassenheit der Benefizveranstaltung vollständig in ein Chaos zu verwandeln.

Er ließ Ronnies Handgelenk los, rief: »Lauf weg, Junge!«, und versetzte der korpulenten Frau mit der freien Hand einen Schlag auf das oberste ihrer diversen Doppelkinne. Sie ließ nicht nur seine Jacke los, sondern fiel so ausladend in Ohnmacht, dass sie noch drei weitere als Engel verkleidete Helfer mit sich riss und alle vier in einem wilden Knäuel aus Armen und Beinen auf dem Boden landeten. Alarmierte Stimmen wurden laut; jemand schrie los wie ein Feuermelder. Die Menge stob auseinander, um nicht in die Keilerei verwickelt zu werden. Und Markey Waters rannte in Richtung Freiheit davon.

Ich setzte ihm keuchend und prustend und springend nach. Ich hätte ihn nie eingeholt, wäre er nicht über etwas – seine eigenen Füße vielleicht – gestolpert, als er einen Blick über die Schulter zurückwarf, um zu sehen, wie nahe ich ihm bereits gekommen war; und da lag er auch schon auf dem Boden. Ich erreichte ihn, als er sich gerade wieder aufrappeln wollte. Ich packte ihn mit beiden Händen und knurrte: »Weiter kommst du nicht mehr, Waters«, worauf er mir einen Tritt vors Schienbein versetzte und sich losriss.

Ich schrie auf, er taumelte davon, und ich humpelte hinter ihm her.

Schreie und Rufe echoten durch die Turnhalle; ebenso der Donnerhall trampelnder Füße und drängender Körper, als immer mehr Besucher in wilder Flucht davonstürmten. Eine Frau kam aus dem am weitesten entfernt gelegenen Stand gerannt, stellte sich Markey in den Weg und zwang ihn, die Richtung zu ändern, wenn er sie nicht über den Haufen rennen wollte. Das gab mir wiederum die Gelegenheit, ihn vor dem Stand einzuholen. Diesmal packte ich ihn an der Schulter, wirbelte ihn herum – und da schleuderte er mir etwas Warmes und Feuchtes ins Gesicht, das auf der Verkaufstheke des Standes gelegen hatte.

Es war eine Fleischpastete.

Er hatte mir eine *Fleischpastete* ins Gesicht geschlagen.

Das war die letzte Demütigung in einer langen Reihe von Demütigungen. Den Weihnachtsmann zu spielen war schon schlimm genug; als Lou Castello hinter einem diebischen Bud Abbott herzuspringen, war unerträglich. Ich brüllte auf; ich kratzte mir den Bratensaft aus Augen, falschem Bart und Perücke; ich machte einen Satz und packte Waters, bevor er mir wieder entkommen konnte; ich umschlang ihn mit beiden Armen. Ich hatte eigentlich die Absicht, ihn umzudrehen und in den Polizeigriff zu nehmen, aber er war stärker, als er aussah. So führten wir stattdessen einige Sekunden lang einen grotesken, schlurfenden Bärentanz auf. Es endete damit, dass wir gegen eine der Stützen prallten, die den Stand sicherten. Die ganze Vorderfront brach in einem Wirrwarr aus Holz, Girlanden, Pasteten, Papiertellern und Plastikbesteck über uns zusammen.

Markey schlängelte sich augenblicklich unter mir hervor und unternahm den matten Versuch, durch die Trümmer davonzukriechen. Doch ich befreite mich aus der Umarmung einiger Girlanden, stürzte mich auf Waters Beine und hielt sie fest umklammert, obwohl er nicht aufhörte, um sich zu treten. Aber schließlich konnte ich mich auf ihn rollen und ihn auf den Rücken drehen. Dabei wehrte ich ein paar wirkungslose Schläge ab und stellte dafür ein paar wirkungsvolle Dinge mit seinem Kopf an, bis er endlich aufhörte, um sich zu schlagen, und sich dafür entschied, stattdessen ihn Ohnmacht zu fallen. Ich saß rittlings auf ihm, keuchte, schnappte nach Luft und wischte mir Bratensoße aus Augen und Nase. Der Tumult hinter mir hatte sich etwas gelegt, wie ich in diesem Augenblick feststellte. Ich konnte wieder die Lautsprecher hören – jetzt spielten sie »Rudolph, the Red-Nosed Reindeer« –, und ich hörte Stimmen, die sich zaghaft in der Nähe vernehmen ließen. Und kurz bevor ein Fotoreporter angeeilt kam und von mir und meinem Fang ein Bild schoss, kurz bevor die entsetzte Kerry und zwei verspätete Sicherheitskräfte eintrafen, fielen mir zwei Stimmen besonders auf, die in ehrfürchtigem Tonfall miteinander sprachen.

»Mein Gott«, sagte die eine von ihnen, »was war denn *das?*«

»Keine Ahnung«, sagte die andere. »Aber es sieht so aus, als sei der Weihnachtsmann Amok gelaufen.«

Wir saßen zu dritt im Büro des Footballtrainers am anderen Ende der Turnhalle: Markey Waters, ich und einer der Sicherheitsleute. Inzwischen waren fünfzehn Minuten vergangen, und wir warteten auf das Eintreffen der Polizei von San Francisco. Waters war niedergeschlagen und resigniert, der Sicherheitsmann kämpfte damit, sein Amüsement nicht zu zeigen, und ich war äußerst schlechter Laune dank einer Kombination aus akuter Verlegenheit, einigen Kratzern und blauen Flecken, und der Tatsache, dass mir nichts anderes übrig blieb, als weiter die mit Rinderbraten bekleckerten Überreste meines Santa-Claus-Kostüms zu tragen. So war ich hergekommen; meine anderen Kleider waren bei Kerry in der Wohnung.

Auf dem Schreibtisch zwischen Waters und mir lagen eine Brosche mit Diamanten und Saphiren, ein elegantes Zigarettenetui aus Platin und eine goldene Geldklammer mit drei funkelnagelneuen Fünfzig-

Dollar-Scheinen. Wir hatten diese drei Gegenstände einträchtig aneinandergekuschelt in Markeys Jackentasche gefunden. Ich tippte die Brosche mit dem Finger an, worauf der Sicherheitsbeamte sagte: »Das hat sich gelohnt. Die Brosche allein muss schon ein paar Tausender wert sein.«

Ich erwiderte nichts, Markey auch nicht.

Der Besitzer der goldenen Geldklammer und der drei Scheine hatte sie bei den Sicherheitsleuten als vermisst gemeldet, kurz bevor Markey und ich unseren kleinen Krawall gestartet hatten; die Besitzer der Brosche und des Zigarettenetuis hatten sich bis jetzt noch nicht gemeldet, was wohl als Kompliment für Markeys Talente als Langfinger anzusehen war – Talente, die ihn bald wieder mit einer weiteren Anklage wegen schweren Diebstahls in den Knast bringen würden.

Er hatte bis jetzt auf den Boden geschaut; jetzt hob er den Kopf und sah mich an. »Mein Junge«, sagte er, als fiel ihm gerade erst wieder ein, dass er ein Kind hatte. »Hat er abhauen können?«

»Nein. Einer der Sicherheitsmänner hat ihn draußen erwischt.«

»Auch gut. Wo ist er?«

»Gleich in der Nähe. Es geht ihm gut.«

Markey stieß einen schweren Seufzer aus. »Ich hätte ihn nicht mitnehmen sollen«, sagte er.

»Warum hast du es dann getan?«

»Es ist doch Weihnachten, und in der Zeitung stand, dass dieser Rummel auch für Kinder sei. Ronnie und ich kommen nicht oft unter die Leute, seit seine Mutter uns vor zwei Jahren davongelaufen ist.«

»Aha«, sagte ich. »Und außerdem hast du gedacht, dass es einfacher ist, mit einem Kind als Tarnung deine Beute zu machen.«

Er zuckte mit den Achseln. »Aber Sie … Ich habe wirklich nicht mit jemandem wie Ihnen hier gerechnet. Was zum Teufel hat ein Privatdetektiv in einem Santa-Claus-Kostüm zu suchen?«

»Diese Frage habe ich mir den ganzen Abend über auch schon gestellt.«

»Ich meine, wie soll man bloß auf so etwas kommen?«, sagte Markey.
»Ronnie kommt angerannt und sagt, dass da oben kein echter Weihnachtsmann sitzt und dass der Kerl, der sich dafür ausgibt, ihn bedroht und gesagt hat, er würde ihm ein Kissen ins Maul stopfen. Was soll ich da machen? Ich hatte gut abgesahnt an dem Abend, aber ich konnte doch einen Verrückten nicht damit durchkommen lassen, dass er meinen Jungen bedroht, oder? Ich bin doch auch ein Vater.« Wieder seufzte er tief auf. »Ich wünschte, ich wäre kein Vater«, sagte er.

Ich sagte: »Was ist mit der Brieftasche, Markey?«

»Hmm?«

»Die Brieftasche und die zweihundert Dollar in bar, die darin waren.«

»Hmm?«

»Das hier ist nicht alles, was du heute Abend abgestaubt hast, Du hast auch noch eine Brieftasche erwischt, die einer Mrs. Randolph Simmons gehört. Du hattest sie nicht bei dir, und die zweihundert Dollar auch nicht. Was hast du damit gemacht?«

»Ich habe keine einzige Brieftasche geklaut«, sagte er. »Nicht heute Abend.«

»Markey ...«

»Ich schwöre es. Das andere Zeug, ja, dafür könnt ihr mich hinhängen. Aber ich sage Ihnen, ich habe heute Abend keine Brieftasche geklaut.«

Ich schaute ihn finster an. Doch sein Leugnen hörte sich ehrlich an; er hatte keinen Grund, mich wegen der Brieftasche anzulügen. Nun, was dann? Hatte Mrs. Simmons sie vielleicht doch verloren? Wenn das der Fall war, dann war ich aus keinem triftigeren Grund hinter Waters hergejagt, als dass er ein vorbestrafter Verbrecher war. Ich fühlte, wie mir die Verlegenheit wieder heiß ins Gesicht stieg. Was, wenn er heute Abend keine langen Finger gemacht hätte? Ich hätte noch dümmer dagestanden, als ich es ohnehin schon tat ...

Etwas rührte sich in meiner Erinnerung und brachte mich auf die Idee, einen anderen, einträglicheren Gedankengang zu verfolgen. Oh

Mist – natürlich. Ich hatte von Anfang an recht gehabt; Mrs. Randolph Simmons Brieftasche war gestohlen worden, sie hatte sie nicht verloren. Und jetzt wusste ich auch, wer sie gestohlen hatte.

Doch dieses Wissen besserte meine Stimmung auch nicht. Im Gegenteil, es verschlechterte sie noch.

»Leer deine Taschen aus«, sagte ich.

»Warum?«

»Weil ich es dir gesagt habe, darum.«

»Ich muss nicht machen, was Sie mir sagen.«

»Wenn nicht, dann leere ich sie für dich aus.«

»Ich verlange einen Rechtsanwalt«, sagte er.

»Du bist noch zu jung, um einen Rechtsanwalt zu brauchen. Und jetzt leer deine Taschen aus, bevor ich dir eine klebe.« Ronnie starrte mich böse an. Ich erwiderte seinen Blick. »Wenn Sie mir eine kleben«, sagte er, »dann ist das Polizeibrutalität.« Neun Jahre, aber gewieft wie ein Alter.

»Ich bin nicht die Polizei, vergiss das nicht. Das ist deine letzte Chance, mein Junge; leer deine Taschen aus, sonst …«

»Pah«, machte er, leerte aber seine Taschen aus.

Mrs. Simmons Brieftasche hatte er zwar nicht, aber ihre zweihundert Dollar. Zweihundertundvier Dollar, um genau zu sein. *Ich brauche keine Geschenke von dir. Ich kann mir meine Geschenke selber kaufen.* Natürlich. Mit zweihundertundvier Dollar kann man eine Menge Spielsachen kaufen und sich eine Menge Kummer einhandeln.

»Was hast du mit der Brieftasche gemacht, Ronnie?«

»Mit welcher Brieftasche?«

»Du hast sie irgendwo weggeworfen, richtig?«

»Ich weiß nicht, wovon Sie reden.«

»Nein? Wo hast du denn das Geld her?«

»Das habe ich gefunden.«

»So, so. In Mrs. Simmons Brieftasche.«

»Wer ist das?«

»Hat dich dein alter Herr dazu angestiftet, oder war es deine eigene Idee?«

Er schenkte mir ein anmaßendes Grinsen. »Ich bin clever«, sagte er. »Wenn ich groß bin, werde ich genau wie mein Vater.«

»Ja«, sagte ich traurig. Ganz aus demselben Holz geschnitzt.

Es war Mitternacht.

Kerry und ich saßen auf der Couch in ihrem Wohnzimmer. Ich hatte den Kopf zurückgelehnt und die Augen geschlossen; ich hatte dröhnende Kopfschmerzen und gab mich meiner melancholischen Stimmung hin. Es war ein ausgesprochen langer Abend gewesen, voll mit allen möglichen Demütigungen. Und mit ansehen zu müssen, wie ein Neunjähriger, selbst wenn es ein neunjähriger Schläger war, zur gleichen Zeit in die Besserungsanstalt verfrachtet wurde, in der man seinen Vater ins Kittchen verfrachtete, war nicht gerade ein Anblick gewesen, der zum Feiern Anlass gegeben hätte.

Aber damit war es mit den Demütigungen noch nicht zu Ende. Das Fiasko des heutigen Abends würde mit genügend ironischen Kommentaren in den Morgenzeitungen bedacht werden, untermauert von Fotos – ein halbes Dutzend Reporter und Fotografen waren zusammen mit der Polizei in der Turnhalle eingetroffen –, sodass es keine Möglichkeit gab, dass Eberhardt und meine anderen Freunde nichts davon erfahren würden. Mir standen Wochen voller hinterhältiger und gnadenloser Hänseleien bevor.

Kerry musste meine Kopfschmerzen geahnt haben, denn sie rückte näher zu mir heran und massierte mir die Schläfen. Sie kann das sehr gut; der Schmerz ließ fast augenblicklich nach. Doch die Melancholie blieb. Die kann man nicht wegmassieren.

Nach einer Weile sagte sie: »Ich nehme an, du machst mir Vorwürfe.«

»Warum sollte ich dir Vorwürfe machen?«

»Nun, wenn ich dich nicht überredet hätte, den Weihnachtsmann zu spielen …«

»Du hast mich zu gar nichts überredet; ich habe es getan, weil ich dir und der Benefizveranstaltung helfen wollte. Nein, ich muss mir selber vorwerfen, was passiert ist. Ich hätte besser mit Markey Waters fertigwerden müssen. Dann hätte die Veranstaltung kein solch übles Ende genommen, und ihr hättet mehr Geld für wohltätige Zwecke eingenommen.«

»Wir haben auch so einiges eingenommen«, sagte Kerry beschwichtigend. »Und du hast immerhin einen Profidieb gefasst und vier anständige Bürger davor bewahrt, wertvolles Eigentum einzubüßen.«

»Und ich habe so nebenbei ein Kind über Weihnachten in die Besserungsanstalt geschickt.«

»Du bist dafür nicht verantwortlich. Das ist sein Vater.«

»Sicher, das weiß ich auch. Aber deswegen geht es mir auch nicht besser.«

Sie sagte eine Weile nichts. Dann beugte sie sich über mich und küsste mich herzlich.

Ich schlug die Augen auf. »Wofür war das?«

»Weil du so bist, wie du bist. Du bist missmutig und verdrießlich und führst dich wie ein alter Griesgram auf, aber das ist alles nur Fassade. Dahinter steckt ein netter, liebevoller Mann mit einem großen Herzen.«

»Ja, ja, genau wie beim Weihnachtsmann.«

»Genau.« Sie schaute auf die Uhr. »Jetzt haben wir offiziell den Vierundzwanzigsten – Heiligabend. Möchtest du vielleicht eines deiner Geschenke schon etwas früher haben?«

»Das hängt von dem Geschenk ab.«

»Oh, ich glaube, es wird dir gefallen.« Sie stand auf. »Ich werde es für dich fertig machen. Gib mir fünf Minuten.«

Ich gab ihr drei Minuten, denn mehr war erstaunlicherweise nicht nötig, um meine ganze Melancholie wegzublasen. Dann stand ich auf und ging den Gang hinunter.

»Fertig oder nicht«, sagte ich, als ich die Schlafzimmertür öffnete, »hier kommt der Weihnachtsmann!«

Sharyn McCrumb
Der Erstfüßler

Eine große Anzahl Schotten ist nach der Niederlage von Bonnie Prince Charlie und den Säuberungen im Hochland nach Virginia ausgewandert. Viele seiner Bewohner pflegen immer noch schottische Traditionen, aber nur wenige haben solchen Spaß daran wie Sharyn McCrumb. Sowohl mütterlicherseits als auch väterlicherseits fließt schottisches Blut in ihren Adern; dazu kommt, dass sie einen in Schottland geborenen Freund hat, der auf sehr unsanfte Art und Weise mit Hogmanay Bekanntschaft geschlossen hat. Weil er groß und dunkelhaarig war, wurde er regelmäßig am einunddreißigsten Dezember zehn Minuten vor Mitternacht mit ein paar Kohlestücken in der Tasche vor die Tür gesetzt. Indem er, kaum dass es Neujahr geschlagen hatte, als Erster den Fuß über die Türschwelle seiner Nachbarn setzte, brachte er allen Hausbewohnern für das kommende Jahr Glück. Was sein eigenes Glück betraf, so sah es damit nicht besonders aus ... Er war immer schon fast blau gefroren, bis er endlich seine gute Tat vollbracht hatte und zum Auftauen wieder heimgehen durfte. So überrascht es nicht, dass Sharyn McCrumb sich entschloss, über Hogmanay, den schottischen Silvesterabend, der dort wichtiger als Weihnachten ist, eine Geschichte zu schreiben. Nun, wer ist wohl in ihrer Geschichte der Glückliche? Lesen Sie selbst, und lassen Sie sich überraschen.

Er stand lange da und starrte zu dem Haus hoch, aber alles war ruhig. In einem Fenster im ersten Stock brannte Licht, aber hinter den Rollos waren keine flackernden Schatten zu sehen. *Leise rieselt der Schnee, still und starr ruht der See.* Louis musste grinsen. Weihnachten war für Leute seines Berufsstandes nicht allzu erfreulich. Die Leute blieben meistens zu Hause bei ihrer Familie: Es war der einzige Abend im Jahr, an dem jeder zu irgendeiner glücklichen Fernsehfamilie gehören wollte. Aber dieses Gemeinschaftsgefühl verbrauchte sich innerhalb einer Woche. Spätestens dann bekam jeder einen Koller und wünschte sich nichts sehnlicher, als von den angeheirateten Verwandten und den Bälgern fortzukommen. So war es jedenfalls in seiner Familie. Bis Silvester hatte seine Mutter sich von der freudigen Überraschung erholt, Pralinen von Anthony, Schaumbad von Michael und eine Flasche Parfum von Louis bekommen zu haben, und hatte wieder mit ihrer Nörgelei angefangen. Louis schenkte ihr immer eine Flasche Parfum. Er bevorzugte kleine, leichte Geschenke, die man problemlos und unauffällig in die Tasche stecken konnte.

Er bevorzugte es ebenfalls, den ewigen Diskussionen mit seinen liebsten und nächsten Angehörigen – ob er nun eine Arbeit annehmen oder sich für den Automechanikerkurs an der Volkshochschule einschreiben sollte – aus dem Weg zu gehen. Keiner dieser beiden Vorschläge sprach Louis besonders an. Ihm gefiel sein Tagesablauf, wie er war: bis elf Uhr schlafen, dann schnell einen Hamburger als spätes Frühstück und anschließend ein paar Stunden ehrenamtliche Arbeit im Tierheim.

Keiner im Tierheim hielt Louis für faul oder unmotiviert. Er war der Star unter den Helfern. Ihm machte es nichts aus, die Verschläge auszuspritzen oder die Futternäpfe zu säubern, aber am liebsten noch spielte er mit den Hunden und bürstete die zottigen Exemplare. Sie hatten nicht viel Geld im Heim, und so konnten sie es sich nicht leisten, ihm etwas zu zahlen. Sie brauchten ihre ganzen Mittel, um die Tiere zu ernähren und den Tierarzt zu bezahlen; im Heim war man strikt dagegen, ein gesundes Tier einzuschläfern. Louis war von Herzen mit dieser Regelung einverstanden, und deshalb machte es ihm auch nichts aus, umsonst zu arbeiten; im Gegenteil, manchmal, wenn das Geld im Tierheim knapp wurde, spendete er etwas von den Erträgen seiner nächtlichen Arbeit. Louis war der Meinung, dass reiche Leute Wohltätigkeitsverbände unterstützen sollten; sich selbst betrachtete er als eine Art Mittelsmann, nur dass seine Provision dabei neunzig Prozent betrug. Louis war auch der Meinung, dass Wohltätigkeit zu Hause beginnen sollte.

Weihnachten war eine gute Zeit für das Tierheim. Viele Menschen in Weihnachtsstimmung holten sich junge Katzen und Hunde oder verschenkten sie, und das Heim sah zu, dass für jedes abgeholte Tier eine Spende einging. Die Kasse dort stimmte momentan also, nur Louis' persönliche Mittel wurden allmählich etwas knapp. Weihnachten ist kein Fest für Einbrecher. Manchmal entdeckte er zwar ein leeres Haus, dessen Bewohner über Weihnachten verreist waren, aber normalerweise war dann die Nachbarschaft voller lärmender Leute, die jeden fremden Wagen, der vorüberfuhr, neugierig musterten. Man hätte glauben können, sie warteten auf den Weihnachtsmann.

Wenn Weihnachten schlecht für das Geschäft war, so war der Silvesterabend jedoch wie geschaffen dafür. Viele Leute gingen an diesem Abend auf Partys und kamen erst weit nach Mitternacht wieder nach Hause. Da sie nur den einen Abend weg waren, achteten sie nicht so sehr auf Sicherheitsvorkehrungen wie Leute, die über Weihnachten verreisten; Silvesterpartygänger neigten weniger dazu, Wertsachen zu verstecken, die Alarmanlagen einzuschalten oder die Polizei zu bitten, doch ein Auge auf ihr Grundstück zu haben. Louis hatte an diesem Silvesterabend schon fleißig gearbeitet. Er hatte so gegen neun Uhr angefangen, als selbst die spätesten Gäste bestimmt schon zu einer Party aufgebrochen waren, und hatte sich bisher in vier Häusern umgesehen; ein fünftes hatte er wegen eines Dobermannpinschers im Garten auslassen müssen. Louis hatte nichts gegen diese Rasse, aber er hielt sie für sehr unvernünftig und wenig geneigt, im Zweifel für den Fremden zu entscheiden.

Doch die anderen vier Häuser hatten mehr eingebracht. Das erste war von einem hochnäsigen weißen Perserkater »bewacht« worden, dessen Besitzer ihn zu füttern vergessen hatten. Louis hatte der Katze eine Dose mit Makrelen hingestellt und einen tragbaren Fernsehapparat, eine 35-mm-Kamera, einen CD-Player und eine CD-Sammlung mitgehen lassen. Die anderen Häuser waren ebenso lohnend gewesen. Ein Tag auf diversen Flohmärkten und bei Pfandleihern, dann sollte sich seine finanzielle Lage schon deutlich verbessert haben. Das war doch viel besser, als Autos zu reparieren. Louis war klar, dass Diebstahl und Autoreparatur einander fast nie ausschlossen, aber er fand, ein selbstständiger Einbrecher hätte eine angenehmere Arbeitszeit.

Er warf einen Blick auf seine Uhr. Kurz nach Mitternacht. Dies würde sein letzter Job für heute Abend werden. Louis wollte zu Hause sein, bevor die Betrunkenen auf dem Highway waren. Sein guter Vorsatz für das neue Jahr bestand darin, sich für ein Schusswaffenverbot und für strengere Gesetze bei Trunkenheit am Steuer einzusetzen. Er wandte seine Aufmerksamkeit wieder dem kleinen weißen Haus mit der Buchsbaumhecke und dem Gartenzwerg neben dem Vogelbad zu. Es bestand keine Gefahr, dass Louis *den* stehlen würde. Im Gegenteil, er war der Meinung, dass die Leute eigentlich dafür zahlen sollten, dass man ihnen ihre Gartenzwerge stahl. Eventuell ein vielversprechender Nebenerwerbszweig – er würde einmal darüber nachdenken müssen. Doch zuerst das naheliegende Geschäft.

Die Hecke schien hoch genug zu sein, um den Nachbarn den Einblick in den Hof zu verwehren. Das Haus gegenüber stand leer; ein großes gelbes »Zu verkaufen«-Schild war davor aufgestellt. Der Ziegelbungalow nebenan war zwar dunkel, aber von einem festen Metallgitterzaun abgeschirmt, und der Vorgarten war mit Flutlicht erleuchtet wie der Hof eines Gefängnisses. Louis schüttelte den Kopf: Schrecklich, Verfolgungswahn *und* schlechter Geschmack.

In der Auffahrt stand kein Wagen, ein vielversprechender Hinweis, dass niemand zu Hause war. Das längliche Küchenfenster sah verlockend aus. Es wurde teilweise von einem hohen Azaleenbusch verdeckt und sah aus wie die Art von Fenster, deren untere Hälfte sich nach außen hin aufklappen lässt und die einen Haken zum Feststellen haben, damit sie nicht zu weit aufgehen. Es lag ungefähr zwei Meter über dem Boden. Louis war versucht, unter dem Gartenzwerg nach einem Ersatzschlüssel zu suchen, beschloss aber, sich stattdessen das Fenster vorzunehmen. Einen Schlüssel zu benutzen, war unsportlich; außerdem würde ihm die Übung guttun. Wenn man als Einbrecher arbeitet, ist ein durchtrainierter Körper Gold wert.

Außerdem ging er viel zu Fuß. Heute Abend hatte Louis seinen alten VW ein paar Straßen entfernt geparkt, nicht so sehr wegen des Trainings, sondern damit sich später niemand an einen fremden Wagen in der Nachbarschaft erinnern konnte. Der lange Weg zurück zum Wagen beschränkte Louis' Beute auf den Inhalt von ein oder zwei Kopfkissenbezügen, die natürlich ebenfalls aus dem Einbruch stammten; aber er war ohnehin der Ansicht, dass die meisten Dinge, die sich zu stehlen lohnten, klein und leicht sein müssten. Die Kopfkissenbezüge verschenkte er dann an frischgebackene Eltern in seinem Bekanntenkreis und erklärte ihnen, dass sie genau die richtige Größe hatten, um damit die Matratze des Kinderbetts zu beziehen. Sie seien sogar noch besser als die eigens dafür hergestellten Laken, meinte er, denn wenn das Kind größer wurde, konnte man die Kopfkissenbezüge selbst verwenden. Man konnte Louis alles nachsagen, aber nicht, dass er sich nicht zu helfen wusste.

Als er näher ans Haus heranschlich, hielt er sich dicht an der Buchsbaumhecke. Nachdem er sich mit einem letzten Blick vergewissert hatte, dass kein Auto vorbeifuhr, sauste er auf den Azaleenbusch zu und kauerte sich hinter ihn, genau unter das längliche Fenster. Perfekt. Zum Glück war es an dem Abend nicht zu kalt – die Temperatur lag ungefähr bei null Grad, was um die Weihnachtszeit in Virginia normal war. Wenn es noch kälter wurde, behinderte das seine Fingerfertigkeit, und er hatte Schwierigkeiten, Türschlösser zu knacken und Fenster aufzubrechen. Das war sein Berufsrisiko. Heute Abend würde es keine Probleme geben, es sei denn, das Fenster war mit einem Innenriegel gesichert.

Das war es nicht. Es gelang ihm, sich auf das Fensterbrett hochzuziehen und das Fenster so weit nach außen zu drücken, dass er eine Hand hineinschieben und den Haken öffnen konnte. Nachdem er das bewerkstelligt hatte, benötigte er weitere zwanzig Sekunden, um sich durch das Fenster zu zwängen und auf der Resopalküchentheke neben der Spüle zu landen. Auf dem Fensterbrett war ihm eine Pflanze im Weg, aber er konnte sie auf die Küchentheke schieben, bevor er sich ganz durch das Fenster zwängte. Das einzige Geräusch, das er dabei machte, war ein dumpfer Aufprall, als er von der Theke auf den Boden sprang, kein Problem, wenn das Haus leer war.

Louis holte seine kleine, schmale Taschenlampe heraus und leuchtete die Küche ab. Sie war blitzblank. Er konnte sogar noch den Zitronenduft des Fußbodenreinigers riechen. Er ließ das Licht über den glänzenden weißen Kühlschrank wandern. Manche Leute versteckten ihre Wertsachen tatsächlich im Gefrierfach. Doch dort sah er immer erst zum Schluss nach. In der Ecke neben der Hintertür standen eine kleine Waschmaschine und ein Wäschetrockner, auf dem ein Stapel sauberer Wäsche lag. Louis glitt durch den Raum und sah sich die Wäsche an. Frauenkleidung – kleine Größen –, Handtücher, Tischtücher ... Ah, da waren sie ja! Kopfkissenbezüge. Er nahm zwei aus Leinen und beschnupperte sie anerkennend. Weichspüler. Sehr schön. Jetzt war alles bereit. Zeit, einkaufen zu gehen.

Er schlüpfte ins Esszimmer und ließ den Lichtstrahl über einen runden Eichentisch und Stühle mit leiterförmigen Rückenlehnen wandern. Zwei Frühstücksgedecke waren aufgelegt. Die waren aber früh dran. Salz- und der Pfefferstreuer sahen nach Silber aus. Sie hatten die Form eines Fasans. Louis steckte sie in den Kissenbezug und schaute sich das übrige Zimmer an. Das Glas des Geschirrschrankes reflektierte das Licht seiner Taschenlampe. Ein Haufen Teller mit Blumenmuster. Die würde er nicht nehmen. Er sah sich nach einem Kasten für das Silberbesteck um, fand aber keinen. Danach würde er später noch mal suchen. Zuerst wollte er einmal im Wohnzimmer nachsehen.

Louis beleuchtete forschend den Kamin, die mit Chintz bezogene Couch, auf der viele Kissen lagen, und den Bücherschrank mit seinen Glastüren. Auf dem Kaminsims standen ein paar Kerzenleuchter, die recht vielversprechend aussahen. Als er sich vorwärtsschlich, um sie näher zu inspizieren, ging das Licht im Zimmer an.

Louis, der wegen der plötzlichen Helligkeit blinzeln musste, drehte sich zur Treppe um und sah, dass er nicht mehr allein war. Die Deckenleuchte war von einer alten, gütig aussehenden Frau, die einen grünen Samtbademantel trug, angeschaltet worden. Louis machte sich auf einen Schrei gefasst, aber die alte Dame lächelte nur. Mit kleinen Schritten kam sie lächelnd die Treppe herunter. Louis starrte sie an und versuchte, sich eine plausible Geschichte zurechtzulegen. Die Frau konnte nicht größer als einen Meter fünfzig sein, und ihre blauen Augen funkelten in einem faltigen, aber freundlichen Gesicht. Sie rückte ihr weißes dauergewelltes Haar zurecht. Sie sah hocherfreut aus. Wahrscheinlich war sie senil, dachte Louis.

»Was bin ich froh, Sie zu sehen!«, sagte die Frau fröhlich. »Ich hatte schon befürchtet, es wäre meine Tochter Doris.«

Sie war *ganz bestimmt* senil, dachte Louis. »Nein, ich bin's nur«, sagte er und beschloss, das Spiel mitzuspielen. Er hielt den Kopfkissenbezug hinter dem Rücken versteckt.

»Es ist doch kurz nach Mitternacht, oder? Das ist ja großartig. Sonst müsste ich Sie bitten, noch einmal hinauszugehen und wieder hereinzukommen, wissen Sie.«

Jetzt erst fiel Louis ihr Akzent auf. Er klang irgendwie britisch. Aber was sie sagte, ergab keinen Sinn. »Wie bitte?«

»Ah, als Amerikaner kennen Sie diesen Brauch nicht, oder? Nun, Sie sind mir trotzdem willkommen. Was darf ich Ihnen anbieten?«

Louis begriff gerade noch rechtzeitig, dass sie etwas zu essen oder zu trinken und keine Juwelen oder Sparbriefe meinte. »Für mich nichts, danke«, sagte er, winkte ihr zaghaft zu und versuchte, sich durch die Vordertür davonzumachen.

Sie sah ganz bestürzt aus. »Oh nein, bitte! Sie müssen mir erlauben, dass ich Ihnen etwas anbiete. Sonst nehmen Sie das Glück wieder mit sich. Wie wäre es mit einem Stück Kuchen? Ich habe ihn heute erst gebacken. Und wie wär's mit einem schönen starken Drink? Schließlich ist Silvester.«

Sie wirkte immer noch nicht im Mindesten beunruhigt. Und sie versuchte auch nicht, ans Telefon zu kommen oder einen Alarm auszulösen. Louis fand, dass er tatsächlich einen Drink vertragen konnte.

Die alte Dame strahlte ihn an und bat ihn, ihr in die Küche zu folgen.

»Zwei ganze Tage habe ich gebacken«, vertraute sie ihm an. »Also schauen wir mal, was möchten Sie denn?«

Sie kramte im Küchenschrank, brachte eine Auswahl an Gebäck, das auf Glastellern lag, zum Vorschein und stellte diese anschließend auf den Küchentisch. Sie gab Louis einen Teller mit blauem Blumenmuster und bedeutete ihm, sich doch zu setzen. Als sie ins Esszimmer ging, um ein paar Stoffservietten zu holen, stopfte Louis schnell den Kissenbezug unter seinen Mantel, wobei er darauf achtete, dass die beiden Salz- und Pfefferstreuer nicht klirrend aneinanderstießen. Schließlich beschloss er, dass es am unauffälligsten wäre, bei der Sache mitzuspielen. Also setzte er sich.

»Nun«, verkündete sie, »hier haben wir Dundee-Kuchen mit getrockneten Früchten, Schokoladenplätzchen mit Mandeln, zwei verschiedene Arten Butterkuchen …«

Louis nahm sich ein flaches gelbes Plätzchen und knabberte daran, während seine Gastgeberin weitererzählte.

»Als ich noch ein kleines Mädchen war, damals in Dundee …«

»Wo?«

»Dundee. Schottland. Meine Mutter hat für jedes von uns Kindern immer einen runden Kuchen aus Hafermehl gebacken. Sie wissen schon, so einen kleinen. Diese Kuchen hatten in der Mitte ein Loch, und am Rand hatten sie Dellen als Verzierung. Sie würzte sie immer mit Kümmel. Und die aßen wir dann am Neujahrsmorgen. Es hieß, dass man im neuen Jahr krank werden oder sterben würde, wenn dieser Kuchen beim Backen zerbrach. Deshalb habe ich meiner Tochter Doris nie einen gebacken. Oh, aber die haben vielleicht geschmeckt!«

Louis blinzelte verwirrt. »Sind Sie aus Schottland?«

Sie stand jetzt am Herd, stellte einen großen Topf auf die Platte und rührte mit einem Holzlöffel darin um. »Ja, das stimmt«, sagte sie. »Seit Doris fünf war, sind wir hier in diesem Land. Mein Mann wollte hierherkommen, und das haben wir dann getan. Ich habe oft daran gedacht, wieder nach Hause zu fahren, jetzt, da er nicht mehr ist, aber Doris will davon nichts hören.«

»Doris ist Ihre Tochter«, sagte Louis. Er fragte sich, ob er wohl abhauen sollte, ehe sie kam – für den Fall, dass wenigstens sie sich als geistig normal erweisen würde.

»Ja. Sie ist inzwischen erwachsen. Sie arbeitet sehr schwer, meine Doris. Können Sie sich vorstellen, an Hogmanay arbeiten zu müssen?«

»Wann?«

»An *Hogmanay*, Silvester. Sie ist noch unterwegs, die Arme, bis ihre Schicht beendet ist. Deshalb war ich ja so froh, Sie heute Abend zu sehen. Wir können dieses Jahr etwas Glück brauchen, zum Beispiel eine Beförderung für Doris. Versuchen Sie doch etwas von dem Dundee-Kuchen. Er ist sehr schwer, aber Sie können die Kalorien ja vertragen, so wie Sie aussehen.«

Louis nahm sich ein Stück von dem Kuchen; immer noch bemühte er sich, einen Sinn in dieser Unterhaltung zu entdecken. Er wollte wissen, warum er so willkommen war. Offensichtlich hatte sie ihn mit jemandem verwechselt. Und sie schien sich auch überhaupt nicht zu fragen, was er mitten in der Nacht in ihrem Haus machte. Er suchte weiter nach einem Weg, die Frage so zu formulieren, dass er sich nicht selbst belastete.

Dampf stieg in weißen Spiralen aus dem Topf am Herd hoch. Die alte Dame schnupperte an den Schwaden und nickte kurz. »Gut. Das dürfte jetzt fertig sein. Sagen Sie mir, junger Mann, sind Sie schon alt genug für etwas Geistiges?«

Nach einem Augenblick des Zögerns wurde Louis klar, dass sie ihm etwas zu trinken und keine Geisterbeschwörer anbot. »Ich bin zweiundzwanzig«, murmelte er.

»Dann sind Sie alt genug.« Sie schöpfte die dampfende Flüssigkeit in zwei Becher und stellte einen vor ihn hin.

Louis roch daran und runzelte die Stirn.

»Das ist Bierpunsch«, erklärte die alte Dame, ehe er noch fragen konnte. »Es ist ein althergebrachtes Getränk, das man dem Erstfüßler anbietet. Es besteht aus Schnaps, Zucker, Bier und Eiern. Als ich noch ein kleines Mädchen war, wurde es in einem Kessel von Tür zu Tür getragen, damals in Dundee. Nicht, dass ich selbst viel trinken würde. Doris passt immer auf meinen Blutdruck auf. Aber heute Abend ist schließlich Hogmanay, und ich habe mir gesagt: Flora, warum setzt du nicht einen Topf Bierpunsch auf den Herd? Man weiß nie, wer noch vorbeikommt. Und wie Sie sehen, hatte ich recht. Hier sind Sie!«

»Hier bin ich«, stimmte Louis zu und nahm einen kräftigen Schluck von dem Getränk. Es schmeckte ein bisschen wie Eierflip. Nicht schlecht. Wenigstens war Alkohol drin. Aber er würde nicht mehr als einen Becher trinken. Er musste ja noch nach Hause fahren.

Die alte Dame setzte sich neben Louis und hob ihren Becher. »Also, auf uns. Wie heißen Sie, junger Mann?«

»Louis«, sagte er schon, ehe er sich versah.

»Also, Louis, auf uns! Und nicht zu vergessen, auf die Beförderung von Doris.« Sie stießen mit den Bechern an und tranken auf das neue Jahr. Flora tupfte sich mit einer Leinenserviette die Mundwinkel ab und nahm sich ein Stück Butterkuchen. »Ich muss mir vornehmen, im neuen Jahr weniger davon zu essen«, meinte sie. »Sonst wird Doris mich noch zum Joggen verdonnern.« Louis nahm ebenfalls ein Stück, um ihr Gesellschaft zu leisten. Es schmeckte sehr gut. »Hatten Sie ein schönes Weihnachtsfest?«, fragte er höflich.

Flora lächelte. »Nach amerikanischen Maßstäben vielleicht nicht. Doris hatte frei, und am Morgen sind wir gemeinsam in die Kirche gegangen, und abends haben wir Roastbeef zum Dinner gegessen. Sie hat mir Badesalz und ich ihr einen Schirm geschenkt. Sie verliert ständig ihren Schirm. Ich vermute, das ist in Ihren Augen ein reichlich trauriges Weihnachten, aber als ich noch ein kleines Mädchen war, damals in Schottland, da wurde Weihnachten nicht so groß gefeiert. Nicht einmal die Geschäfte machten zu. Bei uns wurde es in erster Linie als religiöses Fest und dann noch als Riesenspaß für die Kinder angesehen. Für die Erwachsenen war Silvester der Tag zum Feiern.«

»Eine gute Idee«, knurrte Louis. »Hier bei uns werden große Erwartungen geweckt, solange man ein Kind ist, aber kaum ist man erwachsen, ist man jedes Jahr deprimiert, weil Weihnachten plötzlich nur noch Krawatten und Langeweile bedeutet.«

Flora nickte. »Oh, aber Sie hätten Hogmanay erleben sollen, als ich noch ein kleines Mädchen war! Ganz gleich, wie das Wetter war, die Leute in Dundee haben sich immer auf dem Rathausplatz versammelt, um dort das Ende des alten Jahres zu erwarten. Und alle haben sich amüsiert und die alten Lieder gesungen …«

»Auch ›Auld Lang Syne‹?«, fragte Louis.

»Natürlich, das ist ein schottisches Lied«, meinte Flora nickend. »Aber wir haben auch noch eine Menge anderer alter Lieder gesungen. Und es wurde getanzt. Und dann, wenn es nur noch zehn Minuten bis Neujahr waren, wurde jeder still. Alle haben gewartet. Da stand man dann auf dem dunklen Platz, der Atem wurde in der Luft zu Reif, und die Sterne funkelten auf die Welt herunter wie Schneeflocken auf Samt. Und es war so still, dass man das Ticken der Taschenuhren der Männer hören konnte.«

»So wie bei uns auf dem Times Square«, sagte Louis und betrachtete sinnend den Grund seines Bechers.

Flora nahm den Becher und füllte ihn ein zweites Mal mit Bierpunsch. »Nachdem man das neue Jahr begrüßt hatte, gingen alle Besuche machen und spielten Erstfüßler bei ihren Nachbarn. Nach meinem Vater herrschte immer große Nachfrage, groß und dunkelhaarig, wie er war. Und er hatte immer ein paar Stück Kohle in seinem Mantel, um sicherzugehen, dass er auch willkommen war.«

»Was«, fragte Louis, »ist denn ein *Erstfüßler* überhaupt?«

»Nun, das ist ein alter Aberglaube«, sagte Flora nachdenklich. »Ziemlich heidnisch, glaube ich, wenn das stimmt, was man sagt. Aber das kann man nie so genau wissen, nicht wahr? Sie haben nicht zufälligerweise ein Stück Kohle dabei?«

Louis schüttelte den Kopf.

»Na ja. Sie haben nach den Erstfüßlern gefragt.« Sie holte tief Luft, als wollte sie ihn warnen, dass nun eine langatmige Erklärung folgte. »In Schottland ist es Tradition, dass die erste Person, die nach Mitternacht an Hogmanay über Ihre Türschwelle tritt, Ihr Glück im kommenden Jahr symbolisiert. Der erste Fuß, der Ihr Haus betritt, verstehen Sie.«

Louis nickte. *Ist es ein Glück, wenn man ausgeraubt wird?*, überlegte er.

»Das Glück ist dann am größten, wenn der Erstfüßler ein großer dunkelhaariger Fremder mit einem Klumpen Kohle in der Tasche ist. Manchmal haben Freunde unserer Familie einen großen dunkelhaarigen Hausgast, den wir bisher noch nicht kannten, zu uns geschickt, damit wir einen Fremden als Erstfüßler hatten. Der Rest der Gesellschaft kam dann immer ein paar Minuten später nach.«

»Ich schätze, die Personenbeschreibung trifft auf mich ganz genau zu«, bemerkte Louis. Er war mehr als einen Meter achtzig und sah italienischer aus als Al Pacino. Seine Onkel nannten ihn immer *Luigi*.

»Das stimmt«, sagte Flora lächelnd. »Großes Pech bedeutet es aber, wenn der Erstfüßler an Neujahr eine kleine blonde Frau ist, die mit leeren Händen kommt.«

Louis fiel wieder ein, was die alte Frau zu ihm gesagt hatte.

»Dann ist Doris also klein und blond?«

»Das ist sie. Sie hat ihre Größe, oder besser gesagt die fehlenden Zentimeter, von mir. Und sie denkt auch nie daran, ein Stück Kohle einzustecken oder ein kleines Geschenk mit nach Hause zu bringen, um dem Glück etwas nachzuhelfen. Seit Colin gestorben ist, war Doris immer der Erstfüßler in diesem Haus, und wo hat uns das hingebracht? Sie muss Überstunden machen und hat nur wenig freie Zeit, und ich habe Rheuma, und mein Geld wird auch nie mehr – während jedes Jahr die Preise steigen. Wir könnten allmählich etwas mehr Glück vertragen. Einen Lottogewinn vielleicht.«

Louis lehnte sich im Stuhl zurück, hin und her gerissen zwischen Höflichkeit und Vernunft. »Glauben Sie wirklich an all das Zeug?«

Sie lächelte traurig. »Wem schadet es schon? Wenn man älter wird, dann ist es schwer, die Gewohnheiten und Sitten abzustreifen, die man als junger Mensch angenommen hat. Das werden Sie schon noch erleben.«

Louis fielen keine familiären Bräuche ein, außer dass man immer vor dem laufenden Fernsehapparat aß und nie den letzten Würfel aus dem Eisfach nahm – damit man die Schale nicht auffüllen musste. Mehr hatte er seiner Ansicht nach nicht mit den Menschen gemeinsam, mit denen er zusammenlebte. Er dachte kurz daran, Flora von seiner Arbeit im Tierheim zu erzählen, beschloss aber, dass das zu gefährlich wäre. Sie kannte ja schon seinen Namen. Jede weitere Information würde es ihr und der Polizei ermöglichen, ihn innerhalb von Stunden ausfindig zu machen. Das heißt, falls sie jemals kapieren sollte, dass sie bestohlen worden war.

»Haben Sie Haustiere?«, fragte er.

Flora schüttelte den Kopf. »Wir hatten mal einen kleinen Hund, aber der ist alt geworden und vor ein paar Jahren gestorben. Ich wollte keinen anderen mehr, und Doris hat zu viel mit ihrer Arbeit zu tun, als dass sie sich mit mir um einen neuen Hund kümmern könnte.«

»Ich könnte Ihnen einen netten kleinen Hund besorgen, aus dem …« Er unterbrach sich gerade noch rechtzeitig. »Nun, vergessen Sie's. Sie haben recht. Hunde machen mehr Arbeit, als die meisten Leute glauben. Oder *sollten* es jedenfalls.«

Flora strahlte ihn an. »Was sind Sie doch für ein netter junger Mann!«

Nervös erwiderte er ihr Lächeln.

Louis knabberte noch ein Stück Butterkuchen, während er über sein Dilemma nachdachte. Man hatte ihn beim Einbruch in ein Haus ertappt, und die Beweisstücke für die restlichen Einbrüche des Abends lagen im Kofferraum seines Volkswagens. Das Logischste wäre, die liebe alte Dame zu töten, damit er sich keine Sorgen machen müsste, erwischt zu werden. Logisch ja, aber unangenehm. Louis war kein Killer. Die alte Dame erinnerte ihn an einen der vielen Cockerspaniels mit den traurigen Augen aus dem Tierheim. Manchmal brachten die Leute Haustiere, weil sie sie einfach nicht mehr haben wollten oder weil sie umzogen. Oder weil das Kind gegen das Tier allergisch war. Oft baten diese Leute darum, das Tier einzuschläfern, was Louis schrecklich ärgerte. Glaubten sie vielleicht, nur weil sie das Tier nicht mehr mochten, durfte es auch sonst niemand haben? Was wäre, wenn es bei einer Scheidung genauso zuginge? Louis verstand ja noch, wenn man einen alten Hund, der schwach und leidend war, einschläferte, aber doch nicht einfach nur, weil er den Besitzern lästig geworden war. Er nahm an, dass er diese Einstellung auch auf seine Gastgeberin anwenden musste, selbst wenn sie eine Gefahr für seine Karriere darstellte. Flora war alt, sicher, aber schließlich war sie weder schwach noch leidend. Im Gegenteil, sie schien ziemlich lebenslustig und glücklich zu sein, und Louis wollte sie nicht einfach nur so aus dem Weg schaffen, weil es zweckmäßiger für ihn war. Schließlich hatten auch Menschen Rechte, genau wie die Tiere.

Er fragte sich, was er wohl stattdessen mit ihr anstellen sollte. Die Sache schien auf zwei Möglichkeiten hinauszulaufen: Er konnte sie fesseln, das Haus zu Ende ausrauben und dann verschwinden, oder er konnte seinen Bierpunsch austrinken und gehen, so als sei er ein ganz normaler – wie hieß das gleich noch? – *Erstfüßler*.

Er lehnte sich auf dem Stuhl zurück, überdachte die Lage und verspürte einen scharfen Stich in der Seite. Nach einem Augenblick des Überlegens kam er dahinter, was es gewesen war: der Schwanz des wie ein Fasan geformten Salzstreuers. Er hatte das Paar in den Kopfkissenbezug gesteckt, der jetzt unter seinem Mantel verborgen war. Ihm fiel keine Möglichkeit ein, seine Beute loszuwerden, ohne Verdacht zu erregen. Denn *dann* würde sie vielleicht begreifen, dass er ein Einbrecher war; *dann* würde sie vielleicht in Panik verfallen und versuchen, die Polizei zu rufen; und *dann* würde er sie erschlagen müssen, um einer Festnahme zu entgehen. Das war keine einladende Vorstellung. Louis beschloss, dass es am nettesten wäre, sie zu fesseln, seine Arbeit zu beenden und zu gehen.

Flora erzählte immer noch von schottischen Kuchen und hausgemachter Glasur, aber er hörte nicht zu. Er fand, dass es ziemlich unhöflich wäre, seine Gastgeberin zu bedrohen, während sie noch einen Bissen Kuchen im Mund hatte, aber dann sagte er sich, dass sie auch ziemlich unhöflich gewesen war. Schließlich hatte sie nichts über ihn gefragt. Das war gedankenlos von ihr. Eine gute Gastgeberin sollte ein höfliches Interesse an ihrem Gast bekunden.

Flora nicht enden wollende Geschichte schien nun doch zu einem Ende gekommen zu sein. Sie schaute auf die Küchenuhr. Es war kurz nach eins. »Nun«, sagte sie und strahlte Louis glücklich an. »Es wird allmählich spät. Kann ich Ihnen einen *Wee doch and dorris* anbieten?«

Louis blinzelte fragend. »Einen was?«

»Einen Drink, junger Manne. *Wee doch and dorris* ist der schottische Ausdruck für einen Abschiedstrunk. Einen für unterwegs, wie Sie hier sagen. Einen Scotch vielleicht?«

Er schüttelte den Kopf. »Ich fürchte, nein«, sagte er. »Ich muss wirklich gehen, aber vorher, fürchte ich, muss ich Sie fesseln.«

Er machte sich auf Tränen oder schlimmer noch auf einen Schrei gefasst, aber die alte Dame nahm einfach noch einen Schluck von ihrem Getränk und wartete ab. Sie lächelte zwar nicht mehr, machte aber auch keinen verängstigten Eindruck. Louis spürte, wie ihm die Hitze in die Wangen stieg, und er wünschte sich, er könnte einfach so verschwinden. Von Einbrechern erwartete man normalerweise nicht, dass sie mit den Leuten Umgang pflegten; das gehörte nicht zu ihrem Berufsbild. Wer emotionsgeladene Szenen mochte, der wurde bewaffneter Räuber. Louis aber hasste Konfrontationen.

»Ich hoffe, Sie haben deswegen kein Pech im neuen Jahr«, murmelte er, »aber ich bin nur hier, um zu stehlen. Sehen Sie, ich bin Einbrecher.«

Flora, die ihn immer noch fest ansah, nickte. Nicht die geringste Überraschung zeigte sich auf ihrem Gesicht.

»Mir hat der Kuchen und alles andere wirklich geschmeckt, aber Geschäft ist Geschäft.«

»In Schottland sagt man, dass es Unglück bringt, wenn man etwas Böses tut, nachdem man die Gastfreundschaft des Hauses genossen hat«, sagte die alte Dame ruhig.

Louis zuckte mit den Achseln. »Und in Amerika bringt es Unglück, wenn man die Raten für sein Auto nicht bezahlen kann.«

Sie erwiderte nichts auf diese Bemerkung, sondern starrte ihn nur weiter unverwandt an. Wenigstens wurde sie nicht hysterisch. Beinahe wünschte er sich, er hätte die ganze Sache aufgegeben.

Louis räusperte sich und fuhr fort: »Der Grund, warum ich Sie fesseln muss, ist folgender: Zum einen muss ich weiter das Haus durchsuchen, und außerdem muss ich dafür sorgen, dass Sie erst dann um Hilfe rufen können, wenn ich schon weit weg bin. Aber ich werde Sie nicht schlagen oder so.«

»Das ist nett von Ihnen«, meinte sie trocken. »Da im Schrank in der untersten Schublade links, ist noch ein Stück Wäscheleine.«

Er schaute sie misstrauisch an. »Versuchen Sie bloß keine Tricks, okay? Ich will Ihnen nicht wehtun müssen.« Er hatte zwar keine Schusswaffe bei sich (es hätte ja eigentlich niemand zu Hause sein sollen), aber sie wussten beide, welch beträchtlichen Schaden ein starker junger Mann wie Louis einer zierlichen alten Dame wie Flora zufügen konnte – mit den Fäusten, einem Kerzenleuchter: Fast alles konnte da als Waffe dienen.

Er ließ sie nicht aus den Augen, als er sich an den Schrank schob und in die Hocke ging, um die Schublade aufzuziehen. Auch sie beobachtete ihn, machte aber keine Anstalten, von ihrem Stuhl aufzustehen. Als er die Schublade geöffnet hatte, sah er eine weiße Wäscheleine fein säuberlich zusammengerollt auf einem Stapel Papiertüten liegen. Beträchtlich erleichtert, dass alles so unkompliziert ablief, nahm er die Leine und kehrte zu der alten Dame zurück.

»Okay«, sagte er ein klein wenig nervös. »Ich werde Sie jetzt fesseln. Entspannen Sie sich. Ich werde die Fesseln nicht so eng schnüren, dass sie Ihnen das Blut abschneiden, aber ich habe damit nicht allzu viel Erfahrung, wissen Sie. Bleiben Sie einfach so auf dem Stuhl sitzen und stellen Sie die Füße flach auf den Boden.«

Sie tat, wie ihr geheißen wurde, und er kniete sich hin und fesselte ihre Füße mit der Wäscheleine an die Stuhlbeine. Er hoffte, dass es nicht allzu schmerzvoll war, aber er konnte es nicht riskieren, dass es ihr möglich war zu fliehen. Um sein unbehagliches Gefühl angesichts des stummen Vorwurfes seiner Gastgeberin zu überspielen, fing Louis während seiner Arbeit nervös zu pfeifen an. Das war wahrscheinlich auch der Grund, warum er die Geräusche nicht hörte.

Die erste Ahnung, dass irgend etwas nicht stimmte, überfiel ihn, als Flora sich plötzlich in ihrem Stuhl entspannte. Er schaute schnell auf und dachte: »Oh Gott, das alte Mädchen hat einen Herzanfall!« Aber ihre Augen waren offen, und sie lächelte. Sie schien auf etwas direkt hinter ihm zu schauen. Langsam drehte Louis den Kopf zur Hintertür. Eine kleine blonde Frau von ungefähr dreißig Jahren stand dort unter der Tür. Sie hatte eine dunkelblaue Uniform an und einen entschieden unfreundlichen Ausdruck im Gesicht. Doch Louis beunruhigte an dem Eindringling am meisten, dass die Frau breitbeinig dastand und einen Dienstrevolver in beiden Händen hielt, dessen Mündung genau auf Louis' Kopf zielte. Louis, dem allmählich die Verbindung zwischen den beiden dämmerte, schaute von der blonden Frau zu Flora und wieder zurück. Eine Geste mit dem Revolverlauf ließ ihn langsam vom Stuhl zurückweichen und die Arme hochnehmen.

»Das ist meine Tochter Doris«, sagte Flora ruhig. »Sie ist Polizistin. Sie sehen, Louis, Sie haben uns Glück gebracht. Ich bin sicher, dass sie jetzt endlich ihre Beförderung bekommen wird!«

Henry Slesar
Der Mann, der Weihnachten liebte

Henry Slesar ist einer der fleißigsten Autoren auf diesem Gebiet. Er hat eine unglaubliche Anzahl von Kurzgeschichten geschrieben, dazu viele Film- und Fernsehdrehbücher für Alfred Hitchcock und andere Regisseure. Auch das Drehbuch zu einer Fernsehserie, die lange Zeit sehr erfolgreich lief. Deshalb vermag es uns kaum zu überraschen, dass Henry Slesar sich als Helden für seine Weihnachtsgeschichte einen Perfektionisten ausgesucht hat, der es mit der Gestaltung seiner Feiertage etwas übertrieb und dabei einen Schritt zu weit ging.

Als Lev Walters die Hand seiner Frau auf der Schulter spürte, war er überzeugt, dass es wegen des Babys war. Toll, dachte er, vielleicht kommt das Kind doch noch an Weihnachten zur Welt! Wochenlang hatten sie diese Möglichkeit diskutiert und sich gefragt, ob John Alexander Walters wohl etwas dagegen haben könnte, seinen Geburtstag mit jemandem zu teilen, der etwas bekannter war als er. (Sie kannten das Geschlecht des Kindes, da Elly eine Fruchtwasseruntersuchung hatte machen lassen. Sie war zweiunddreißig, und es war ihr erstes Kind, warum also ein Risiko eingehen?) Aber sobald Lev ganz wach war, was länger als sonst dauerte, da er bis zwei Uhr morgens Geschenke eingepackt hatte, wusste er, dass Wehen nicht der Grund für diesen Weckruf waren. Elly hielt den Telefonhörer in der linken Hand. Das hatte immer dasselbe zu bedeuten. Lev Walters war nämlich Polizist.

Captain Ab Peterson beantwortete seine erste Frage schon, bevor er sie überhaupt gestellt hatte. »Nein, Sam ist nicht da. Auf der Interstate hat es einen Unfall gegeben, in den drei Wagen verwickelt sind, wohl zu viele Eierflips, schätze ich. Ich habe nur Lutz und den Kleinen hier, und keiner der beiden hat genügend Grips für die Sache.«

»Wofür?«, fragte Lev.

»Für eine Vermisstenmeldung«, sagte Ab. »Ein gewisser Barry Methune aus der Holly Road ist letzte Nacht verschwunden.«

»Du machst dich wohl lustig über mich«, sagte Lev. »Niemand wird offiziell als vermisst gemeldet, wenn er nicht wenigstens achtundvierzig Stunden verschwunden ist.«

»Dieser Kerl ist aus seinem eigenen Bett verschwunden, und seine Frau ist ziemlich hysterisch. Er hat zwei Kinder, die haben noch nicht einmal ihre Geschenke ausgepackt, und ihr Daddy ist einfach verschwunden … Sprich wenigstens mit der Frau, okay? Sie wohnt nur zehn Minuten von dir entfernt.«

Lev wusste, dass er es tun würde, trotz Ellys schmollender Miene. In Lewisfield gab es ohnehin nur sechs Polizisten, und an Feiertagen war es von der Organisation und vom emotionalen Druck her immer besonders schlimm, aber nie so schlimm wie an Weihnachten. Lev hatte zwei Tage eingetauscht, um am ersten Feiertag zu Hause sein zu können, aber da stand er nun, zog seine Socken hoch, stolperte in seine Hosen und bereitete sich innerlich darauf vor, einer Hausfrau die Hand zu halten, deren Mann wahrscheinlich zu viele Eierflips getrunken hatte, um noch zu wissen, wo er wohnte.

»Bleib nicht so lang«, bat Elly. »Ich habe keine Lust, das Baby ohne dich zu kriegen.«

»Ohne mich hättest du es auch nicht gekriegt«, sagte Lev. Er rückte, so nahe ihr Bauch es zuließ, an sie heran und gab ihr einen Kuss.

Lev Walters hatte alle vierunddreißig Jahre seines Lebens in Lewisfield verbracht und mit angesehen, wie diese Stadt sich wie ein wuchernder Fleck ausgebreitet hatte, um zu einem Vorort der Nachbarstadt zu verkommen. Das Wachstum hatte die Stadt zwar reich gemacht, aber das Gefühl der Zusammengehörigkeit unter ihren Bewohnern war dabei verloren gegangen. Es waren auch neue Wohnviertel entstanden, und die Holly Road, eine Ansammlung klitzekleiner Häuschen mit briefmarkengroßen Vorgärten, gehörte dazu.

Weihnachten hatte die Holly Road noch in anderer Hinsicht gleich gemacht. Fast an jeder Tür hing ein Kranz, und fast in jedem Fenster strahlte oder blinkte ein Weihnachtsbaum. Doch als sein Kombi in die Auffahrt des Hauses der Familie Methune bog, musste selbst Lev sich die Augen reiben. Hätte es einen Wettbewerb für das am weihnachtlichsten herausgeputzte Haus in Lewisfield gegeben, hätten die Methunes sicher den ersten Preis gewonnen. Im Vorgarten stand ein lebensgroßer Schlitten mit einem Plastik-Santa-Claus, der die Zügel von vier Plastikrentieren in Händen hält, von denen eines eine winzige rote Glühbirne als Nase hatte. Auf der Veranda stand eine Krippe mit fast lebensgroßen Figuren, um die man bunte Lichterketten geschlungen hatte, sodass das Jesuskind die Gelbsucht zu haben schien und seine Anbeter in Grün, Orange und Blau erstrahlten. Lichterketten schmückten auch alle Dachrinnen und Fallrohre, die Fenster und die Haustür. Auf dem Rasen standen zwei festlich beleuchtete Weihnachtsbäume, doch keiner reichte an den heran, der drinnen im Haus war: ein Baum von fast zwei Metern, der mit jedem nur erdenklichen Schmuck behangen war und unter dem eine Unmenge bunter Päckchen, alle noch ungeöffnet, lagen.

»Bei Ihnen scheint man Weihnachten ja sehr zu lieben«, murmelte er, als Mrs. Methune ihn ins Haus ließ.

»Das ist mein Mann«, sagte die Frau und unterdrückte ein Schluchzen. »Das macht es ja so schrecklich. Das so etwas ausgerechnet *heute* passieren musste!«

»Das was passieren musste?«, fragte Lev.

Sie war eine schlanke, hübsche Frau mit zurückgekämmtem Haar und leicht vorstehenden Zähnen, die ihr das mitleiderregende Äußere eines verängstigten Häschens verliehen. Zum Glück hatte sie dunkle Augen und einen festen Mund, obwohl die Ersteren jetzt tränenverschmiert waren und der Letztere leicht zitterte.

»Wir sind kurz nach Mitternacht ins Bett gegangen, Barry und ich. Die Kinder gehen normalerweise um neun Uhr schlafen, aber sie waren so aufgekratzt, dass wir sie bis um zehn aufbleiben ließen. So hatten wir noch zwei Stunden Zeit, um die vielen Geschenke unter den Baum zu legen. Wir waren natürlich beide erschöpft, aber Barry war glücklich, so glücklich, wie er um diese Jahreszeit immer ist. Dieser Mann hat Weihnachten so sehr geliebt. Ich schwöre Ihnen, er hat schon am sechsundzwanzigsten Dezember damit angefangen, für Weihnachten im nächsten Jahr zu planen.«

»Um wie viel Uhr sind Sie aufgewacht?«

»Um sieben. Ich hatte mir den Wecker gestellt, weil ich nicht lange schlafen wollte; ich wusste, dass Dodie und Amanda – das sind meine kleinen Mädchen – bereits bei Tagesanbruch wach sein und ungeduldig darauf warten würden, ihre Geschenke zu öffnen. Ich war nicht überrascht, als ich sah, dass mein Mann bereits aufgestanden war. Barry hat normalerweise einen tiefen Schlaf, aber dieser Morgen war ihm der liebste im ganzen Jahr …«

»Ihr Schlafzimmer ist oben?«

»Ja. Ich zog mir den Morgenmantel über und kam herunter; und wie ich es mir gedacht hatte, waren die Kinder schon da und schüttelten an ihren Päckchen, um herauszufinden, was Santa Claus ihnen gebracht hatte. Das meine ich übrigens wirklich so, denn Dodie ist fünf und Amanda noch keine sieben, und beide glauben immer noch an den Weihnachtsmann oder tun jedenfalls so … Barry wollte, dass sie daran glauben.« Sie schluckte die aufsteigenden Tränen hinunter. »O mein Gott, ich rede ja schon in der Vergangenheit von ihm! Sagen Sie mir, dass ich das nicht muss, bitte!«

»Das brauchen Sie auch nicht«, sagte Lev mit fester Überzeugung. »Es gibt Dutzende möglicher Erklärungen für das Verschwinden Ihres Mannes, Mrs. Methune, und die Chancen stehen sehr gut, dass er in den nächsten paar Stunden wieder durch diese Tür hereinkommen wird.«

»Ich habe die ganze Zeit versucht, wenigstens *eine* Erklärung zu finden«, sagte sie. »Nur *eine*, an die ich mich halten kann. Aber ich kann nicht. Ich kann es einfach nicht!«

»Okay, versuchen wir es doch mal damit: Er ist aufgewacht und hat festgestellt, dass er ein Geschenk im Büro vergessen hat. Also dachte er sich, er würde mal kurz den Wagen nehmen …«

»Nein«, sagte die Frau bestimmt. »Das hat er nicht getan. Wir haben zwei Wagen, seinen Ford und meinen kleinen Mazda. Sie stehen beide in der Garage. Und er ist auch nicht zu Fuß ins Büro gegangen, es liegt in der Stadt, in Dayton. Er hat dort eine kleine Firma, die chirurgische Instrumente liefert. Er besitzt zwar ein Motorrad, aber das ist auch hier.«

»Er hat vielleicht ein Taxi gerufen. Das ist doch nicht auszuschließen, oder?«

»Mitten in der Nacht? Warum sollte er das tun?«

Lev wusste es nicht.

Aber er spekulierte weiter.

»Vielleicht hat ihn jemand abgeholt. Wenn ein Wagen vorgefahren ist, haben Sie das vielleicht nicht gehört, weil Sie so müde waren und so fest geschlafen haben.«

»Das ist ja noch schlimmer. Ein Wagen, der ihn abgeholt hat! Wer hat ihn gefahren? Wo wollten sie hin?« Er setzte zu einer Antwort an, ließ es aber bleiben. »Sie denken an eine andere Frau, nicht wahr? Dass er sich ausgerechnet Weihnachten ausgesucht hat, um mit einer anderen Frau durchzubrennen! Gott, wie kann man so etwas nur sagen!«

Lev unterließ es, sie darauf hinzuweisen, dass er das ja gar nicht gesagt hatte; trotzdem war ihm dieser Gedanke schon die ganze Zeit im Kopf herumgespukt.

»Gut«, sagte er. »Dann hören wir auf zu spekulieren und halten uns an die Tatsachen. Seine Kleider zum Beispiel.«

»Die sind alle hier«, sagte Mrs. Methune. »Zumindest glaube ich das. Ich habe keine Liste von Barrys Kleidungsstücken angelegt, so wenig, wie er von den meinen eine hat. Aber ich weiß, dass er fünf Anzüge hat, und die sind alle im Schrank. Er besitzt ein Set von drei Koffern, und die sind auch alle dort, wo sie hingehören. Würde er mit jemandem davonlaufen, ohne wenigstens seine Zahnbürste einzupacken? Die ist nämlich auch hier.«

Lev räusperte sich; er wollte sichergehen, dass sie ihn auch nicht missverstand.

»Ich habe bisher ein paar Fälle bearbeitet, Mrs. Methune, in denen Ehemänner sich aus dem Staub gemacht haben. Die können da sehr einfallsreich werden. Einer hat über Monate hinweg alle seine Kleidungsstücke in die Reinigung gebracht und für die Lieferung eine neue Adresse angegeben. Bevor seine Frau begriff, was vor sich ging, waren praktisch alle seine Sachen aus dem Haus.«

»Aber ich sagte Ihnen doch eben …«

»Ich weiß, ich weiß. Seine ganzen Sachen sind hier. Aber manche Männer sind dazu bereit, sich eine komplett neue Garderobe zuzulegen, wenn sie ein neues Leben beginnen.« Er fühlte sich miserabel, als der Satz ausgesprochen war.

»Vielleicht wollte Barry mich ja verlassen«, sagte die Frau, und ihr traten die Tränen in die Augen. »Ich weiß es nicht. Er hat sich nie so benommen. Aber seine Kinder? Seine über alles geliebten kleinen Mädchen? Und noch dazu an Weihnachten, dem wichtigsten Tag in ihrem Leben?« Sie schüttelte so heftig den Kopf, dass das elastische Band aufging, das ihr Haar zusammenhielt. Dabei fiel das braune Haar in alle Richtungen; sie sah jetzt noch jünger und hübscher aus, und Lev wurde von einem so heftigen Zweifel an seiner bisherigen Theorie befallen, dass es schon fast unheimlich war. Wo steckte Barry Methune? Welcher Weihnachtsgeist hatte ihn von seiner Familie fortgezaubert?

Lev verließ das Wohnviertel erst gegen drei Uhr nachmittags, und schuldbewusst fiel ihm plötzlich ein, dass er nicht einmal Elly angerufen hatte, um sich zu erkundigen, ob die Wehen schon eingesetzt hatten. Auf dem Heimweg übertrat er mehrmals die örtliche Geschwindigkeitsbeschränkung und verließ sich ganz darauf, dass ihn seine Dienstmarke vor Ärger bewahren würde. Zum Glück wurde er nicht angehalten. Und noch größeres Glück hatte er, dass Elly nicht zu Hause war. Sie hatte ihre Schwester besucht und entschuldigte sich bei *ihm*. Lev nahm ihre Entschuldigung huldvoll entgegen.

Als er ihr von dem Methune-Fall erzählte, identifizierte Elly sich wie immer mit der Frau.

»Wenn du mir jemals so etwas antun solltest, Bulle, dann kratze ich dir die Augen aus.«

»Aber wir wissen doch gar nicht, was Methune getan hat. Seine Frau weiß nichts. Und die Nachbarn auch nicht.«

»Hast du mit ihnen gesprochen?«

»Ich habe die halbe Straße abgeklappert. Niemand hat gesehen, dass Methune das Haus verlassen hätte, niemand hat mitten in der Nacht ein Auto gehört. Ich habe sogar mit seinen Kindern gesprochen, zwei kleinen Mädchen – zwei Gesichtchen wie gemalt. Wenn du mir so ein Kind schenkst, dann hätte ich nichts dagegen.«

»Du bekommst einen Jungen, vergiss das nicht.«

»Das sagst du die ganze Zeit, aber wann?«

Ellys Antwort klang wehmütig. »Nicht an Weihnachten, so wie es aussieht … Was hast du da vorhin über den Mann erzählt? Dass er nicht jedes Weihnachten zu Hause sein kann?«

»Das hat mir seine Frau erzählt. Er hat in seiner Firma für chirurgische Instrumente nur einen Vertreter eingestellt, sodass sie ihre Verkaufsgebiete außerhalb der Stadt an den Feiertagen abwechselnd bearbeiten müssen. Aber die Weihnachten, die er versäumt, machte er wieder wett, indem er sich eben jedes zweite Jahr besonders anstrengt. Er gibt ein Vermögen für Weihnachtsschmuck aus und verbringt Tage damit, ihn übers ganze Haus zu verteilen. Er kauft tonnenweise Geschenke und packt jedes persönlich ein. Er leiht sich nicht nur einfach ein Santa-Claus-Kostüm, sondern hat sich eines maßschneidern lassen. Er verschickt Weihnachtskarten an alle Menschen, die er mal kannte, und an manche Leute, die er kaum kennt. Weihnachten ist für ihn der schönste Tag des Jahres, und jetzt ist er nicht da, um ihn zu genießen.«

Um sechs Uhr läutete das Telefon. Elly nahm in der Küche ab, wo sie gerade einen Lammbraten zubereitete. Als sie ins Wohnzimmer kam, warf sie ihrem Mann einen gespielt misstrauischen Blick zu und fragte: »Wer ist diese Pola Methune?«

»Ist das ihr Vorname?«, sagte Lev. »Ich habe sie gar nicht danach gefragt.«

Er ging ans Telefon und hoffte, von Pola zu hören, dass ihr vermisster Ehemann zurückgekehrt war und im Haus der Methunes Weihnachten wie üblich stattfinden konnte. Aber ihre ersten Worte waren von einem Schluchzen unterbrochen, und Lev wusste, dass sein Weihnachtsessen noch würde warten müssen.

Den ganzen Weg zurück zum Haus der Methunes zürnte er vor sich hin. Er hätte Pola Methune niemals seine Privatnummer geben dürfen; er hätte sie ans Präsidium verweisen und Sam Reddy das Problem überlassen sollen. Er fühlte sich als Opfer seiner Gefühle. Wenn man das nun davon hatte, ein »Familienmensch« zu sein, dann wusste er nicht, ob ihm das so sonderlich gefiel.

Als er die Holly Road erreichte, war es bereits dunkel geworden. Die Lichterketten, die die Häuser dort schmückten, entfalteten nun verstärkt ihre Wirkung. Morgen würden sie wieder für ein Jahr erlöschen. Weihnachten war schon fast vorüber. Barry Methune würde wieder 364 Tage warten müssen, um seiner Feiertagsfreude Ausdruck zu verleihen. Aber würde er dazu jemals wieder Gelegenheit haben?

Pola begrüßte ihn mit dunkel umrandeten Augen und leiser Stimme. Im krassen Gegensatz zu diesem Bild des Jammers wälzten sich Dodie und Amanda lachend in einem Meer aus Schachteln und Geschenkpapier auf dem Wohnzimmerteppich. Offensichtlich hatte Pola den beiden ihre Weihnachtsgeschenke nicht vorenthalten, auch wenn ihr eigenes ungeöffnet dalag.

»Ich weiß, was Sie zu mir gesagt haben«, sagte sie. »Über diese Regelung bei Vermisstenmeldungen, darüber, dass man warten muss … Aber können Sie denn gar nichts tun?«

»Ich habe bereits einiges unternommen«, erklärte Lev ihr. »Ich habe die ganze Nachbarschaft abgeklappert, nachdem ich heute morgen von Ihnen fort bin. Ich habe auch die Unfallberichte überprüft und mich bei allen Krankenhäusern in der Umgebung und im Leichenschauhaus erkundigt. Sie werden froh sein zu erfahren, dass nichts dabei herausgekommen ist. Und? Haben Sie getan, worum ich Sie gebeten habe?«

Jetzt sah sie fast noch mitgenommener aus. »Ja«, sagte sie. »Ich habe Barrys Papiere durchgesehen. Ich habe sogar seine Taschen durchwühlt. Ich habe das nur sehr ungern getan. Es war so … so als würde ich ihm nicht trauen.«

»Haben Sie etwas gefunden?«

»Nein. Zumindest nichts, was mir etwas gesagt hätte.«

»Würden Sie mir erlauben, einen Blick darauf zu werfen?«

»Aber natürlich … Ich habe alles in eine Schachtel getan. Auch sein Adressbuch. Bis auf ein paar Geschäftsnummern ist es mit meinem identisch.«

»Ich möchte es trotzdem sehen«, sagte Lev. »Und falls Sie ein Foto von Ihrem Mann hätten, würde ich das auch gerne haben.«

Sie drehte sich um und ging mit den schleppenden Schritten einer um zwanzig Jahre gealterten Frau nach oben.

Während er wartete, beobachtete er die kleinen Mädchen. Sie hatten zu spielen aufgehört und waren in die Betrachtung ihrer Weihnachtsgeschenke versunken. Die Ältere – Amanda? – schien von einem Spielzeug enttäuscht zu sein und beschloss, dass er als relativ passabler Vaterersatz herhalten musste. Sie brachte das Spielzeug zu ihm und legte es ihm in die Hände.

»Wie spielt man das?«, fragte sie. »Kannst du mir das zeigen?« Lev schaute es sich genauer an. Es war ein elektronisches Spiel, ein Footballspiel. Ein Bildschirm stellte das Spielfeld dar, und an beiden Seiten waren je zwei Knöpfe angebracht, einer für die Verteidigung, der andere für den Angriff. Aber als er auf die Knöpfe drückte, passierte gar nichts.

»Vielleicht sind die Batterien alle«, sagte er.

Erleichtert, es mal wieder mit einem einfacheren Problem zu tun zu haben, suchte er unter den herumliegenden Geschenken und entdeckte bald eine kleine silberne Taschenlampe. Sie arbeitete mit Batterien derselben Größe, und die funktionierten. Das jüngere Mädchen, Dodie, hatte nichts dagegen, als er sich an seinem Geschenk zu schaffen machte; sie schien kein großes Interesse daran zu haben. Auch Lev wunderte sich, wie überhaupt jemand auf die Idee kommen konnte, einem kleinen Mädchen eine Taschenlampe zu schenken. Oder ein elektronisches Footballspiel.

Leider reagierte das Spielzeug nicht auf diese neue Energiequelle. Als Pola Methune mit einer weißen Schachtel in der Hand die Treppe herunterkam, bemerkte sie Amandas enttäuschtes Gesicht und fragte, was los sei. Lev erklärte es ihr und fragte: »Wissen Sie noch, wo Sie das gekauft haben?«

»Das habe ich nicht gekauft, sondern Barry. In irgendeinem Spielzeuggeschäft in der Nähe seines Büros an der Broad Street 900, im Wyatt Building.«

»Ich werde den Laden schon finden«, sagte Lev. »Wenn Sie möchten, nehme ich es zum Umtauschen mit.«

»Das ist sehr nett von Ihnen. Genau das hätte Barry auch getan.«

Erneut drohten Tränen zu fließen, und Lev hatte es plötzlich sehr eilig, mit seiner Befragung zum Schluss zu kommen. Er sah sich noch kurz Barry Methunes Unterlagen an, musste dessen Frau aber recht geben, dass sie harmlos und unergiebig waren. Und wie sich herausstellte, war Methune auch noch kamerascheu. Es gab nur eine Fotografie, die wahrscheinlich schon vor zu langer Zeit aufgenommen worden war, als dass sie noch von Nutzen sein konnte. Es war der Schnappschuss eines untersetzten jungen Mannes mit dunklem gelocktem Haar, das an den Schläfen bereits schütter wurde. Seine Augenpartie war voller kleiner Fältchen, und er hatte eine breite Nase und ein Lächeln, das aussah, als wäre es ihm ins Gesicht gemalt.

In dieser Nacht lag Lev lange neben dem Berg namens Eleanor, wie er seine Frau seit Neuestem nannte, wach und starrte an die Decke. In Anbetracht der steigenden Inflation bot ihm seine Frau anstelle eines Pennys einen Nickel für seine Gedanken.

»Ich habe über ihre Geschenke nachgedacht«, sagte er.

»Über was?«

»Über die Geschenke, die die kleinen Mädchen zu Weihnachten bekommen haben.«

»Das Footballspiel, meinst du das?«

»Und eine Taschenlampe.«

»Und?«

»Es erschien mir nur etwas merkwürdig, das ist alles.«

»Wieso merkwürdig?« In Ellys Stimme lag ein Hauch von Ironie.

»Weil es keine Puppen oder Kinderkochtöpfe oder Nähkörbe gab?«

»Nun, vielleicht waren da ja auch Puppen und Kinderkochtöpfe. Ich habe schließlich nicht alle Geschenke gesehen.«

»Aber das Footballspiel hat dich stutzig gemacht, weil das ein *Männer*sport ist, nicht wahr?«

»Es ist viel zu spät in der Nacht für feministische Dispute.«

»Eins sag ich dir«, meinte Elly. »Wenn John Alexander alt genug ist, werde ich ihm eine Babypuppe kaufen.«

»Krieg du zuerst mal ein Kind«, sagte Lev und drehte sich auf seine Seite.

Eine halbe Stunde später war er immer noch wach und fragte sich, wo der Mann, der Weihnachten liebte, wohl hin verschwunden war.

Am nächsten Morgen tippte er seinen Bericht, den Ab Peterson mit zusammengekniffenen Augen las. »*Cherchez la femme*«, sagte er. »Hast du daran schon gedacht?«

»Habe ich«, erwiderte Lev müde.

Gegen Mittag aß er mit Sam Reddy einen kleinen Imbiss im Lewisfield Diner und erzählte ihm von dem Fall. So wie Ab Peterson hatte auch Sam seine Theorie.

»Selbstmord«, meinte er lakonisch. »Diese umtriebigen Typen haben doch alle was zu verbergen. Vielleicht hat er Weihnachten in Wirklichkeit ja gar nicht geliebt. Vielleicht bekam er Depressionen davon.«

»Wo ist dann die Leiche?«

Sam zuckte mit den Achseln. »Wie wär's mit dem Wasserreservoir? Er könnte von der Holly Road aus zu Fuß dorthin gegangen sein, das ist nicht einmal eine Meile. Vielleicht trinken die Leute inzwischen schon Wasser mit Methune-Geschmack.«

Er kicherte in seinen Kaffee hinein, ohne sich von Levs angewidertem Blick beirren zu lassen.

Statt mit Sam ins Präsidium zurückzufahren, bat er ihn, ihn in der Innenstadt von Dayton bei MacRaedys Spielzeuggeschäft abzusetzen.

Er hatte Amandas nicht funktionierendes Spiel mitgebracht und zeigte es dem Mann hinter dem Ladentisch.

»Was stimmt damit nicht?«

»Außer, dass es nicht funktioniert, nichts.«

Der Mann hatte ein Benehmen wie ein abgebrühter Pfandleiher.

»Haben Sie einen Kassenbeleg?«

»Nein«, sagte Lev. »Das hat jemand anderes gekauft.«

»Woher soll ich dann wissen, dass es hier gekauft wurde?«

»Ich gebe Ihnen mein Wort«, sagte Lev. Er verzichtete jedoch darauf, seine Dienstmarke zu zücken, um seine Glaubwürdigkeit zu untermauern.

»Ich weiß nicht so recht«, sagte der Mann. »Das Ding hier kostet 49,50 Dollar. Man hat mich schon mal übers Ohr gehauen. Beweisen Sie es mir, und ich tausche es Ihnen um.«

Was soll's, sagte sich Lev und griff nach seiner Brieftasche. Er überlegte es sich aber doch wieder anders und sagte stattdessen: »Vielleicht wurde es ja mit einer Kreditkarte bezahlt. Könnten Sie mal Ihre Unterlagen überprüfen? Der Name war Methune, Barry Methune.«

»Können Sie ihn mir beschreiben?«

Lev tat sein Bestes. Und seine Bemühungen wurden belohnt, als der Ladenbesitzer zu nicken anfing.

»Ja, genau. Ich glaube, ich kenne den Mann. Ich glaube, der war letzte Woche hier. Ich schau mal meine Belege durch.«

Fünf Minuten später kam er mit einem Beleg über ein elektronisches Footballspiel, eine Mini-Taschenlampe und zwei Captain-Wango-Laserwaffen zurück.

»Ich bin sicher, das ist der Mann, der das Zeug gekauft hat. Nur der Name ist nicht der, den Sie nannten. Er lautet Munsey, Benjamin Munsey. Sehen Sie?«

Er gab Lev den Beleg, und obwohl der Name und die Unterschrift sich nur sehr schwach durchgedrückt hatten, waren sie deutlich zu lesen. Munsey, Benjamin Munsey. Lev schüttelte den Kopf. Das sei der falsche Mann, sagte er. Das müsse eine Verwechslung sein. Aber das ändere nichts an seiner Überzeugung, dass das defekte Spielzeug hier gekauft worden sei. Er wolle es auf jeden Fall ersetzt bekommen, und viel Geduld habe er auch nicht. Er habe Wichtigeres zu tun, sagte er. »Und wenn Sie es unbedingt wissen wollen«, fügte er schließlich doch hinzu, »ich bin Polizist.« Er seufzte, als er das sagte; er hatte ein Prinzip verletzt. Aber es funktionierte. Der Ladenbesitzer zuckte mit den Achseln und gab ihm eine funktionierende Ausgabe des elektronischen Footballspiels.

»Aber ich bin immer noch der Ansicht, das war der Typ«, knurrte er. »Er war oft hier, drei, vier Mal vor den Feiertagen, und hat Fragen gestellt und Sachen ausprobiert. Der Kerl war richtig verrückt nach Weihnachten.«

Levs Hand fror auf dem Türknauf fest.

»Kann ich den Kreditkartenbeleg noch mal sehen?«

Die Unterschrift unverwechselbar. *Benjamin Munsey.* Die Adresse lautete Skyblue Lane 18, Sycamore Village, eine vorstädtische Enklave, die ungefähr dreißig Meilen nördlich von Dayton lag.

»Vielen Dank«, sagte er.

Er stand auf dem Gehweg und dachte über diesen Zufall nach. Zwei Männer sahen sich ähnlich und liebten Weihnachten. Nun, warum nicht? Zwei Männer sahen sich ähnlich, liebten beide Weihnachten und kauften beide fast dieselben Geschenke. Das war auch möglich. Zwei Männer sahen sich ähnlich, liebten beide Weihnachten, kauften beide dieselben Geschenke und hatten beide dieselben Initialen.

Er fand eine freie Telefonzelle und rief Pola Methune an.

»Ob die Kinder *was* bekommen haben?«, fragte sie.

»Laserwaffen«, sagte Lev. »Captain-Wango-Laserwaffen, was immer das auch sein mag.«

»Ich könnte diesen Captain Wango umbringen«, sagte Pola heftig. »Dieses Gesurre macht mich noch ganz wahnsinnig. Wenn Sie mich fragen, sollte man überhaupt keine Waffen für Kinder herstellen!«

Lev wollte die Telefonzelle schon verlassen, als ihm noch etwas einfiel. Er bat die Auskunft um eine Nummer in Sycamore Village und rief dort an. Eine Frau meldete sich mit deprimierter Stimme und wurde ganz aufgeregt, als er sich vorstellte.

»Nein, es ist nichts passiert«, sagte er schnell. »Ich muss Ihnen nur ein paar Fragen stellen. Reine Routine«, fügte er hinzu und fragte sich, wie oft in der Woche er dieses Wort wohl gebrauchte.

Er gab ihr keine Gelegenheit für Einwände. Er hängte ein und erledigte kurz hintereinander drei weitere Anrufe: einen im Präsidium, einen zu Hause und einen bei der Taxizentrale von Dayton.

Eine Dreiviertelstunde später fand der Fahrer endlich die Skyblue Lane, eine unbefestigte, schmutzige Straße, die sich vor dem ausufernden Verkehr des Viertels zu verstecken suchte. Nr. 18 war das dritte Gebäude auf der linken Seite, ein zweistöckiges Wohnhaus in Ziegel- und Stuckbauweise, doppelt so alt und doppelt so groß wie das Haus der Methunes in Lewisfield.

Aber eine Ähnlichkeit war nicht zu übersehen: Auch hier zierten weihnachtliche Lichterketten die Konturen des Hauses. Sie liefen von dem breiten Kamin über das abschüssige Dach alle vier Seiten hinunter und umrahmten jedes Fenster und jede Tür. Nachts musste es wie das Skelett eines Hauses aussehen, das von vielfarbigen Lichtern nachgezeichnet wird. Auf dem Rasen stand zwar kein Plastikschlitten, aber es gab einen gigantischen Santa Claus, der den Vorübergehenden mit seinem Fäustling nachwinkte.

Und Lev hatte Gelegenheit, noch eine weitere Ähnlichkeit festzustellen, als Mrs. Benjamin Munsey an die Tür kam. Sie war zwar größer und schwerer als Pola Methune, aber um die Augen herum sahen sie sich ein wenig ähnlich. Hinterher wurde Lev klar, dass das weniger dem Gesichtsschnitt als eher der Tatsache zuzuschreiben war, dass beide Frauen sich fast die Augen ausgeheult hatten.

»Es ist wegen meines Mannes, nicht wahr?«, fragte sie schon, bevor er noch im Hause war. »Es ist ihm etwas zugestoßen! Sie wollten es mir am Telefon nur nicht sagen!«

»Nein«, sagte Lev. »Deswegen bin ich nicht hier, beruhigen Sie sich.«

»Ich habe mir schon überlegt, ob ich die Polizei rufen soll«, sagte sie. »Aber ich klammere mich an den Gedanken, dass er jede Minute zur Tür hereinspaziert kommt oder dass das Telefon läutet und er mir sagt, dass er irgendwo aufgehalten wurde. In Illinois tobt ein Schneesturm, wissen Sie, er hat Kunden in Chicago …«

»Mrs. Munsey, wollen Sie damit sagen, dass Ihr Mann vermisst wird?« Er fügte fast das Wort »auch« hinzu.

»Er sagte, er würde am Tag vor Weihnachten zu Hause sein, aber er ist nie angekommen! Ich habe im Büro angerufen, aber der Mann, der für ihn arbeitet, war nicht da, er war auf einer Geschäftsreise, wie seine Sekretärin sagte. Und die war auch nur zur Aushilfe da, sodass sie auch nichts wusste, überhaupt nichts …«

Dann handelte es sich um kein Untertauchen, dachte Lev, sondern vielmehr um ein Nichtauftauchen.

»Vielleicht hätten Sie doch lieber die Polizei verständigen sollen. Ihr Mann könnte zum Beispiel einen Unfall gehabt haben.«

»An so etwas wollte ich einfach nicht denken!«, sagte sie und schlug sich die Hand vor den Mund. »Nicht am Tag vor Weihnachten. Das wäre einfach zu schrecklich. Ben hat Weihnachten so sehr geliebt!«

»Dürfte ich vielleicht hereinkommen?«, fragte Lev mit rauer Stimme.

Sie bat ihn ins Haus, und seine Augen wurden von den vielen weihnachtlichen Dekorationen angezogen. In der Halle hingen ein übergroßer Kranz, Stechpalmen und Mistelzweige an allen Wänden und ein Bund weißer Zweige über dem prächtigen Kamin; in dem hohen Wohnzimmer erhob sich ein Weihnachtsbaum, der mindestens vier Meter groß war. Auch hier ein Wirrwarr aus aufgerissenen Geschenkkartons, obwohl hier das Papier bereits von jemandem weggeräumt worden war.

Am Fuß des Baumes war eine andere Form der Zerstörung zu besichtigen, und Lev musste schon zweimal hinschauen, ehe er sicher war, dass ihn seine Augen nicht getäuscht hatten. Es schien sich um den Schauplatz eines Spielzeugland-Massakers zu handeln. Abgetrennte Arme und Beine lagen herum, dazu der Kopf einer Puppe mit herausgequetschten Augen, ein weiterer Kopf mit intakten Augen, der jedoch noch grotesker aussah, wie er so auf seinen eigenen zerfetzten und verstümmelten Torso blickte.

Die Frau musste seinen Gesichtsausdruck bemerkt haben, denn sie sagte: »Das hat Michael angestellt.« Ihre Stimme klang traurig. »Er ist in den letzten Tagen völlig außer Rand und Band, und ich bin sicher, das liegt nur daran, dass sein Vater nicht hier ist.«

»Ist Michael Ihr Sohn?«

»Ja, er ist erst sechs, aber er ist sehr temperamentvoll. Gott weiß, wo er das herhat. Von mir ganz sicher nicht, und genauso wenig von Ben, obwohl mein Vater immer mit Sachen um sich geworfen hat, wenn er wütend war …«

»Wollen Sie damit sagen, Ihr kleiner Sohn hat das hier getan?« Er deutete mit dem Kopf auf das Gemetzel.

»Ja. Das war der Tropfen, der das Fass zum Überlaufen brachte; erst kommt Santa Claus nicht, dann ist sein Vater nicht hier, und dann noch die Geschenke, die er auspackte. Das muss selbstverständlich eine Verwechslung gewesen sein. Ben muss das Spielzeug telefonisch bestellt haben, und im Laden haben sie dann die Lieferungen verwechselt. Ich meine Zwillingspuppen, Puppen für *Mädchen*! Michael ist Amok gelaufen, als er sie sah. Im Ernst, es ist schon erstaunlich; es muss am Fernsehen liegen, dass die Kinder heute so viel über machohaftes Verhalten wissen.«

»Was hatte er denn als Weihnachtsgeschenk erwartet?«, fragt Lev vorsichtig. »Ein Footballspiel vielleicht? Spielzeug-Laserwaffen?«

»Ich weiß nicht«, sagte die Frau. »Er hatte nach dem Streit mit seinem Vater, als er verkündete, dass es so etwas wie Santa Claus nicht gäbe, eine derart miese Laune … Ich habe noch zu Ben gesagt, er solle das nicht so ernst nehmen; Kinder finden nun mal früher oder später die Wahrheit heraus. Das hören sie doch schon auf der Straße, nicht wahr?«

»Wahrscheinlich.«

»Noch vor einem Jahr hat Michael für den Weihnachtsmann Milch und Plätzchen hinausgestellt. Dieses Jahr hat er sich geweigert. Ich meine, er hat nicht einmal versucht, uns etwas vorzuspielen, so wie andere Kinder das tun. Ben hat sich so aufgeregt, dass er die ganze Nacht nicht schlafen konnte. Wie ich bereits sagte, hat er Weihnachten wirklich geliebt.«

»Mrs. Munsey«, sagte Lev, »haben Sie zufälligerweise ein Bild von Ihrem Mann?«

»Seltsam, dass Sie danach fragen«, sagte sie. »Jedes Jahr habe ich denselben Wunsch auf meine Weihnachtsliste gesetzt, einen Fotoapparat, aber ich habe nie einen bekommen. Wir haben überhaupt keine Familienfotos. Ben hasst es, fotografiert zu werden.«

»Vielleicht können Sie ihn mir dann beschreiben.«

Mrs. Munsey beschrieb ihn.

Zehn Minuten später war Lev an der Eingangstür, und der Frau fiel endlich ein, ihn nach dem Grund seines Besuchs zu fragen.

»Reine Routine«, erwiderte Lev.

Er versprach, mit ihr in Verbindung zu bleiben, und bat sie, ihn entweder im Präsidium oder zu Hause anzurufen, falls sie irgendetwas von ihrem vermissten Mann hören sollte.

Er erwartete nicht, etwas von ihr zu hören.

Lev hätte ins Präsidium zurückkehren und seinen Bericht schreiben können. Der klatschsüchtige Ab Peterson hätte ihn genossen. Sam Reddy wäre enttäuscht gewesen, einen saftigen Fall verpasst zu haben. Beide Reaktionen hätten ihm vielleicht gefallen, doch zuerst musste Lev mit Elly reden.

Zu Hause fand er sie am Telefon in der Küche, wie sie gerade sagte: »Oh, etwa alle fünfzehn oder zwanzig Minuten.«

»Was ist alle fünfzehn Minuten?«, fragte er aufgeregt.

»Ich sage Fawn Cohen gerade, wie sie einen Truthahn begießen muss.«

»Ach so.«

Dann erzählte er ihr von seinem Tag. Sie machte große Augen, und ihr Mund stand weit offen, als ihr seine Schlussfolgerungen klar wurden.

»Bist du dir ganz sicher, Lev?«

»Die Personenbeschreibung trifft zu. Die Charakterbeschreibung trifft zu. Die beiden arbeiten in derselben Branche. Barry Methune besaß eine kleine Firma für chirurgische Instrumente in Dayton. Ben Munsey besaß ebenfalls eine Firma für chirurgische Instrumente in Dayton, auch wenn diese eine andere Produktpalette hatte. Beide belieferten dieselben Kunden mit unterschiedlichen Produkten.«

»Du meinst … er hat sein Leben einfach zweigeteilt?«

»Das muss er zwangsläufig, um zwei Haushalte führen zu können. An Weihnachten hat er nie gearbeitet; er hat es einem anderen überlassen, sich um die Geschäfte zu kümmern. Er hat alle Feiertagsvorbereitungen in beiden Haushalten mitgemacht, aber einen Feiertag in der Holly Road, den anderen in der Skyblue Lane verbracht … Der Mann hat Weihnachten so sehr geliebt, dass er es jedes Jahr doppelt feiern musste.«

»Aber was ist dieses Jahr passiert? Warum ist er verschwunden?«

»Offensichtlich waren seine Nerven zum Zerreißen angespannt. Er wurde allmählich vergesslich. Er brachte seine Adressen, seine Kinder, seine Weihnachtsgeschenke durcheinander. Er ließ die Geschenke der Mädchen an seinen Sohn schicken und die seines Sohnes an die Mädchen. Er wurde mit der Situation einfach nicht mehr fertig.«

»Also ist er vor beiden Leben davongerannt?«

»Und damit haben wir endlich einen triftigen Grund, nach dem Mann zu suchen. Er hat nämlich ein Verbrechen begangen: Bigamie.«

»Lev Walters«, sagte Elly, »du bist ein guter Polizist.«

»Danke«, sagte er selbstgefällig.

»Und trotzdem«, meinte Elly, »hast du nicht gemerkt, dass ich dich angelogen habe. Fawn Cohen hat noch nie in ihrem Leben einen Truthahn gebraten. Ich habe gerade mit Dr. Ramirez telefoniert.«

Lev konnte sich an den Verlauf der nächsten halben Stunde nicht mehr erinnern. Aber irgendwie gelang es ihm, Ellys Tasche zu packen, Elly ins Auto zu schaffen und sie eine knappe Stunde, bevor er Vater von John Alexander Walters wurde, ins Krankenhaus zu fahren.

Als er seine Frau wiedersah, bot sie einen schweißgebadeten, aber wunderschönen Anblick und sah aus, als hätte sie gerade bei einem Marathonlauf mitgemacht und gewonnen.

»Über eines bin ich froh«, sagte er. »Ich bin froh, dass Alex nicht an Silvester auf die Welt gekommen ist. Er wäre mit der Vorstellung groß geworden, dass alle nur seinetwegen eine Party geben.«

»Hast du ihn schon gesehen?«

»Ja«, sagte Lev. »Er ist prachtvoll.«

»Lügner. Er sieht aus wie ein hundertjähriger Pueblo-Indianer. Ich habe schon daran gedacht, mich beim Storch zu beschweren.« Als Lev darauf keine Antwort gab und sein Blick in die Ferne schweifte, zupfte sie ihn am Handgelenk.

»He, hast du gehört, was ich gesagte habe?«

»Ja, sicher.«

»Du warst gerade eine Minute weggetreten. An was hast du gedacht?«

»An den Storch«, sagte Lev. »Und an die Art und Weise, wie der Storch die Babys bringt. Und dabei fällt mir etwas ganz anderes ein.«

Es war bereits spät am Tag, als er in das Haus der Methunes zurück- kam. Er hatte sich vor diesem Besuch mehr als vor den Telefonanru- fen gefürchtet, die er vorher bereits erledigt hatte.

»Haben Sie ihn schon gefunden?«, fragte Pola Methune eisig.

»Nein«, sagte Lev. »Wir haben Ihren Mann noch nicht gefunden, Mrs. Methune. Aber ich kann mir denken, wo er ist.«

»Dann sagen Sie es mir! Aber geben Sie mir vorher noch Zeit, dass ich mir ein Gewehr kaufen kann!«

»Wissen Sie noch, was Sie mir über sein Verschwinden gesagt haben? Dass es den Anschein hatte, als wäre er einfach so und mitten in der Nacht verschwunden?«

»Wahrscheinlich ist er zu seiner anderen Frau gegangen.«

»Nein«, sagte Lev. »Er war völlig durcheinander. Er hat gar nicht mehr gewusst, bei welcher Frau er sich befand und welche Geschenke er welchen Kindern geben wollte. Und vielleicht hat er auch noch et- was anderes durcheinandergebracht. Nämlich, wo er als Santa Claus auftreten wollte, und zwar so überzeugend, dass er damit den Glau- ben eines zynischen Sechsjährigen an den Weihnachtsmann wieder- herstellen würde …«

»Keines meiner beiden Kinder ist sechs Jahre alt.«

»Natürlich nicht«, meinte Lev trocken. Aber Michael Munsey ist es. Und vielleicht hat Ihr Mann beschlossen, ihm eine überzeugende Vorstellung zu liefern. Der Haken daran ist nur, dass er eventuell versucht hat, diese Vorstellung im falschen Haus zu geben.

Er ging zum Kamin der Methunes und schob den Kaminschirm und die Kaminböcke zur Seite. Dann zog er den Kopf ein und trat in die innere Feuerstelle. Er betete darum, nicht recht zu haben, aber er hatte recht. Als er mit der Hand nach oben in die Höhlung dieses sehr engen Kamins griff, ertastete er die Sohlen von zwei Gummistiefeln.

Edward D. Hoch
Ein kalter Hauch

Da wir ja in Feiertagslaune sind, muss der Vergleich gestattet sein: Edward D. Hoch hat zur Kriminalkurzgeschichte ungefähr dieselbe Beziehung wie die alljährliche Ausstrahlung von *A Dinner for One* zum Silvesterabend – das eine ist ohne das andere nicht mehr vorstellbar. Dieser Autor hat mehr als achthundert Kurzgeschichten verfasst: Seit den späten Fünfzigerjahren sind sie in allen amerikanischen Krimimagazinen und in Anthologien erschienen und dienten als Vorlage für zahlreiche Fernsehproduktionen.

Edward D. Hoch hat auch im Ausland eine treue Lesergemeinde, sodass es nicht verwundert, wenn auch diese Weihnachtsgeschichte eine exotische Note enthält. Und da die Feiertage auch eine Zeit der Nostalgie sind, hat der Autor bei der Besetzung des Protagonisten auf die erste Figur zurückgegriffen, die er je geschaffen hat: Simon Ark war bis zum heutigen Tag in viele seltsame Abenteuer verwickelt, aber hier muss er sich zum ersten Mal mit dem russischen Äquivalent des Weihnachtsmannes auseinandersetzen.

Mein alter Freund Simon Ark wohnte in einer Universität am Nordrande Manhattans, nicht weit weg von den Cloisters, wo er an seiner Studie über mittelalterliche Legenden arbeitete. Ich hatte ihn im vergangenen Jahr ab und zu mal gesehen, und in einem Anfall vorweihnachtlicher Zuneigung zu allen Geschöpfen Gottes schlug mir meine Frau Shelly vor, ich solle ihn doch zum Essen am Weihnachtsabend zu uns in den Vorort einladen. Als ich ihm drei Tage vor den Festtagen die Einladung telefonisch übermittelte, bedankte er sich zwar, zögerte aber, sie anzunehmen.

»Mein lieber Freund, hier bei meinen Freunden von der Universität hat sich eine ungewöhnliche Situation ergeben. Ich bin gerade dabei, sie zu klären, und hoffe, es bis zum Weihnachtstag geschafft zu haben.«

Etwas in seinem Ton ließ mich fragen: »Haben Sie sich wieder in eines Ihrer geheimnisvollen Abenteuer verwickeln lassen, Simon?«

»So könnte man es wohl nennen, obwohl die Ereignisse bis jetzt eher auf ein gutes denn ein böses Geheimnis hindeuten.«

»Jetzt haben Sie aber meine Neugierde geweckt.«

»Haben Sie Zeit, mich hier zu besuchen?«

»Heute nicht. Ich muss mich heute Nachmittag mit einem unserer Autoren treffen. Aber morgen findet nur die Verlagsweihnachtsfeier statt, und ich bin ganz froh, wenn ich mich davor drücken kann.«

»Dann müssen Sie unbedingt kommen! Ich werde Sie gegen Mittag in der Universitätsbibliothek erwarten.«

Und so fuhr ich am folgenden Tag, dem Tag vor Heiligabend, mit der U-Bahn die West Side von Manhattan hoch bis zur Endstation an der 207th Street. Die Universität lag gegenüber dem Inwood Park, und als ich bei null Grad forsch über den Campus schritt, fragte ich mich, ob die Stadt dieses Jahr wohl ihr erstes weißes Weihnachtsfest seit Jahren erleben würde. Hier oben war der Boden gerade eben mit einem Zentimeter Schnee bedeckt, doch für Heiligabend war mehr vorhergesagt.

Simon Ark erwartete mich gleich hinter den hohen Messingtüren des Bibliotheksgebäudes. Er schien etwas dünner zu sein als beim letzten Mal, und in seinem dunklen Anzug wirkte er fast hager. Ich konnte mich noch gut an einen kräftigeren Simon erinnern, damals, als ich ihn vor mehr als dreißig Jahren kennengelernt hatte. Doch die winzigen Altersfältchen in seinem Gesicht hatten sich in all den Jahren nicht vertieft. Man hätte ihn leicht für einen rüstigeren Siebziger halten können, mehr nicht. Nur in ganz seltenen Momenten und auch nur in Gegenwart der Menschen, die ihn am besten kannten, konnte es geschehen, dass er hin und wieder von seiner mehr als zweitausendjährigen Existenz auf dieser Welt erzählte. Natürlich glaubte niemand im Ernst daran. Wir glaubten auch nicht, dass er kurz nach Christus als koptischer Priester in Ägypten gelebt hatte. Und doch gab es manchmal Augenblicke, in denen ich meinte, all das Wissen dieser Welt hinter jenen glänzenden dunklen Augen entdecken zu können.

»Es ist schön, Sie wiederzusehen«, sagte Simon und begrüßte mich mit einem ungewohnten Handschlag. »Ich habe gerade mein Wissen über russische Folklore aufgefrischt.«

»So? Planen Sie eine Reise dorthin?«

»Nein. Hier an der Universität gibt es ein russisches Institut. Viele der Fakultätsmitglieder sind russische Emigranten, die in den letzten zwanzig Jahren mit ihren Familien hierhergekommen sind. Ich habe mich mit einigen von ihnen angefreundet. Das Geheimnis, das ich am Telefon erwähnte, betrifft sie.«

»Erzählen Sie mir mehr davon.«

Die Bibliothek war auf einem Hügel erbaut und hatte eine Cafeteria im Untergeschoss. Dort gingen wir hin, kauften uns Sandwiches und Kaffee und fanden einen Tisch neben einem sonnigen Fenster, das auf den Trimmpfad am Fuße des Hügels hinausging. Eine große Anzahl mittäglicher Jogger, denen die Kälte nichts auszumachen schien, war unterwegs.

»Haben Sie schon jemals von dem Elfenmädchen Koljada gehört?«, fragte Simon, als er unsere Sandwiches auspackte.

»Hat das was mit russischer Folklore zu tun?«

»In gewisser Hinsicht schon. Russische Kinder singen jedes Jahr an Heiligabend Lieder über Koljada, und man sagt von ihr, dass sie mit einem Schlitten von Haus zu Haus fährt und Geschenke bringt, so wie der Weihnachtsmann das in westlichen Ländern tut. Sie ist sehr schön und trägt immer ein wallendes weißes Gewand mit einer Kapuze. In der vergangenen Woche haben ein paar der Kinder hier erzählt, sie hätten Koljada gesehen. Sie ist angeblich sogar zu ihnen ins Haus gekommen.«

»Eine hübsche Geschichte. Den Zeitungen würde eine weibliche Version des Weihnachtsmannes sicher gefallen, noch dazu, wenn sie schön ist.«

»Sie hat Geschenke für die Kinder dagelassen.«

»Wie nett«, murmelte ich.

»Warum? Warum tut sie das?«

»Man soll einem geschenkten Gaul nie ins Maul schauen, Simon. Das ist auch Volksmund, glaube ich.«

»Gestern Abend hat ein weiterer Besuch stattgefunden. Wollen Sie mit mir kommen, wenn ich mit den Kindern spreche?«

»Natürlich, wenn Sie mich dabeihaben möchten. Schließlich habe ich mir extra die Mühe gemacht, hier hochzukommen.«

Wir aßen unsere Sandwiches und tranken unseren Kaffee, und ich ging mit Simon am Verwaltungsgebäude vorbei und weiter zu einer Straße am anderen Ende des Campus. Dort säumte eine Reihe großer alter Häuser die Straße, von denen ein jedes geschmackvoll angestrichen und gestaltet war. »Das sind Fakultätsunterkünfte«, erklärte Simon. »Weiter unten befinden sich noch einige Häuser der Studentenverbindungen.«

»Das hier ist ja eine sehr eng verbundene Gemeinschaft, wenn die Dozenten mit auf dem Campus wohnen«, meinte ich.

»Die Häuser wurden Emigrantenfamilien zur Verfügung gestellt, die bei ihrer Ankunft nicht wussten, wo sie wohnen sollten. Ein paar sind später umgezogen, aber sechs Häuser werden noch von russischen Wissenschaftlern der Fakultät bewohnt. Und genau diese wurden von Koljada besucht.«

»Wie viele?«

»Die ersten vier bereits, als ich gestern mit Ihnen telefonierte. Das fünfte Haus gestern Abend. Dort wohnen Jeff und Leonore Rodgers.«

Beim fünften Haus machten wir halt und wurden an der Tür von einer hübschen jungen Frau begrüßt, die ihr braunes Haar in einem langen Zopf trug. »Simon Ark – schön, dass Sie vorbeikommen. Kommen Sie doch bitte herein.«

Simon stellte mich vor, und wir betraten das große alte Haus. Die hellen Farben und das moderne Dekor, das sich so sehr von dem äußeren Erscheinungsbild des Hauses unterschied, überraschten mich.

»Die Universität will die Häuser hier unter Denkmalschutz stellen lassen«, erklärte Lenore Rodgers. »An der Fassade dürfen wir nichts verändern, aber das machen wir drinnen wieder wett. Diese Häuser hier waren mal Unterkünfte für Studenten, und es hat eine Menge Arbeit gemacht, sie wieder auf die Bedürfnisse einer normal großen Familie umzustellen. Wir haben natürlich immer noch zwei Duschen im ersten Stock und einen Kühlschrank und eine Gefriertruhe in Gastronomiegröße in der Küche, aber wenigstens im Wohnzimmer und in den Schlafzimmern ist es etwas gemütlicher. Aber unseren beiden Töchtern gefällt es, und das allein ist wichtig.«

»Sie sind keine Russin«, sagte ich und stellte damit eine Tatsache fest, die nicht zu übersehen war. »Ich dachte …«

Sie lachte. »Wir bilden die Ausnahme in dieser Straße. Jeff ist Dozent am russischen Institut, und dieses Haus war gerade frei, und so hat man es uns angeboten. Jeffs Anfangsgehalt war nicht gerade üppig, und so haben wir die Gelegenheit ergriffen.«

»Sind Ihre Töchter da?«, fragte Simon.

»Ich werde sie rufen. Sie sind ganz versessen darauf, mit jedem, der es hören will, über diese Koljada zu reden.«

Es stellte sich heraus, dass Cynthia und Clarice zwei hübsche kleine Mädchen waren, vier und fünf Jahre alt, die mein Herz im Sturm eroberten. »Wir haben Koljada gesehen«, erzählte mir die fünfjährige Cynthia. »Sie war eine wunderschöne Dame in einem langen weißen Umhang, und sie hat mir über die Wange gestreichelt.«

»Und sie hat uns Geschenke gebracht!«, mischte Clarice sich ein. »Plätzchen und Puppen!«

»Haben Sie sie auch gesehen?«, wollte Simon Ark von ihrer Mutter wissen.

»Nein, aber ich habe die ganze Aufregung mit angehört. Die Mädchen waren hier unten und spielten, und ich war oben beim Bettenmachen. Ich arbeite tagsüber in der Verwaltung, und ein paar Studentinnen passen abwechselnd auf die beiden auf. Deshalb wird der Haushalt abends erledigt. Ich habe zwar den Krach gehört, aber das schien mir für die zwei nichts Ungewöhnliches zu sein. Als die Mädchen nach mir riefen, ging ich natürlich sofort hinunter, aber da war sie schon fort. Und jede von ihnen hielt eine Puppe und eine kleine Schachtel mit Plätzchen an sich gedrückt.«

Simon strich den Kindern über den Kopf, als er die Puppen untersuchte. »Made in Taiwan, aber das ist heutzutage nichts Außergewöhnliches. Und die Plätzchen sind eine geläufige Marke. Sag mal, Cynthia, hat Koljada an der Tür geläutet?«

Das ältere Mädchen nickte. »An der Hintertür. Ich habe aufgemacht. Sie ist mit ihrem weißen Umhang in die Küche gekommen. Sie muss ihren Schlitten draußen abgestellt haben, aber ich habe ihn nicht gesehen.«

Simon Ark lächelte liebenswürdig. »Schauen wir doch jetzt mal nach.« Wir folgten ihm durch die geräumige Küche zur Hintertür. Die dünne Schneeschicht war bis auf wenige Stellen geschmolzen, und der Rest war von Kinderfüßen niedergetrampelt, aber wir konnten keine Spur von Schlittenkufen entdecken.

»Ich muss wieder zur Arbeit zurück«, sagte Lenore Rodges mit einem Anflug von Bedauern in der Stimme. »Die Verwaltung ist morgen an Heiligabend geschlossen, aber heute ist noch ein voller Arbeitstag. Ich bin nur kurz heimgekommen, um den Kindern ihr Mittagessen zu machen. Der Babysitter für den Nachmittag wird jeden Augenblick kommen.«

»Das muss Sie viel Geld kosten«, sagte ich.

»Man verspricht uns immer wieder, dass die Kinder der Angestellten tagsüber beaufsichtigt werden sollen, aber bis jetzt hat sich noch nichts getan.«

Wir verabschiedeten uns von den Mädchen und gingen um das Haus herum auf die Straße zurück. Der Nachbar von nebenan kam gerade heim, und Simon winkte ihm. »Mr. Trewitz, haben Sie vielleicht einen Moment Zeit?«

Trewitz war ein kleiner Mann in den Sechzigern mit dicken Brillengläsern und einem kleinen Bart, der die Fremdartigkeit seiner Erscheinung unterstrich. »Simon Ark! Schön, Sie wiederzusehen! Wie geht es Ihren Nachforschungen?«

»So gut, wie zu erwarten war.«

Trewitz wandte sich an mich, und ich entdeckte ein humorvolles Funkeln in seinen Augen. »Mr. Ark ist der Einzige, den ich kenne, der momentan eine Studie über die Hufstruktur von Einhörnern durchführt.«

»Tatsächlich?«

Simon war mehr an dem vorliegenden Problem interessiert. »Wussten Sie, dass Ihre Nachbarn gestern Abend Besuch von Koljada hatten?«

Professor Trewitz wiegte den Kopf hin und her. »Mrs. Rodgers hat mir heute morgen davon erzählt. Ich habe das letzte Haus in der Reihe, aber ich möchte bezweifeln, dass sie mich besuchen wird.

Meine Tochter ist inzwischen verheiratet und schon lange von zu Hause fort.«

»Die Wladimers haben auch keine Kinder zu Hause, aber sie wurden in der zweiten Nacht besucht. Koljada hat ihnen einen Korb mit Früchten und Plätzchen auf der hinteren Veranda zurückgelassen.«

Der kahle Professor schnaubte. »Das ist doch ganz bestimmt nur ein Reklametrick von irgendeinem neuen Geschäft in der Gegend. Ich bin viel zu beschäftigt, um mir über solche Dinge den Kopf zu zerbrechen. Wenn sie kommen will, soll sie ruhig kommen.«

Als wir auf die Straße traten, fragte ich. »Lebt er allein in dem Haus?«

Simon Ark nickte. »Seine Frau ist im vergangenen Jahr bei einem Autounfall ums Leben gekommen, am Morgen vor Heiligabend. Er hat den Wagen gefahren, und der Unfall hat ihn monatelang sehr bedrückt. Aber allmählich ist er wieder ganz der alte – so bärbeißig und zynisch wie eh und je!«

»Die Besuche der weiß gekleideten Frau sind doch, wie ich vermute, in den letzten fünf Nächten erfolgt.«

»Das stimmt. Nawogard, Wladimer, Batowrin, Tolstoi und Rodgers. Das lässt darauf schließen, dass sie dem Haus von Trewitz heute Abend einen Besuch abstatten wird. Würden Sie mir helfen, ihr eine Falle zu stellen?«

»Aber sie hat doch kein Verbrechen begangen!«, gab ich zu bedenken.

»Noch nicht.«

Ich erklärte Shelly am Telefon, dass Simon zwar unsere Weihnachtseinladung zögernd angenommen habe, es aber unumgänglich sei, dass ich vorher helfen musste, eine Untersuchung zu beenden. Das entsprach mehr oder weniger der Wahrheit und begründete meine Abwesenheit von zu Hause, als ich an diesem Abend mit Simon hinter Professor Trewitz' Haus in der Kälte kauerte und auf die Ankunft der Elfe Koljada wartete.

»Was soll ich tun, wenn sie zu fliehen versucht?«, fragte ich.

»Ich will nur wissen, wer sie ist und warum sie das macht. Ich habe den Verdacht –« Er unterbrach sich und packte meinen Arm. »Da!« Im selben Moment sah ich sie. Sie war aus den Schatten hervorgekommen und in das Licht vor Trewitz' Fenster getreten. Sie war klein und trug einen weißen Umgang mit einer Kapuze, die ihr Gesicht fast vollständig verdeckte. In einer behandschuhten Hand trug sie einen Korb, in dem Plätzchen und Obst zu sein schienen. Bevor wir noch reagieren konnten, war sie bereits auf der hinteren Veranda. Die Küchentür war nicht verriegelt, und sie trat ohne zu zögern ein. Wir warteten eine kurze Zeit lang, aber sie kam nicht wieder heraus. Schließlich folgten Simon und ich ihr durch die Hintertür. Trewitz' Küche war genauso geschnitten wie die nebenan, nur dass hier ein Riesendurcheinander herrschte. Schachteln mit geschmolzener Eiscreme standen im Spülbecken, und auf der Küchentheke neben Koljadas Korb lag ein Stapel Kühlschrankeinsätze. Wir konnten sie durch die Wohnzimmertür sehen, wie sie auf dem abgeschabten Teppich stand und sich über die in seinem Sessel zusammengesunkene Gestalt von Professor Trewitz beugte.

Ihre ausgestreckten Finger berührten gerade seine Wange, als Simon Ark ihren Namen aussprach. »Koljada.«

Sie richtete sich auf, drehte sich zu uns um und enthüllte uns ein rosiges Gesicht mit leicht orientalischem Einschlag. Dann eilte sie auf die Eingangstür zu. Ich war fast im selben Augenblick hinter ihr her, aber sie war zu schnell für mich. Bevor ich ihren flatternden Umhang packen konnte, war sie schon draußen vor der Tür und lief die Treppe hinunter. Im Vorgarten erhaschte ich noch einen Blick auf feste weiße Beine, als sie zu laufen anfing und der Umhang dabei auseinanderklaffte. Ich wusste, dass ich in meinem Alter keine Chance hatte, sie zu erwischen.

Ich ging wieder nach drinnen und war überrascht, Simon über

Professor Trewitz gebeugt zu finden. »Sie ist mir entkommen. Schläft der Professor immer noch?«

»Er ist tot«, erklärte Simon mir ruhig.

»Tot! Ein Herzinfarkt?«

»Fühlen Sie mal seine Haut.«

Das tat ich und zog sofort wieder meine Finger zurück. »Sie ist eiskalt, Simon!«

Er nickte. »Es sieht fast so aus, als sei Professor Trewitz erfroren.

Wir riefen natürlich die Polizei und erzählten ihr das wenige, was wir wussten. Der Mann von der Gerichtsmedizin stimmte uns zu, dass die Leichenstarre unter normalen Umständen nicht so schnell hätte eintreten können, aber bis nach der Autopsie wollte er sich jedes weiteren Kommentars enthalten.

Der mit dem Fall beauftragte Polizist, ein großer Ire namens O'Connor, wollte wissen, ob diese Koljada ihn getötet haben könnte. Simon Ark dachte darüber nach und erwiderte: »Nur, wenn sie ihn mit einer Berührung ihrer Finger hat erfrieren lassen.«

O'Connor konnte mit dieser Antwort nicht viel anfangen, versprach aber, nach der geheimnisvollen Koljada fahnden zu lassen. »Sie sagten, sie bringt den Kindern Geschenke? Ich komme mir vor, als würde ich die Festnahme des Weihnachtsmannes anordnen.«

»In gewissem Sinne tun Sie das ja auch«, stimmte Simon ihm zu. Ich fuhr nach Hause und versprach, Simon am nächsten Morgen anzurufen. Meine Version der nächtlichen Ereignisse, die ich Shelly präsentierte, war eine etwas geschönte Fassung, aber sie begriff trotzdem sofort, worauf die Sache hinauslief. »Du bist wieder mal in einen dieser bizarren Mordfälle verwickelt, für die Simon Ark eine solche Vorliebe hat, stimmt's?«

»Also, das würde ich nun wirklich nicht sagen. Die Autopsie kann durchaus ergeben, dass dieser Trewitz eines völlig natürlichen Todes gestorben ist.«

»Darauf würde ich nicht wetten!«

Der Morgen des Weihnachtsabends brach, wie vorhergesagt, mit leichtem Schneegestöber an. Der Verlag war geschlossen, und ich war nicht überrascht, als Simon mich drängte, doch noch einmal zur Universität zu kommen. Nach abermaliger einstündiger Fahrt mit der U-Bahn traf ich ihn in seinem Zimmer mit einem Russen mittleren Alters an, den er mir als Iwan Tolstoi vorstellte.

Wir gaben uns die Hand, und ich machte die unvermeidliche Bemerkung: »Irgendwie mit Leo verwandt?«

Er kicherte, als hätte das noch nie zuvor jemand zu ihm gesagt. »Nein, obwohl ich in der Schule, als wir *Krieg und Frieden* lasen, meinen Klassenkameraden immer erzählt habe, er sei mein Großonkel. Aber das hat mir keiner geglaubt.«

»Professor Tolstoi und seine Familie wohnen in dem vierten Haus an der Straße«, erklärte Simon mir. Er hatte sechs Rechtecke auf ein Blatt Papier gezeichnet und auf das vierte den Namen Tolstoi geschrieben. »Seine Kinder haben vor drei Abenden Besuch von Koljada erhalten.«

»Ich kam sofort, als ich die Nachricht von Professor Trewitz' Tod erhielt«, erklärte Tolstoi. »Ich konnte es nicht glauben – besonders nicht, dass Simon gesehen hat, wie Koljada den Körper berührte. Es ist, als ob ...« Er zögerte.

»Als ob sie ihn durch ihre Berührung getötet hätte«, vollendete Simon den Satz für ihn. »Das klingt nach einer russischen Volkssage, nicht wahr, Professor?«

Tolstoi war ein gut aussehender, dunkelhaariger Mann Mitte vierzig, der offensichtlich sehr auf seine Figur achtete. Ich konnte mir vorstellen, dass vor allem Studentinnen gerne seine Seminare besuchten.

»Nun«, setzte er an, um Simons Frage zu beantworten, »es ist wahr, dass es in unseren Legenden über den Frost – oder über Väterchen Frost, wie er manchmal auch genannt wird – Beispiele von Leuten gibt, die durch seine Berührung erfroren sind, aber bisher gibt es keine Verbindung zwischen dem rachsüchtigen Väterchen Frost und der freundlichen, Geschenke bringenden Koljada.«

»Es ist ja durchaus möglich, dass es keine Verbindung zwischen Professor Trewitz' Tod und unserer Koljada gibt, aber das können wir jetzt noch nicht sagen.«

»Ich muss wieder weiter. Wir werden Sie aber über alle Entwicklungen auf dem Laufenden halten, Simon.«

»Sehe ich Sie heute Abend auf der Party bei den Rodgers?«

»Das nehme ich doch an, falls sie sie wegen dieses traurigen Ereignisses nicht absagen.«

Als Tolstoi gegangen war, erkundigte ich mich bei Simon nach dieser Party. »Das ist ein alljährliches Ritual«, erklärte er mir. »Alle Dozenten des russischen Instituts werfen sich in ihren Sonntagsstaat und treffen sich zu einer Weihnachtsfeier in einem ihrer Häuser. Dieses Jahr trifft es Jeff und Lenore Rodgers. Letztes Jahr waren die Nawogards die Gastgeber, in ihrem alten Haus, das etwas abseits vom Campus liegt.« Er deutete auf das Telefon. »Da fällt mir ein, ich wollte ja Detective O'Connor wegen des Autopsieberichtes anrufen.« Er musste ein paar Minuten warten, ehe O'Connor ans Telefon ging. »Es gibt eigentlich keinen Grund, warum ich es Ihnen nicht jetzt schon sagen sollte«, erklärte der Ermittlungsbeamte. »Die Zeitungen bekommen es sowieso für ihre Mittagsausgabe. Man hat ihn auf den Kopf geschlagen, aber das hat ihn nicht getötet. Die eigentliche Todesursache ist Ersticken.«

»Ersticken!«

»Anhand der Körpertemperatur ist es völlig unmöglich, den exakten Zeitpunkt des Todes zu ermitteln. Er hatte noch nichts zu Abend gegessen, deswegen kann man davon ausgehen, dass der Schlag auf den Kopf im Lauf des Nachmittags erfolgte.«

»Ich weiß, dass er gleich nach Mittag ein Seminar hatte.«

»Vermutlich werde ich mich noch einmal mit Ihnen unterhalten müssen, Mr. Ark. Vielleicht schon heute Nachmittag, je nachdem, wie die Ermittlungen vorankommen.«

Ich hatte, das Ohr nahe am Telefonhörer, alles mitgehört, und als Simon auflegte, fragte ich: »Wie kann er denn nur erstickt sein?«

»Da gibt es zahlreiche Möglichkeiten, mein Freund. Ein Kissen, eine Plastiktüte über dem Kopf, sogar ein weiches Handtuch, das, um den Hals geschlungen, keine Spuren hinterlassen würde. Das Wichtigste ist doch, dass es sich um Mord handelt, und Koljadas eisige Berührung hat ihn mit Sicherheit nicht umgebracht.«

»Hatten Sie das ursprünglich angenommen?«

»Man kann nie wissen. Gehen wir und erzählen wir es den anderen. Heute finden keine Kurse statt, und eigentlich sollten alle zu Hause sein.«

Auf dem Weg über den Campus erklärte er mir, dass die kurzen Weihnachtsferien den Studenten Gelegenheit geben sollten, sich auf die Prüfungen am Ende des Semesters Anfang Januar vorzubereiten. Darauf folgten wieder zwei freie Wochen, bevor das nächste Semester anfing.

Wir gingen in das erste Haus an der Campus-Straße, wo die Familie Nawogard mit den Weihnachtsvorbereitungen beschäftigt war. Hier gehörte die Dame des Hauses dem Lehrkörper an, und ich war angenehm überrascht, als ich feststellte, dass Professor Lara Nawogard eine charmante Frau mit Esprit war. Der Mann, der bei ihr war und Kaffee trank, war nicht ihr Mann, der in der Stadt arbeitete, sondern Jeff Rodgers, dessen Haus wir am Tag zuvor besucht hatten.

»Koljada, Koljada«, meinte Lara Nawogard kopfschüttelnd. »Mein Sohn redet seit diesem ersten Abend von nichts anderem mehr.«

»Bei meinen Mädchen ist es dasselbe«, bestätigte Rodgers.

Aber Laras Sohn war älter, ungefähr acht, und diese Tatsache weckte auf der Stelle Simons Interesse. Er rief den Jungen zu sich und legte ihm freundschaftlich die Hand auf die Schulter. »Du bist Mark? Du siehst ja schon ziemlich groß aus. In ein paar Jahren spielst du bestimmt schon Football.«

»Aber sicher«, meinte der Junge. »Das glaube ich auch.« Er schien völlig amerikanisiert zu sein, und ich nahm an, dass er wahrscheinlich schon in diesem Land geboren worden war.

»Hast du mit der netten Dame, die die Geschenke brachte, gesprochen?«

»Natürlich, aber an so einen Unsinn glaube ich sowieso nicht mehr. Koljada ist doch dasselbe wie der Weihnachtsmann. Die beiden gibt es in Wirklichkeit doch gar nicht.«

»Aber sie schien doch echt zu sein, als sie sich mit dir unterhielt, oder?«

»Nein, Ihre Lippen haben sich ja nicht einmal bewegt.«

»Was soll das heißen?«, fragte Simon. »Wenn sie gesprochen hat, dann müssen sich auch ihre Lippen bewegt haben.«

»Sie hat eine Maske getragen«, sagte der Junge, »so wie an Halloween.« Ich versuchte, mich an das Gesicht zu erinnern, das ich, nur flüchtig und von der weißen Kapuze verborgen, gesehen hatte. Ja, es könnte durchaus eine Maske aus Gummi oder Plastik gewesen sein. »Ich verstehe dich nicht, Mark«, sagte seine Mutter. »Warum redest du dann die ganze Woche über sie, wenn du nicht einmal an sie glaubst?«

»Weil sie mich als Ersten besucht hat«, verkündete er mit kindlichem Stolz. »Vor allen anderen.«

Simon Ark hatte noch eine weitere Frage an ihn. »Hat sie dich berührt, mein Junge?«

»Ja, aber nur einmal.«

»Und war ihre Berührung warm oder kalt?«

»Ich weiß nicht. So wie bei Mom.«

Simon nickte. »Na, dann werden wir mal weiterziehen, Lara. Vielen Dank für Ihre Hilfe.«

Jeff Rodgers ging mit uns hinaus; er stellte seinen Jackenkragen gegen das dichter werdende Schneetreiben hoch. »Wir könnten tatsächlich weiße Weihnachten bekommen«, stellte er fest.

»Das haben sie angekündigt.« Simon hielt das Gesicht gen Himmel, und die dicken weißen Flocken färbten seine Wimpern fast augenblicklich weiß.

»Sehe ich Sie heute Abend auf der Party, Simon?«

»Ich komme gern.«

»Auch Ihr Freund ist jederzeit willkommen.«

»Vielen Dank«, sagte ich, »aber eigentlich sollte ich zu Hause sein.«

Simon Ark spähte durch den Schneefall. »Wer ist das, der da gerade in das Haus von Trewitz geht?« Eine Frau war aus einem Wagen am Straßenrand gestiegen.

»Das könnte seine Tochter sein«, vermutete Rodgers. »Sie ist zur Beerdigung gekommen und um das Haus auszuräumen.«

»Von woher kam sie denn?«

»Von irgendwo nördlich der Stadt. White Plains, glaube ich.«

Wir beeilten uns und holten die junge Frau ein. Sie war eine unauffällige Erscheinung, trug das Haar aus dem Gesicht gekämmt, war ungeschminkt und trotz ihrer hochhackigen Stiefel nur mittelgroß. Sie hieß seit ihrer Heirat Marta Frazier, und Rodgers stellte uns einander vor. »Darf ich Ihnen mein tiefstes Mitgefühl ausdrücken«, sagte Simon zu ihr. »Ich habe Ihren Vater sehr gut gekannt.«

Bei der Erwähnung seines Namens horchte sie auf. »Sie sind der Mann, der die Leiche gefunden hat, nicht wahr?«

»Das ist richtig.«

»Die Polizei glaubt, dass er ermordet wurde.«

»Das scheint auch der Fall zu sein«, meinte Simon zustimmend.

Es schneite jetzt heftiger, und wir suchten Schutz auf der Veranda von Trewitz' Haus. »Erzählen Sie mir, wie Sie ihn gefunden haben. Dieser Detective O'Connor sagt, dass eine Frau bei ihm war.«

»Es kann eine Frau gewesen sein«, erklärte Simon ihr. »Die Person trug eine Maske, da können wir einfach nicht sicher sein.«

Zum ersten Mal wurde mir klar, wie wahr seine Worte doch waren. Obwohl Koljada zu den Kindern gesprochen hatte, so hatte sie doch keinen Laut von sich gegeben, als wir sie neben der Leiche von Professor Trewitz angetroffen hatten. Wenn das Gesicht eine Maske war, dann konnte die Person dahinter sowohl ein Mann als auch eine Frau gewesen sein. Ich starrte auf unsere Fußabdrücke im Schnee, und auch Marta Frazier musste sie sich näher angesehen haben. »Es hat zwar nicht genügend Schnee für Fußabdrücke gelegen, aber könnte diese Koljada nicht auf dem Knauf an der Hintertür Fingerabdrücke hinterlassen haben?«

»Sie hat Fäustlinge getragen«, sagte ich.

»Ist sie zu Fuß oder in einem Auto geflohen?«

»Zu Fuß, aber an der nächsten Ecke hätte leicht ein Wagen auf sie warten können«, erklärte ich ihr. »Vielleicht sogar ein Schlitten, wer weiß.«

»Die Heiligabend-Party findet dieses Jahr in unserem Haus statt«, bot Jeff Rodgers an. »Wir fanden, dass Ihr Vater bestimmt gewollt hätte, dass sie wie geplant stattfindet.«

»Da können Sie sicher sein«, erwiderte Marta.

»Sie sind natürlich eingeladen. Und Ihr Mann auch, falls er kommen kann.«

»Wir leben getrennt.«

»Das tut mir aber leid.«

»Wie schnell möchte die Universität denn Vaters Sachen aus dem Haus haben?«

»Lassen Sie sich so viel Zeit, wie Sie brauchen.«

Sie nickte. »Danke.«

»Werden Sie heute Abend kommen?«

»Das bezweifle ich. Ich habe noch einiges mit dem Bestattungsinstitut zu besprechen. Der Feiertag morgen macht alles so schwierig.«

Wir ließen sie auf der Veranda zurück, und Rodgers ging zu sich nach Hause. »Denken Sie daran – irgendwann ab acht. Wir haben einen Babysitter, der drüben bei den Tolstois auf alle Kinder aufpasst.«

Simon und ich stapften durch den Schnee zu seinem Zimmer zurück. Ich schaute mir die Reihe von sechs fast identischen Häusern an und sagte: »Wissen Sie was, Simon? Nachdem ich Sie nun dreißig Jahre kenne, kann auch ich mir manchmal gewisse Dinge zusammenreimen. Es gibt da einen sehr wichtigen Punkt, den Sie bisher übersehen haben.«

»Was sollte das sein, mein Freund?«

»Ich glaube, dass alle diese Leute lügen, was Koljada betrifft, jeder Einzelne von ihnen! Koljada bringt russischen Kindern kurz vor Weihnachten Geschenke, richtig?«

»Das ist richtig.«

»Aber ist es nicht so, dass Russen am Dreikönigstag, also am sechsten Januar, Geschenke austauschen und nicht am Weihnachtstag? Sollte Koljada nicht erst an dem Tag kommen?«

»Sehr gut, mein Freund, und für einige Russen trifft das sicher zu. Aber Sie werden sich bestimmt daran erinnern, dass ich ihnen kürzlich erst gesagt habe, dass die Universität an Weihnachten ein paar Tage vorlesungsfrei hat, weil bald darauf die Semesterabschlussexamen Anfang Januar stattfinden. Deshalb hat die russische Gemeinde hier unsere westlichen Sitten angenommen und feiert Weihnachten am fünfundzwanzigsten Dezember. Unsere Koljada offensichtlich auch.«

»In Ordnung, Sie haben mich wieder mal überzeugt. Haben Sie irgendwelche besseren Theorien?«

»Nur den Ansatz zu einer Theorie, mein Freund. Doch ich halte es für sehr wichtig, dass wir heute Abend auf diese Weihnachtsparty bei den Rodgers gehen.«

Als wir an diesem Abend eintrafen, waren die anderen Gäste bereits alle da. Es war eine kleinere Gruppe als sonst, da die Wladimers Weihnachten bei ihrem verheirateten Sohn in Philadelphia verbrachten und die Batowrins mit Grippe im Bett lagen. Aber Lara Nawogard und ihr Mann waren da, dann Iwan Tolstoi und seine Frau und unsere Gastgeber Jeff und Lenore Rodgers.

»Ich glaube, Professor Trewitz fehlt uns allen sehr«, sagte Iwan Tolstoi, der in der einen Hand einen Eierflip balancierte, während er sich mit der anderen etwas zu essen nahm. »Er wusste wirklich, wie man Feste feierte. Waren Sie bei der Party letztes Jahr, Simon?«

»Ich war mit einigen Recherchen an der Universität beschäftigt, aber damals kannte ich Sie alle noch nicht gut genug. Das hier ist meine erste Weihnachtsparty.«

Tolstoi wandte sich an seine Gastgeber und begann eine Diskussion über die neuesten Entwicklungen in Russland, wo eine neue politische Führung jetzt bereits Veränderungen mit sich brachte, die sich vor Kurzem noch niemand hätte vorstellen können. »Das hat dem russischen Institut tatsächlich großen Auftrieb gegeben«, stimmte Jeff Rodgers ihm zu.

Ich bahnte mir meinen Weg zu Lara Nawogard, die mir von den Anwesenden am interessantesten zu sein schien. »Sie scheinen sich etwas zu langweilen«, bemerkte ich.

Sie lachte und nickte schelmisch. »Ich muss dabei sein, weil es die Weihnachtsfeier des Instituts ist, aber ich würde den Heiligabend viel lieber zu Hause verbringen.« Ihr Mann war ein melancholischer Russe, der Englisch mit starkem Akzent sprach und sie ständig zu ignorieren schien.

Ich versuchte, nicht an Shelly zu denken, die allein zu Hause saß, während ich mich hier mit Lara unterhielt und dabei Simon nicht aus dem Auge ließ, der gerade mit Iwan Tolstoi und dessen Frau in eine heftige Diskussion vertieft war. So standen wir alle, als es an der

Tür läutete und Lenore Rodgers aufmachen ging. Jegliche Konversation erstarb, als wir uns umdrehten, um den Neuankömmling zu begrüßen.

»Vielleicht geht es den Batowrins besser und sie sind doch noch gekommen«, mutmaßte Lara.

Doch es waren nicht die Batowrins. Es war die untersetzte, weiß gekleidete Gestalt des Elfenmädchens Koljada.

In diesem Augenblick war sie nicht die Verkörperung weihnachtlicher Freude oder Gaben, auch wenn sie einen Korb voller Geschenke trug. Für mich und vielleicht auch für die anderen war sie eine Schreckgestalt, die sich über die Leiche von Professor Trewitz gebeugt hatte, um seine Wange zu berühren.

Einen Augenblick lang sagte keiner ein Wort. Dann machte Jeff Rodgers einen Schritt nach vorne und starrte die Maske an, die die wahren Gesichtszüge dahinter verbarg. »Wer sind Sie?«, fragte er mit gepresster Stimme. Aber es war Simon Ark, der die Frage beantwortete. »Das ist selbstverständlich Marta Frazier, Professor Trewitz' Tochter. Nehmen Sie Ihre Maske ab, Marta, und feiern Sie mit uns.«

Es war tatsächlich Marta Frazier, obwohl ich im Moment nicht begreifen konnte, woher Simon das gewusst hatte. Sie streifte das rosenwangige, leicht orientalische Gesicht ab und war die Frau, die wir früher am Tag bereits getroffen hatten. »Ich schulde Ihnen allen eine Erklärung«, meinte sie lächelnd.

Iwan Tolstoi schnaubte. »Und ob Sie das tun!«

Lenore kam mit einem Becher Eierflip angerannt. »Aber trinken Sie doch zuerst auf Weihnachten, Marta. Ich kann Ihnen nur sagen, meinen Kindern hat Ihr Besuch an dem Abend sehr viel Spaß gemacht.«

»Eigentlich war es die Idee meines Vaters«, erzählte Marta. »Ich sollte heute Abend eigentlich mit ihm hier sein, aber jetzt ist er ja nicht mehr. Also beschloss ich, trotzdem zu kommen, damit Sie nicht länger im Dunkeln tappen.«

»Woher wussten Sie das nur, Simon?«, fragte Lara Nawogard.

»Zum einen hatte sie die richtige Größe. Als wir Koljada gestern Abend davonlaufen sahen, war es eine kleine Gestalt – kleiner als Marta, wie es schien, bis mir die Stiefel mit den hohen Absätzen auffielen. Marta erwähnte, dass nicht genügend Schnee gelegen hätte, um Fußabdrücke zu hinterlassen, und dass Koljada durch die Hintertür in das Haus ihres Vaters gekommen war. Das waren alles Dinge, die sie eigentlich gar nicht wissen konnte, es sei denn, sie hätte Koljada gespielt.«

»Aber warum sind Sie davongelaufen, als Sie Ihren Vater tot auffanden?«, fragte Jeff Rodgers.

»Ich glaube, ich war in Panik. Es war so ein Schock. Ich hatte mich mit meinem Vater nie sehr gut verstanden, und ich nehme an, ich hatte Angst, jemand würde tatsächlich auf die Idee kommen, ich hätte ihn mit meiner Berührung getötet.«

»War Ihnen sofort klar, dass er tot war?«

Sie schauderte. »Seine Wange war so kalt …«

Jeff half ihr aus dem weißen Umhang, und sie stimmte in die allgemeinen Erinnerungen an ihren Vater ein. Ich hörte eine Weile zu, so wie Simon auch, aber mir fiel auf, dass seine Augen immer wieder zu Koljadas weißem Umgang zurückwanderten, der an einem Garderobenständer im Gang hing.

»Ich war sehr eng mit Ihrem Vater befreundet«, sagte Lara eben. »Wir kannten uns noch aus Moskau, das ist Jahre her. Er war natürlich viel älter als ich, aber uns verband eine Freundschaft, die wir sofort wieder aufgefrischt haben, als wir uns hier auf dem Campus wiedertrafen.« Bei diesen Worten schüttelte Iwan Tolstoi nur traurig den Kopf. »Trewitz war ein Mann in den besten Jahren. Was immer gestern Abend vorgefallen ist, er hat es nicht verdient.«

Ich warf einen Blick auf meine Uhr und kam zu dem Schluss, dass ich jetzt wirklich gehen musste. »Simon …«

»Ich weiß, mein Freund. Vielen Dank, dass Sie gekommen sind und so lange bleiben konnten.«

»Nun, das Geheimnis um Koljada ist ja nun gelöst.«

»Aber nicht das Geheimnis, was mit ihrem Vater passiert ist. Vielleicht hat ihn doch die Berührung ihrer Finger getötet.«

»Glauben Sie das im Ernst, Simon? So wie bei Väterchen Frost in den russischen Volkssagen?«

Er schlüpfte in seinen Mantel und begleitete mich zum Wagen, nachdem wir uns von den anderen verabschiedet hatten. »Ich muss auch gehen«, sagte er. Aber dann, als wir neben dem Wagen standen, sah ich, wie er plötzlich zusammenfuhr. Noch eine Person verließ das Haus der Rodgers.

»Eine der Frauen«, bemerkte ich.

»Lara Nawogard, die ohne ihren Mann nach Hause geht.«

»Die aber zuerst bei den Tolstois ihren Sohn abholt.«

Simon schüttelte den Kopf. »Sie geht direkt nach Hause. Die Kinder sollen in Ruhe ihre eigene Party feiern.«

»Warum haben Sie sich Koljadas Umhang eigentlich so genau angesehen?«

»Ich dachte mir dabei, dass eigentlich jeder ihn tragen könnte, selbst ein größeres Kind. Ein Umhang ist ein Kleidungsstück, das einen Menschen vollständig verhüllt.«

»Schlafen Sie erst mal darüber, Simon«, riet ich ihm und setzte mich hinter das Steuer meines Wagens. »Sie kommen doch morgen Abend zum Essen?«

Plötzlich zog er mich wieder aus dem Wagen. »Natürlich sehen sie alle gleich aus!«

»Was? Wovon sprechen Sie?«

»Schnell! Wir haben keinen Augenblick zu verlieren.«

»Was sieht alles gleich aus, Simon?«, fragte ich, während ich hinter ihm her durch den Schnee eilte. »Weiße Umhänge?«

»Nein, die Häuser!«

»Was?«

Aber er lief schweigend weiter, so schnell, wie ich es vorher noch nie bei ihm gesehen hatte. Wir dürften das Haus der Nawogards keine drei Minuten, nachdem Lara es betreten hatte, erreicht haben. Simon probierte es zuerst an der Vordertür, die unverschlossen war, wohl in Erwartung der Heimkehr ihres Sohnes oder Mannes. Aber im Erdgeschoss war es dunkel.

»Sie muss nach oben gegangen sein«, schlug ich vor.

»Nein«, sagte Simon plötzlich. »Die Küche …«

Ich betrat sie gleich nach ihm. Wir sahen die Gestalt in Weiß, deren Umrisse sich von dem hellen Schnee draußen abhoben. »Schon wieder Koljada«, murmelte Simon. »Aber jetzt zum letzten Mal.«

Sie machte eine Bewegung, als wollte sie davonlaufen, aber er packte sie an den Armen. Dann rief er mir über die Schulter zu: »Die Gefriertruhe – schnell!«

Ich schaltete das Deckenlicht ein, fand die große Kühltruhe und riss die Tür auf. Drinnen lag Lana Nawogard, bewusstlos und so verrenkt, dass sie genau in die leer geräumte Gefriertruhe passte.

»Sie lebt!«, sagte ich zu Simon.

Er zog die Maske von Koljadas Gesicht, und wieder kam Marta Frazier zum Vorschein, nur dass dieses Mal ihr Gesicht zu einer hasserfüllten, mörderischen Fratze verzogen war.

Shelly hatte für den folgenden Tag ein traditionelles Weihnachtsessen zubereitet, und als wir alle um den Tisch herumsaßen, klärte ich sie über die Geschichte mit Koljada auf. »Die ganze Sache klingt verrückt!«, sagte sie und löffelte Kartoffelbrei aus einer Schüssel. »Wollen Sie mir damit sagen, dass sie ihren Vater auf die gleiche Weise getötet hat – dass sie seinen Körper in die Kühltruhe in der Küche gestopft hat?«

»Ich fürchte, ja«, sagte Simon Ark. »Das Datum hätte mir von Anfang an ihr Motiv verraten müssen. Wir wussten, dass ihre Mutter letztes Jahr am Morgen des Weihnachtstages bei einem Autounfall ums Leben gekommen war und dass ihr Vater am Steuer gesessen hatte. Es hatte ab und zu Anspielungen gegeben, dass Professor Trewitz auf Partys immer eine Menge trank, und wir wissen, dass die Party letztes Jahr im Haus der Nawogards stattgefunden hatte, in dem alten Haus, das etwas abseits gelegen war. Wir können ruhig annehmen, dass Mrs. Trewitz – Martas Mutter – bei einem Autounfall auf dem Weg nach Hause von ebendieser Weihnachtsparty letztes Jahr ums Leben gekommen ist und dass der Professor, der entweder betrunken oder aber zumindest nicht mehr ganz fahrtüchtig war, am Steuer gesessen hat.«

»Sie hat ihren Vater getötet, weil er am Tod ihrer Mutter vor einem Jahr schuld war.«

»Genau! Und sie hat versucht, Lara Nawogard zu töten, weil sie damals diese Party gegeben hat. Nachdem sie heute Abend Lara über ihre wieder aufgefrischte Freundschaft mit Trewitz sprechen hörte, hat Marta vielleicht sogar angenommen, ein weiteres Motiv zu haben.«

»Aber was sollte diese ganze Geschichte mit der Elfe Koljada?«, fragte Shelly.

Simon Ark seufzte. »Zuerst müssen wir uns darüber klar sein, dass diese Frau ernsthafte psychische Probleme hat. Vielleicht glaubte sie ja, wirklich Koljada zu sein. Aber als sie in der Woche vor Weihnachten jeden Abend diese Geschenke ablieferte, da hat sie mit Sicherheit zwei Fliegen mit einer Klappe geschlagen. Sie lernte zum einen die Grundrisse der anderen Häuser kennen, und zum anderen gelang es ihr, den Ersatzschlüssel der Nawogards zu stehlen und außerdem Koljada als vertraute Gestalt einzuführen. Hätte man sie durch die Gärten laufen oder in das Haus ihres Vaters eindringen sehen, hätte niemand die Polizei gerufen. Die Häuser, alles frühere Wohnheime, sehen von außen alle gleich aus, und die Küchen sind identisch. Alle verfügen über diese großen Kühlschränke und Gefriertruhen, wie sie in der Gastronomie üblich sind, und die Lenore Rodgers uns gegenüber noch extra erwähnt hat.

»Sie hat ihren Vater also dort hineingesteckt und wieder herausgezogen, nachdem er tot war?«

»Er war ein kleiner Mann, vergessen Sie das nicht, und obwohl sie auch nicht groß ist, so hat ihr doch der Hass wahrscheinlich zusätzliche Kräfte verliehen. Sie hat ihn am Nachmittag mit einem Gegenstand bewusstlos geschlagen und dann in die Gefriertruhe gesteckt. Als sie am Abend zurückkam, hat sie die Leiche ins Wohnzimmer gezerrt und in den Sessel gesetzt. Die Leichenstarre war schuld daran, dass er vornübergebeugt war, als wir ihn fanden. Selbstverständlich ist er in der luftdichten Gefriertruhe erstickt, bevor die Kälte ihn umbringen konnte. Lara Nawogard wäre auf dieselbe Weise gestorben.«

»Woher wussten Sie das alles?«

»Das habe ich ja gar nicht, bis es fast zu spät war. Aber dann fiel mir wieder die Küche von Trewitz ein, wie wir sie an jenem Abend vorgefunden hatten – das geschmolzene Eis im Spülbecken und die metallenen Einsätze auf der Küchentheke. Die waren natürlich aus der Gefriertruhe herausgenommen worden, um Platz für den Professor zu schaffen. Vergangenen Abend hat sie dieselben Vorbereitungen in Laras Haus getroffen, bevor sie zur Party kam. Dann, als Lara ging, verschwand Marta ebenfalls durch die Hintertür und über den Garten hinterm Haus. Sie wartete bereits in der Küche, als Lara heimkam. Wenn Sie an den Augenblick zurückdenken, als wir das Haus von Trewitz betraten, mein Freund, dann fallen Ihnen vielleicht wieder die Schleifspuren auf dem Teppich im Wohnzimmer ein; und das, was wir für ein Streicheln der Wange hielten, war nichts anderes als Martas Versuch, die Leiche, so gut sie konnte, in dem Sessel

238

zurechtzusetzen. Kein Wunder, dass sie voller Panik weggelaufen ist, sie konnte ja nicht wissen, wie viel wir mit angesehen hatten.«

»Sie kann Trewitz' Leiche doch trotzdem erst gefunden haben, nachdem ein anderer ihn umgebracht hatte«, meinte ich. Doch Simon schüttelte den Kopf. »Wir haben doch erfahren, dass Koljada bei jedem Haus an der Tür geläutet hat, an der Tür ihres Vaters aber nicht. Wir haben doch gesehen, dass sie einfach hineinging. Sie hat nicht geläutet, weil sie wusste, das niemand am Leben war, um ihr die Tür zu öffnen. Und was noch wichtiger ist, Koljadas Korb mit den Geschenken stand immer noch auf der Küchentheke. Warum, wenn sie ihrem Vater die Geschenke bringen wollte? Weil sie beide Hände frei haben musste, um die Leiche aus der Gefriertruhe zu holen und über den Boden zu schleifen.«

»Warum hat sie sich die ganze Mühe gemacht und die Leiche überhaupt eingefroren?«, fragte Shelly.

»Der menschliche Geist ist schon ein seltsames Wesen«, musste Simon zugeben. »Irgendwie muss es für sie wie eine Rückkehr in die Vergangenheit gewesen sein, in das Russland jener Tage, als ihre Mutter noch am Leben war.«

Doch dann sprachen wir nicht mehr über Koljadas eisiges Geschenk. Schließlich war Weihnachten.

Aaron Elkins
Profis unter sich

Wenn es darum geht, Kriminalromane zu schreiben, dann ist Aaron Elkins, der Edgar-Preisträger von 1987, ganz in seinem Element. Doch wenn es um Kurzgeschichten geht, dann wäre es ihm sehr lieb, der geneigte Leser würde das hier vorliegende Beispiel mit Nachsicht betrachten. Aaron hat sich nie zuvor an einer Kurzgeschichte versucht und musste, wie viele andere Schriftsteller auch, feststellen, dass sie keineswegs so einfach sind, wie der Leser vielleicht annimmt. Diese hier hat ihm so viel Kraft abverlangt, dass er meint, sie könne gut und gern seine letzte gewesen sein. Die Idee zu dieser Geschichte kam dem Autor aus dem Staate Washington während einer Fahrt über den Puget Sound. Offensichtlich können Fähren im Nebel ein Risiko in sich bergen, das manch einer sich gar nicht vorstellen kann.

»Ich glaube, da ist geschlossen, Frank. Wäre geöffnet, würde man sicher irgendetwas davon bemerken. Schließlich ist Heiligabend, und Sie können nicht erwarten …«

Fundys schnaubendes Lachen schnitt ihm das Wort ab. »Wäre geöffnet«, äffte er ihn mit seiner abscheulichen Version eines englischen Akzentes nach. »Oh, schön gesagt, alter Junge. Cheerio. Unzweifelhaft.«

Claude Fleming biss die Zähne zusammen und lächelte höflich. Als Senioranwalt der Rechtsanwaltskanzlei Whatcom, Bennis, Fistule und Sissey hatte er bereits vor langer Zeit gelernt, Dummköpfe (das heißt Mandanten) gelassen, zumindest aber höflich zu ertragen. Seine Zurückhaltung war in den sieben Monaten, seit Franklin J. Fundy die Kanzlei für würdig befunden hatte, ihn in den endlosen Rechtsfällen, in die er ständig verwickelt war, zu vertreten, auf eine sehr harte Probe gestellt worden. Claude hatte sich sehr geschmeichelt gefühlt, als Ian Whatcom ihm Fundys Angelegenheiten übertrug, und sich mit Begeisterung auf diese Aufgabe gestürzt.

Wer kannte schließlich nicht den lustigen »Funnie Frankie Fundy« aus dem Fernsehen, wo er für seine Kette von Elektrowarenhandlungen Reklame machte? Es gab keinen Sender, auf dem man ihn nicht gesehen hätte. Funnie Frankie war ein inspirierendes Beispiel unternehmerischen Wagemuts und Erfolgs, ein Mann, der einen rattenlochgroßen Elektroladen in Tacoma zu einer Kette von sechsundsechzig gigantischen, kaufhausgleichen Einzelhandelsgeschäften in neunundvierzig Städten im ganzen Land ausgebaut hatte.

Seine Werbespots wurden von Studenten dieses Genres als regelrechte Klassiker ungehobelter Vulgarität betrachtet, die kunstvoll auf die niedrigsten Instinkte der amerikanischen Käufer abzielten. Warum dieses Niveau ausgerechnet unter den Käufern von Waschmaschinen und Ähnlichem überproportional vertreten sein sollte – und nur noch von dem von Gebrauchtwagenkäufern übertroffen wurde –, war allerdings ein Phänomen, das, soweit Claude das beurteilen konnte, bis heute noch keine befriedigende Erklärung gefunden hatte. Aber wie auch immer, die Werbespots von Funnie Frankie hatten alles zu bieten: Sahnetorten im Gesicht, Stürze auf den Allerwertesten, Waschmaschinen, die mit Vorschlaghämmern bearbeitet wurden, Autos in Schrottpressen und – in einem denkwürdigen Spot, der aber schnell wieder abgesetzt worden war – Spülmaschinen unter Raketenbeschuss. Claude hatte seinem ersten Treffen mit dem Schöpfer dieses Imperiums und dem gewieften Erfinder der Figur des Funnie Frankie freudig entgegengesehen. Zu seiner Überraschung jedoch war die Figur echt. Es gab nur Funnie Frankie Fundy, der vor und hinter dem Bildschirm immer der gleiche war: vulgär, ignorant, aggressiv.

»Ich kann Bärte nicht ausstehen«, waren seine ersten Worte gewesen, als Mr. Whatcom sie einander vorgestellt hatte. »Ich arbeite nicht mit Leuten zusammen, die welche tragen.«

»Ich trage den meinen schon sehr lange, Mr. Fundy«, hatte Claude mit dem ersten von vielen gequälten Lächeln, die noch folgen sollten, erwidert. »Ich würde ihn nur ungern abnehmen.«

»He, ich bin doch gar nicht so intolerant«, hatte Fundy gesagt. »Sie müssen ihn ja nicht gleich abnehmen. Tragen Sie ihn einfach nicht, wenn Sie in meiner Nähe sind, das reicht.«

»Selbstverständlich wird er das nicht, Mr. Fundy«, hatte Whatcom mit einem vielsagenden Blick auf Claude gesäuselt.

Und so hatte der wunderschöne, sorgfältig gepflegte rotbraune Bart weichen müssen. Ach ja, Geschäft ist Geschäft; jetzt machte es ihm nicht mehr so viel aus. Aber was ihm wirklich etwas ausmachte, das war Fundys unbekümmerte Annahme, er könne Claudes Freizeit in Beschlag nehmen, wann immer es ihm passte. Das verübelte er ihm sehr. Jetzt im Moment zum Beispiel – es war vier Uhr an einem trüben Nachmittag vor Weihnachten – hätte Claude lieber gemütlich zu Hause gesessen, als gegenüber einer hell erleuchteten, aber offensichtlich geschlossenen Kunstgalerie an Seattles verregnetem, windgepeitschtem Pioneer Square auf der Straße herumzustehen.

Aber Fundy hatte Mr. Whatcom zu Hause angerufen und ihn um Hilfe bei einem dringenden persönlichen Problem gebeten: Er wollte seiner Frau zu Weihnachten ein neues Gemälde schenken, hatte es aber ganz vergessen. Jetzt, in letzter Minute, wollte er sich in einer der Galerien in der Innenstadt ein Bild aussuchen, aber dazu musste er jemanden bei sich haben, der Anwalt war und außerdem etwas von Kunst verstand. Sonst, davon war er überzeugt, würden ihn diese

Juden und Armenier oder Iraner oder wo zum Teufel sie sonst herkamen, nur übers Ohr hauen. Wie wäre es also, wenn er diesen Engländer, der immer so affektiert daherredete – Claude sowieso, diesen Kunstliebhaber –, aus dem Haus läutete und ihm sagte, er solle gefälligst seinen Hintern zum Pioneer Square bewegen?

Dieses Getue um sein angebliches Englischsein ging Claude ebenfalls auf die Nerven. Er war genauso amerikanisch wie Fundy. Und er redete nicht affektiert daher. Er sprach korrekt und nach der Schrift, das war alles; er war eben das wohlgeratene Produkt anständiger Bildungsstätten wie Andover, Dartmouth und Harvard. Das hatte er zwar mehrmals so nebenbei einfließen lassen, aber es hatte nichts gefruchtet. Was Funnie Frankie betraf, so musste man einfach Engländer sein, wenn man dreisilbige Wörter benutzte und ab und zu einen Konjunktiv einwarf.

»Schauen wir trotzdem mal nach«, sagte Fundy, und sie überquerten die First Avenue und gingen zu der offensichtlich menschenleeren Suffield Galerie. »Clarice bringt mich um, wenn ich nichts für sie habe, und damit meine ich kein lumpige Schachtel Pralinen.«

Die Galerie war geöffnet. Das war noch etwas, was ihn an Fundy ärgerte, dass er nämlich in kleinen Dingen, über die er eigentlich nicht Bescheid wissen konnte, so oft recht hatte. Als sie den Laden betraten, steckte ein Mann Mitte sechzig den Kopf um eine Trennwand im hinteren Teil der Galerie; er wirkte überrascht. »Oh, hallo.« Hemdsärmelig und in Hosenträgern, einen Schraubenzieher in der Hand, kam er ganz zum Vorschein; er war ein kleiner Mann mit faltigem Hals und einem dünnen, zigarrenförmigen Schnurrbart, der ihn unter der Nase zu kitzeln schien. »Ich habe niemanden mehr erwartet … Ich war eben nur … Das heißt, kann ich was für Sie tun?«

»Ist schon in Ordnung, wir wollen uns nur mal umschauen«, sagte Fundy und musterte ihn scharf mit dem Misstrauen, das ein Verkäufer gegenüber einem anderen empfindet.

»Gut, schön«, sagte der Mann freundlich, fast erleichtert. »Dann gehe ich wieder zu meinen Kisten zurück.« Er verschwand hinter der Trennwand, wobei er wie ein Kaninchen mit der Oberlippe zuckte. Dann steckte er noch einmal den Kopf hervor. »Oh, ich bin Theodore Suffield. Rufen Sie mich einfach, falls Sie irgendwelche Fragen haben.«

»Darauf können Sie sich verlassen«, sagte Fundy und sah sich erst mal genauer an, was an den Wänden der Galerie so hing. »Heiliger Bimbam«, sagte er, »was ist das denn für ein Mist?«

Claude legte den Finger auf die Lippen. »Er ist direkt auf der anderen Seite der Wand«, sagte er fast lautlos. Nicht, dass er mit Fundy nicht einer Meinung gewesen wäre, was wahrscheinlich zum ersten Mal der Fall war. Das Angebot der Suffield Galerie hatte einen Hang zu sehr Abstraktem, sehr Improvisiertem und sehr Grellem: Gelbe Spritzer, grellweiße Striche, blaue Flecken und klecksige blutrote Fußabdrücke *(Fußabdrücke?)* zierten die Wände.

Fundy bückte sich, um den bedruckten Zettel zu lesen, der neben einer großen Leinwand mit vier teerigen, purpurroten Klecksen in einem Feld von blendendem Weiß hing. »Karos Nummer neun?«, las er stirnrunzelnd vor.

Claude sah sich den Zettel ebenfalls an. *CHAOS Nr. 9* stand da. Er seufzte und hielt den Mund. *Karos.* Wenn es nicht so erbärmlich gewesen wäre, hätte man fast darüber lachen können.

Unter dem Kunstwerk war ein winziges weißes Rechteck aus Pappe befestigt. Fundy bückte sich auch danach. »Für so etwas wollen die neuntausendzweihundert Dollar haben?«

»So sieht es aus«, sagte Claude in etwas ruhigerem Tonfall, aber deswegen nicht weniger ungläubig.

»Für diesen Mist würde ich nicht einmal neuntausendzweihundert Cents zahlen«, sagte Fundy.

Als Claude zusammenzuckte und erneut den Finger an die Lippen legte, zuckte Fundy nur verärgert mit der Schulter. »He, ist mir doch egal, ob er mich hört.«

Er ging um die Trennwand im hinteren Teil der Galerie herum. Claude folgte ihm. Suffield kniete auf dem Boden, umgeben von vielen Kartons, Packmaterial und Kisten. Drei kleine Bilder standen auf dem Boden, an die jutebespannte Wand gelehnt. Als sie näher kamen, schaute Suffield, der eben die Eckenverstärkung einer Kiste abschraubte, zu ihnen hoch und lächelte Fundy freundlich an. »Haben Sie etwas gefunden, was Ihnen gefällt?«

»Nein. Haben Sie denn keine Bilder mit Leuten drauf? Clarice mag Leute. Sie wissen schon, Kinder, Clowns? Auch Hunde. Junge Hunde.«

»Junge Hunde?« Suffields blassblaue Augen blickten völlig irritiert.

»Nun, wie Sie sehen, sind wir auf den gängigen abstrakten Expressionismus spezialisiert, obwohl wir uns allmählich auch mit den russischen Konstruktivisten beschäftigen.« Er lächelte matt. »Aber da sind nicht allzu viele Personen drauf zu erkennen, fürchte ich. Wenn Sie an etwas gegenständlicherer Kunst interessiert sind, sollten Sie es vielleicht mal bei Frieda Weitzmann versuchen. Das ist etwas weiter unten in der Straße, neben Yesler.«

»Alle anderen haben zu. Deshalb sind wir ja zu Ihnen gekommen«, sagte Fundy mit seinem üblichen Taktgefühl.

»Nun, dann«, sagte Suffield, ohne sichtlich beleidigt zu sein, »dann könnten Sie vielleicht …«

»Was ist mit dem da?« Fundy deutete auf eines der drei Gemälde, die an der Wand lehnten; es war das altersdunkle Porträt eines Mannes mit schütterem Bart, der den breitkrempigen Hut eines Edelmannes trug und einen Zinnbecher voll Rotwein in der Hand hielt. Nicht sein erster Becher an diesem Tag, wie aus dem gelösten Heute-ist-mir-alles-egal-Grinsen auf seinem Gesicht zu erkennen war.

»Es tut mir leid, dieses nicht«, sagte Suffield, ohne sich das Bild überhaupt genauer anzusehen. »Sie müssen wissen, diese Bilder stammen alle von einer Versteigerung in Denver. Größtenteils englische Aquarellmaler des neunzehnten Jahrhunderts. Ich habe eine Kundin, die sammelt diese Richtung, und ich bin auf Provisionsbasis für sie tätig.«

»Wie viel?«, fragte Fundy.

»Nein, nein, Sie haben mich falsch verstanden. Die sind nicht verkäuflich, es sei denn, meine Kundin möchte sie gar nicht haben. Es gibt hier ethische Bedenken zu berücksichtigen, ich fühle mich moralisch verpflichtet …«

»Wie viel?«, wollte Fundy wissen; er war nicht der Mann, der sich von ethischen Bedenken beirren ließ.

Suffield schüttelte freundlich, aber energisch den Kopf. »Nein, wirklich, es tut mir leid.«

»Aber dieses eine Bild hier stammt ja gar nicht aus der Hand eines englischen Aquarellmalers des neunzehnten Jahrhunderts«, stellte Claude klar, »vielleicht sind Sie bei diesem hier nicht an Ihr Wort gebunden, es zurückzuhalten.« Fundy zahlte die in der Kanzlei üblichen zweihundert Dollar pro Stunde für seine Dienste, also sollte er auch etwas dafür bekommen.

»Kein Aquarellmaler aus dem …« Besorgt drehte Suffield sich um, um das Bild zu prüfen. Sofort hellte seine Miene sich auf. »Oh ja, natürlich, das hatte ich ganz vergessen. In der Sammlung waren noch ein paar andere Sachen dabei. Ich habe sie im Ganzen ersteigert, wissen Sie, unter anderem auch diese Bilder hier. Sie stammen aus Holland, siebzehntes Jahrhundert.« Der Ausdruck in seinen Augen wurde milder, je länger sie auf dem Gemälde ruhten. »Das ist zwar nicht gerade mein Spezialgebiet, aber sie sind doch wirklich sehr hübsch, nicht wahr?«

»Das sind sie mit Sicherheit«, meinte Claude ernsthaft.

Fundy stieß ihm den Ellenbogen in die Seite, während der Eigentümer fortfuhr, schwärmerisch seine Bilder zu betrachten. Dies, vermutete Claude, war Funnie Frankies typisch unsensible Art, ihm klarzumachen, dass es nicht sehr geschäftstüchtig war, einem Verkäufer zu sagen, dass einem das gefiel, was er zu verkaufen hatte.

»Wissen Sie«, sagte Suffield strahlend, »Sie haben tatsächlich recht. Es sind nur die englischen Gemälde, die ich für meine Kundin reservieren muss. Wenn Sie an diesem hier interessiert sind ...« Er stand auf, stöhnte, als er die Knie durchdrückte, und ging zu dem Gemälde. Er hob es hoch, stellte es vorsichtig auf ein kleines Regal an der Wand und schaltete eine Wandlampe ein. Dann betrachtete er es noch eine Weile. Claude bemerkte jetzt erst, dass es auf eine Holztafel, nicht auf Leinwand gemalt war.

»Wie viel?«, fragte Fundy, der nicht so leicht von einem Thema abzubringen war, wenn ihm etwas daran lag.

Suffields Lider flatterten kurz. Seine Nasenflügel zuckten. Er überschlug rasch ein paar Zahlen im Kopf und überlegte sich wahrscheinlich, für wie viel Fundy gut sein könnte.

»Hm«, sagte der ältere Mann. »Der, äh, Preis für dieses Bild beträgt fünfzehntausendneunhundert Dollar.« Er strich sich über den Schnurrbart.

»Mann«, meinte Fundy, »das ist aber ein ziemlich kleines Bild für sechzehntausend Mäuse. Und dreckig ist es außerdem.«

Aber er klang nicht so, als hätte er sein Vorhaben bereits aufgegeben, ein Umstand, den Suffield sehr schnell bemerkte. »Oh, ich lasse es selbstverständlich für Sie reinigen, und das kostet Sie nichts extra. Dadurch wird es wieder wunderschön hell werden.« Er deutete auf das Bild. »Es sieht aus, als hätte es im Laufe der Jahre ein paar Schichten Firnis zu viel abbekommen, nicht wahr? Hm, wenn ich mich nicht täusche, dann ist das der Originalrahmen.«

Er drehte die Tafel herum. »Da scheint eine Art ... ja, was ist das ... ein Brandzeichen auf der Rückseite zu sein.« Nachdenklich strich er mit den Fingern über das Zeichen. »Interessant.«

Seltsam, er versteht wirklich nichts von holländischer Malerei, dachte Claude. Natürlich war es ein Brandzeichen, das mit einem Brandeisen ins Holz gebrannt worden war und genauso aussah wie ein Brandzeichen auf der Flanke eines Stieres: ein G und L, ineinander verschlungen. Das war die Signatur des Tafelmachers; etwas, das später einmal »Markenzeichen« genannt werden würde.

»Es ist keine Signatur drauf«, meinte Fundy fachmännisch. »Ist es dadurch nicht weniger wert?«

»Oh, selbstverständlich«, antwortete Suffield. »Deswegen kann ich es Ihnen ja zu einem so niedrigen Preis anbieten.« Für einen Mann, der etwas langsam von Begriff zu sein schien, war er nicht auf den Kopf gefallen.

Fundy betastete den Rahmen und wandte sich dann polternd an Suffield. »Woher weiß ich denn, ob es wirklich so alt ist? Woher weiß ich, dass es keine Fälschung ist?«

Es dauerte einen Augenblick, bis Suffield die Worte begriffen hatte. Dann lief er dunkelrot an. »Eine *Fälschung*? Mein lieber Mann, aber wirklich … Ich meine … Was soll ich da sagen? Ich bin seit Jahren – Sie können das gerne nachprüfen – in diesem Geschäft, aber wirklich …«

»Okay, okay«, sagte Fundy und brachte ihn gestikulierend zum Schweigen. »Hören Sie, ich würde mich gern für eine Minute mit meinem Partner hier unterhalten, ja? Allein. Wie wäre es also, äh …« Er deutete mit dem Daumen über die Schulter.

»Selbstverständlich«, sagte Suffield hölzern. »Aber natürlich.« Es gefiel ihm gar nicht, in seiner Galerie herumkommandiert zu werden, ebenso wenig wie es ihm gefiel, des Betrugs verdächtigt zu werden. Und wer wollte ihm das verübeln? »Ich bin in meinem Büro.«

»Ist es das wert?«, wollte Fundy von Claude wissen, als er gegangen war. »Sechzehn Riesen?«

»Ich glaube, das ist es, Frank«, sagte Claude. »Es ist sehr virtuos gemalt, und ich glaube, es kann kein großer Zweifel an seiner Authentizität bestehen. Ein Nachahmer von Hals, so wie es den Anschein hat. Vielleicht sogar einer seiner Schüler. Sie könnten wahrscheinlich morgen hergehen und es für einen höheren Preis verkaufen, als Sie jetzt dafür bezahlen.«

»Wer ist dieser Hollis?«

»Hals, nicht Hollis«, sagte Claude mit einem jener kleinen gequälten Lächeln. »Frans Hals, einer der größten Maler des siebzehnten Jahrhunderts.«

»Im Ernst? Schreiben Sie das auf, ja? Damit ich es Clarice erzählen kann.« Er streckte sich und klopfte Claude vertraulich auf die Schulter. Klopfte einfach auf die Schulter des neuen – und teuren – Kamelhaarmantels. »Okay, was soll's, ich kaufe es. Aber es kommt ja gar nicht infrage, dass ich den Preis zahle, den er verlangt. Den hat er doch nur aus der Luft gegriffen.« Er wies mit dem Kinn auf das gläserne Büro, in dem Suffield mit dem Rücken zu ihnen saß. »Gehen Sie hinein, und handeln Sie es ein bisschen herunter.«

Claude zuckte empört zusammen. »Wie bitte?«

»Bieten Sie ihm fünftausend. Bei zehn wird er einschlagen, glauben Sie mir. Höchstens bei zwölf.«

»Frank, es tut mir sehr leid«, sagte Claude steif, »ich hatte mich bereit erklärt, Ihnen, so gut ich kann, mit meinem Rat zur Seite zu stehen, und meiner Meinung nach ist das Gemälde leicht das wert, was er verlangt. Aber ich hatte mich nicht bereit erklärt ... etwas *herunterzuhandeln*.«

Einen Augenblick lang traten Fundys Froschaugen wütend und aggressiv aus ihren Höhlen. Dann lachte er. »Was soll's, ich mach es selber. Kommen Sie, wollen Sie etwas über die menschliche Natur lernen?«

»Danke, nein. Ich warte lieber hier.«

Damit traf er nur Fundys humorvolle Ader. »Donke, noin«, wiederholte er näselnd. »He, um wie viel wollen Sie wetten, dass ich ihn auf zwölf herunterhandele?«

»Ich zweifle nicht daran, dass Ihnen das gelingt«, erwiderte Claude kühl. Er hatte sich bereits abgewandt, noch ehe Fundy gegangen war, zog den Kamelhaarmantel aus, faltete ihn sorgfältig zusammen und legte ihn vorsichtig über eine Stuhllehne. Dann schloss er die Augen und lehnte sich an einen offenen Karton voller Bücher. Er zitterte vor Wut. Selbst bei zweihundert Dollar pro Stunde hatte Fundy nicht das Recht, ihn zu behandeln, wie, wie … Es war zum Aus-der-Haut-Fahren. Allein die Tatsache, dass ein ungeschliffener Tölpel wie er es sich leisten konnte, zwölf- oder sechzehntausend Dollar für ein Gemälde aus dem siebzehnten Jahrhundert auszugeben (obwohl er doch eigentlich viel lieber ein Bild mit einem jungen Hund darauf gehabt hätte!), während er, Claude, der dieses zarte, anmutige, kostbare kleine Porträt so richtig zu schätzen wusste, sich damit zufriedengeben musste, ein … ein …

Er schlug die Augen auf. Das Zittern ließ nach. Was für eine Perle dieses Bild doch war; wie leicht sein künstlerischer Wert durch den gesprungenen, altersdunklen Firnis zu erkennen war; es war den Klecksereien der beiden anderen Tafeln weit überlegen. Ja, es stammte ganz bestimmt aus der Schule von Frans Hals und war im Stil der mittleren Schaffensperiode des Meisters gehalten: beschränkte Farbgebung, dicker Farbauftrag im Gesicht; wundervoll spontane *Alla-prima*-Technik; einfacher, monochromer Hintergrund. Man könnte beinahe glauben …

Nein, unmöglich. So etwas gab es nicht mehr. Nein, bestimmt nicht. Da war zum einen das Fehlen der Signatur, was es fast sicher erscheinen ließ, dass es einfach irgendein Stück aus der Werkstatt war. Wahrscheinlich die Kopie eines Bildes von Hals, die zu Übungszwecken angefertigt worden war. Doch selbst unter solchen Umständen war es ausgesprochen gut ausgeführt. Claude hätte mit Freuden sechzehntausend Dollar dafür bezahlt, und das ohne lange zu zögern. Wenn er sechzehntausend Dollar gehabt hätte.

Fundys sonore Stimme drang aus dem Büro zu ihm. »Okay, ich werde Ihnen etwas sagen. Ich gebe Ihnen dreißigtausend für alle drei Bildchen, was sagen Sie dazu?«

»Oh nein«, murmelte Suffield und lachte entschuldigend, »ich könnte mir niemals vorstellen, solche Geschäfte zu machen ...«

»Okay, dann Folgendes: Haben Sie Interesse an einem Fernseher mit Riesenbildschirm und integriertem Wecker?«

Claude schüttelte nur den Kopf und wandte sich von dem kleinen Bild ab. Wie war er nur in die Situation geraten, an Heiligabend den Hofnarren für einen barbarischen Ignoranten spielen zu müssen? Müßig ließ er die Finger über die Buchrücken in dem Karton vor sich wandern: Kunstbände; die meisten stammten vom Anfang dieses Jahrhunderts und beschäftigten sich mit englischen Aquarellmalern des neunzehnten Jahrhunderts. Kein Thema, das sein Interesse weckte. Doch ein Buch stach ihm in die Augen: *Holländische Malerei des siebzehnten Jahrhunderts*, erschienen bei Methuen, London 1921.

Er holte es heraus. Es war ein großes Buch, häufig benutzt, in olivgrünes Leinen gebunden und mit durchscheinenden Vorsatzblättern. Ein teures Buch: Auf eine zehnseitige Einleitung folgte ein hochwertiger, hundertseitiger Bildteil. Dabei waren immer zwei Schwarz-Weiß-Fotografien auf eine Seite geklebt. Ihm fiel wieder ein, dass er vor Jahren bereits einmal ein Exemplar dieses Buches gesehen (und sich gewünscht) hatte. Er blätterte die Seiten durch und achtete nicht sonderlich auf Einzelheiten, aber als er es gerade wieder zuschlagen wollte, hielt er plötzlich wie versteinert mitten in der Bewegung inne. Eine der Fotografien, die ihm beim Durchblättern nicht besonders aufgefallen war, hatte sich ihm nun plötzlich ins Gedächtnis gebrannt. Ein heißer Schauer lief ihm über den Rücken. Mein Gott, war es möglich … Er wagte kaum zu atmen und hatte Angst, sich das Bild in seinem Kopf vorzustellen – denn wenn es aus seinem Kopf verschwunden war, war es womöglich auch nicht mehr in dem Buch. Er blätterte den Band sorgfältig noch einmal von vorne durch und fand es auf Seite siebenundvierzig. Er betrachtete es lange, untersagte es sich aber, sofort die Bildunterschrift zu lesen. Er atmete schnell durch den Mund und war kaum fähig, die Luft in die Lungen zu pressen. Jetzt endlich schaute er sich die Worte unter dem Bild an:

ABBILDUNG 92. FRANS HALS, *LACHENDER GARDIST,*
1644. TAFELBILD, 16 ⅛ AUF 13 ½ ZOLL.
MONOGRAMM »FH«, UNTEN LINKS.
MONOGRAMM »GL« HINTEN (GERHAERT LEYSTER,
HAARLEM, TAFELMACHER). SAMML. D. SCHULDE, WIEN.

Er warf einen Blick auf die Glaswände des Büros. Fundy und Suffield waren immer noch am Verhandeln. Schnell ging er zu dem Bild zurück. Er zwang sich, seine Augen eine Sekunde lang in einer Art Gebet zu schließen; als er sie wieder aufschlug, konnte er kaum einen erstickten Schrei unterdrücken. Es war dasselbe Gemälde! *Dasselbe!* Auf einer Arbeitsbank lag ein Maßband. Er stellte sich so hin, dass sein Rücken verdeckte, was er tat, und nahm schnell die Maße des Bildes: 16 ⅛ auf 13 ½ Zoll – exakt! *Mein Gott!* Aber die Signatur, Hals' Monogramm – wo war es? Was war damit geschehen?
Suffield und Fundy standen jetzt auf und schüttelten sich die Hände. Claude eilte zu dem Buch zurück. *Monogramm ›FH‹, unten links.* Er studierte die Fotografie und hatte dabei das Gefühl, als würden sein Herz und seine Lungen gleich bersten. Ja, da war sie auf dem Foto, schwach, aber erkennbar auf dem dunklen Ärmel des Edelmannes. Zitternd rannte er zu dem Bild zurück. Warum war sie nicht …
Aber sie war. Wenn man ganz genau hinschaute, wenn man wusste,

was man und wo man danach suchen sollte, dann war sie da. *FH*. In einem stumpfen, schmutzigen Rot. Auf die weiten grauschwarzen Falten des Ärmels gemalt und von dem dicken, dunklen Firnis eines ungeschickten Restaurators überdeckt. Mein Gott, ein Hals! Was war er wert? Nur zum Vergleich: Ein Jasper Johns brachte in dieser verrückten Zeit siebzehn Millionen Dollar ein, ein van Gogh mehr als fünfzig Millionen Dollar! Und ein Hals – ein Hals …

Er sprang auf – buchstäblich, denn beide Absätze lösten sich vom Boden –, als Fundy ihm mit der fleischigen Hand auf die Schulter schlug.

Der schreckliche kleine Mann grinste ihn an. »Zwölf Riesen«, verkündete er stolz. Er wartete auf eine Antwort, aber Claudes Kopf war leer, sein Hals vor Ärger zugeschnürt.

Fundy wandte sich an Suffield. »Ich zahle bar«, sagte er, wie Claude von vornherein gewusst hatte. Ganz bestimmt war er der einzige Mensch in Amerika, der zwanzig Jahre nachdem die Bundesbank ihre Ausgabe gestoppt hatte tatsächlich noch Tausend-Dollar-Scheine in der Tasche hatte. (Und das bei einem Mann, der am Ende jedes Werbespots rief: »Wer braucht denn noch Bargeld?«) Und natürlich trug er sie in einer glitzernden, mit Diamanten besetzten Geldklammer in Form eines Dollarzeichens bei sich.

»Eins«, zählte er und drückte Suffield, dem die Augen aus dem Kopf traten, eine Banknote in die Hand. Fundy lachte, begeistert von sich selbst. Er steckte einen Daumen in den Mund und befeuchtete ihn. »Zwei …«

Claude schaute ihm elend und verzweifelt dabei zu. In seinen Ohren hörte er den eigenen Atem wie das hohle Hecheln eines Tieres.

Claude stand aufrecht am Oberdeck der Fähre, die Hände auf der Heckreling abgestützt, und schaute in das schwarze, eisige Wasser des Puget Sound zwanzig Meter unter ihm. Direkt unter ihnen glitt das brodelnde, leicht phosphoreszierende Kielwasser lautlos in den Nebel hinein.

»Es ist eiskalt hier draußen, Mary Beth«, sagte eine Frau, die ein paar Meter weiter weg stand, zu einem sechsjährigen Mädchen. »Gehen wir wieder hinein.«

»Aber Mom, ich möchte –«

»Ich kaufe uns eine heiße Schokolade, wie wäre es damit?«

Mary Beth zögerte, schwankte und fällte ihre Entscheidung. »Mit extra viel Zucker?«

»Aber sicher, Liebling.« Hand in Hand gingen sie zu den Treppen, die unter Deck führten.

So blieb nur noch eine Person auf dem dunklen, offenen Oberdeck: Franklin Fundy. Es war an der Zeit zu handeln.

Der Wind und die feuchte, salzige Luft hatten Claudes Unentschlossenheit weggeblasen. Er wusste jetzt, was zu tun war, und er wusste auch, wie. Er drehte sich um und kniff die Augen zusammen, da ihm Strähnen seines windgepeitschten Haares unaufhörlich ins Gesicht klatschten. Fundy saß auf einem Plastikstuhl, starrte glücklich vor sich hin und kaute auf einer kalten Zigarre. Neben ihm, lieblos auf einen Stuhl geworfen, lag eine große rote Plastiktüte, aus der ein dicker Pappkarton ragte. Herr im Himmel, ein Hals in einer Plastiktüte!

Es sah ihm ähnlich, dass Fundy keine Überraschung gezeigt hatte, als Claude den Vorschlag machte, seinen Mandanten nach Bremerton zu begleiten. »Wegen der Unterhaltung«, hatte Claude gemeint, und Fundy hatte freundlich, ja fast edelmütig zugestimmt – als wäre es nur natürlich, dass man sich um eine Unterhaltung mit ihm riss. Und wenigstens dieses eine Mal war Fundys Abneigung gegen übermäßige Hitze von Vorteil gewesen. Claude war mit Freuden auf seinen Vorschlag eingegangen, die Überfahrt in der frischen Luft des Oberdecks zu machen.

»Also wirklich, ich frage mich, was das ist!«, sagte Claude laut, beugte sich über die Reling und spähte in das Wasser hinunter. »Was was ist?«, fragte Fundy ohne großes Interesse.

»Ich bin nicht sicher. Es sieht so aus, als sei es …« Er hatte lange darüber nachgedacht, was er an dieser Stelle sagen würde. Fundy war kein Mann mit breit gestreuten Interessen. Ein Seehund oder ein Wal würden ihn kaum aus seinem Stuhl herauslocken. Selbst eine treibende Leiche dürfte es schwer haben. »Es sieht aus, als sei es eine Waschmaschine!«

»Eine *was*?« Fundy war noch im selben Augenblick an der Reling und ließ das Bild unbewacht zurück. »Sie sind ja verrückt! Wo?«

»Da unten. Sie müssen sich noch etwas weiter vorbeugen. Nur noch ein kleines bisschen.«

Er sammelte sich und füllte seine Lungen mit der kalten Luft. »Fröhliche Weihnachten, Frankie«, murmelte er und ging auf ihn zu.

Als die Fähre in Bremerton andockte, blieb Claude an Bord, um sofort wieder nach Seattle zurückzufahren. Dort angekommen, brachte er das Bild in einem der 75-Cent-Schließfächer am Anlegeplatz unter und suchte sich eine Telefonzelle.

»Mr. Whatcom? Es tut mir leid, Sie zu stören, aber sagten Sie nicht, Mr. Fundy würde mich um vier Uhr am Pioneer Square treffen? Nun, nein, ist er nicht, Sir. Ich bin dann zur Anlegestelle der Fährboote hinunter, da ich mir dachte, er hätte vielleicht eines der späteren Boote genommen, aber eben kam die Fähre um sechs Uhr fünfundzwanzig, und er war nicht dabei, also … Ja, Sir, wahrscheinlich hat er es sich einfach anders überlegt. Ja, das hat er wirklich schon einige Male gemacht.« Er stimmte locker in das Lachen seines Seniorpartners ein. »Oh nein, es war überhaupt keine Mühe. Das werde ich tun, Sir. Auch Ihnen frohe Weihnachten.«

Er hängte ein. Wie ruhig er doch war, wie klar im Kopf. Und warum sollte er auch nicht ruhig sein? Fundys Leiche würde erst in ein paar Tagen wieder auftauchen, und bis dahin hatten ihn die Gezeiten vielleicht bis nach Olympia getragen, vielleicht aber auch westwärts in die Meerenge und auf die offene See hinaus. Vielleicht würde er sogar niemals mehr gefunden werden, und selbst wenn, würden die Experten niemals die exakte Todeszeit feststellen können. Man würde annehmen, dass er auf dem Weg nach Seattle zu seiner Verabredung mit Claude über Bord gefallen war. Wer könnte etwas anderes behaupten? Mr. Suffield war mit Bargeld bezahlt worden; er konnte also nicht wissen, wer sein Kunde gewesen war, und es bestand auch kein Grund, ihn mit einer Leiche in Verbindung zu bringen, die möglicherweise in der Woche darauf in Edmonds oder in Port Townsend auftauchen könnte. Und es gab überhaupt keinen Menschen, der Fundy mit Claude in Verbindung bringen konnte. Nichts konnte schiefgehen.

Es gab nur eine Unwägbarkeit. Wahrscheinlich übertrieb er, wenn er sich deswegen Sorgen machte, aber so war er nun mal. Es war nicht seine Art, etwas dem Zufall zu überlassen. Er ging schnell die drei dunklen Blocks den Alaskan Way zur Washington Street hinunter und wandte sich dann nach links zum Pioneer Square. Es war kälter geworden. Er schlug den weichen Kragen seines Kamelhaarmantels übers Kinn hoch.

Suffield hatte die Galerie inzwischen geschlossen, aber er war immer noch da und mit seinem Schraubenzieher am Arbeiten, vor Müdigkeit schon ganz krumm, aber lächelnd.

»Ein Buch?«, meinte er als Antwort auf Claudes Frage. »Über holländische …?«

Claude zeigte es ihm. »Das hier«, sagte er beiläufig. »Ich bin sehr interessiert an der Periode, wissen Sie, und da ich annehme, dass es zu verkaufen ist, würde ich es sehr gerne haben.«

»Nun ja, natürlich ist es zu verkaufen.«

»Und falls Sie noch weitere Exemplare davon haben sollten, wäre ich auch an diesen interessiert. Man könnte sie gut als Weihnachtsgeschenke für Freunde verwenden.«

Suffield schüttelte den Kopf. »Nein, tut mir leid, das ist die einzige Ausgabe, die ich habe. Das ist nicht gerade mein Spezialgebiet, wissen Sie.« Müde lächelnd stand er da.

»Und der Preis?«, wollte Claude wissen.

»Oh. Na ja. Da muss ich nachsehen.« Er warf einen Blick über die Schulter auf das Büro im hinteren Teil der Galerie und beschloss dann offensichtlich, dass es die Mühe nicht wert war. »Wissen Sie was? Machen Sie mir die Freude, und nehmen Sie das Buch einfach so.«

»Oh nein, das könnte ich nicht …«

»Bitte. Als Weihnachtsgeschenk. Und als Dank für Ihre Hilfe vorhin.«

»Na dann …« Claude lächelte. »Ich danke Ihnen sehr, Mr. Suffield. Und auch Ihnen fröhliche Weihnachten. Sehr fröhliche Weihnachten.«

Mr. Suffield sah ihm nach, als er ging. Dann sperrte er die Tür wieder ab, ging in sein Büro und öffnete einen hüfthohen Metallschrank. Drinnen waren die vierundzwanzig Exemplare des schon lange vergriffenen Bandes *Holländische Malerei des siebzehnten Jahrhunderts*, die ihm noch geblieben waren. Vor sich hin pfeifend, holte er eines aus dem Regal, blätterte es durch, hielt kurz liebevoll auf Seite siebenundvierzig inne und schlug das Buch dann endgültig auf Seite zweiundfünfzig auf.

»Ah«, sagte er. »Genau das Richtige.«

Er nahm den Telefonhörer ab und wählte. »Vincent? Ich habe wieder einen Auftrag für dich.« Er lächelte über die überraschte Antwort. »Ja«, sagte er, »der Hals ist schon weg. Es war herrlich. Du hättest dabei sein sollen. Ich hatte ihn kaum ausgepackt. Und das Buch war immer noch in der Kiste!« Beide lachten zufrieden. »Nicht zu meinem üblichen Preis natürlich, aber warum soll man sich streiten, wenn man es mit so viel Dummheit zu tun hat? Also: Hast du etwas zum Schreiben?«

Er wartete. »Das hier wird dir gefallen; Rembrandt liegt dir doch. Hier sind die Angaben.« Langsam las er laut aus dem Buch vor. »Abbildung Nummer 101. Rembrandt van Rjin, *Porträt einer Frau mit Fächer*. 1634–35. Tafelbild, 30 ⅛ auf 20 Zoll. Signatur und Datum, ›Remb. 1665‹, unten rechts. Monogramm ›MG‹ auf der Rückseite (Michiel Gepts, Amsterdamer Tafelmacher). Sammlung … Mehr brauchst du doch nicht, oder?«

Während Vincent noch einige Details mit ihm besprach, holte Suffield ein Skalpell aus einer Schublade, steckte es vorsichtig unter die Fotografie des Rembrandt und löste sie behutsam vom Rand her ab. »Nein, nein«, sagte er, »der Fächer ist mir völlig egal. Was macht das schon für einen Unterschied? Irgendetwas, das nach Rembrandt aussieht. Straußenfedern, würde ich sagen. Wann kannst du es fertig haben?«

Die Fotografie löste sich von der Seite. Hervorragend, das Papier war nirgends beschädigt. Er zerriss es in viele kleine Stücke und warf es in den Papierkorb. Bald würde es einen Ersatz dafür geben. »Nächste Woche ist gut. Und du lässt es fotografieren? Du hast doch noch den Film, den ich dir für die Abzüge gegeben habe? Dir ist doch klar, wie wichtig es ist, dass es zu den übrigen Fotos passt.« Er hielt den Telefonhörer weit von seinem Ohr weg, als Vincent heftig auf ihn einredete.

»Ja, ja, natürlich«, sagte er besänftigend. »Ich weiß, wie sehr du auf Details achtest. Aber man kann nicht vorsichtig genug sein. Du denkst doch daran, die Signatur dick mit Firnis zu überziehen, damit man sie nicht gleich entdeckt?« Er kicherte. »Du weißt doch, wie gerne sie sich einbilden, sie würden mich übers Ohr hauen.«

Der Mann am anderen Ende redete noch weiter auf ihn ein. Suffield ließ ihn gewähren. Er konnte es sich leisten, geduldig zu sein. Zog man Vincents Anteil von tausend Dollar ab, dann blieben ihm noch elftausend Dollar bei dem Geschäft. Und das war legaler Profit. *Er* hatte ja nie behauptet, dass es ein Hals sei, nicht wahr?

»Danke, Vincent«, sagte er freundlich, als dessen Redefluss versiegte. »Es ist immer eine Freude, mit dir Geschäfte zu machen. Oh, und Vincent? Frohe Weihnacht.«

Den Tränen nahe saß Mary Beth in ihrem Bett, das kleine Gesicht von kindlichem Unmut verzogen. »Und wir haben ihn doch gesehen! Auf der Rückfahrt von Seattle auf der Fähre. Funnie Frankie. Und er hatte einen großen roten Sack dabei wie der Weihnachtsmann, und ein großer, dicker Mann in einem komischen gelben Mantel war bei ihm!«

Im Bett nebenan saß ihre Schwester Amber, die drei Jahre älter war und sich ihr unendlich überlegen fühlte, und lächelte herablassend. »Aber natürlich.«

»Aber es war so! Frag Mom. Funnie Frankie ist der Weihnachtsmann, und er kommt zu uns nach Hause, und er kommt den Kamin herunter und –«

Das war zu viel für Amber. Sie rollte mit den Augen und rief: »Mutter! Mary Beth –«

»Ich höre euch ja!«, antwortete Susan Hasty aus dem Wohnzimmer, wo sie die Geschenke bewachte, bis die Mädchen einschliefen. Herrgott, und ob sie sie hören konnte. Eine Viertelstunde ging es jetzt schon so. Das hatte sie nun davon, dass sie Mary Beth am Abend vor Weihnachten so lange aufbleiben ließ. »Mary Beth, Liebling«, rief sie, ohne von ihrer Zeitung aufzusehen, »Funnie Frankie ist nicht der Weihnachtsmann, und er kommt auch nicht zu uns nach Hause.«

»Ha, ha«, hörte sie Amber sagen.

»Aber wir haben ihn wirklich gesehen, Amber«, fügte ihre Mutter hinzu.

»Ha, jetzt hörst du's selbst,« ertönte Mary Beth' Stimme.

»Jetzt schlaft ihr zwei Mädchen aber, sonst dürft ihr morgen nicht früher aufstehen. Und das meine ich ernst.«

Doch Amber, jetzt selbst am Rand weinerlicher Übermüdung, tappte über den Schlafzimmerboden und öffnete die Tür. »Warum haben wir ihn dann nicht von der Fähre kommen sehen, als wir euch abgeholt haben?«, sagte sie anklagend. »Wo ist er hin? Und einen großen, dicken Mann in einem gelben Mantel habe ich auch nicht gesehen.«

Susan wurde jetzt allmählich etwas ungeduldig. »Amber«, sagte sie mit ruhiger Stimme, »falls Funnie Frankie vermisst werden sollte, dann werde ich die Erste sein, die zur Polizei geht, okay? Jetzt geh wieder zurück und ab in die Falle.«

»Ich hoffe, er ist von diesem blöden Boot gefallen und ertrinkt«, grummelte Amber und machte die Tür mit einem lauten Knall hinter sich zu.

»Ertrunken«, rief die Mutter, blätterte die Seite um und gähnte. »Du hoffst, er ist ertrunken.«

Susan Dunlap
Ott hat ein Problem

Susan Dunlap lebt in der Nähe von Berkeley, Kalifornien, wo Weihnachten ganz anders ist. Selbst der Truthahn, den Sie dort vorgesetzt bekommen, ist vielleicht nicht das, wonach er aussieht. Wenn er verdächtig leicht zu schneiden ist, dann handelt es sich womöglich um geformtes Tofu. Jill Smith, Polizistin im Morddezernat, ist seltsame Mahlzeiten und seltsame Orte gewohnt. Zwei Jahre lang bewohnte sie eine umgebaute Veranda mit einem löchrigen Dach. Sie fährt einen alten VW, der Berkeleys steile Hügel nur im ersten Gang erklimmt, sie aber geschwind wieder hinabsaust, wie Santa Claus den Kamin hinunter. Doch dieses Jahr hegt Jill Smith die berechtigte Hoffnung, dass ihre Weihnachtsträume wahr werden: mit ihrem Traummann vor einem prasselnden Kaminfeuer zu liegen und Champagner zu schlürfen.

Aber seltsame Dinge ereignen sich in Berkeley. Seien Sie nicht überrascht, wenn Susan Dunlap Jill Smith' Pläne durchkreuzt und sie an einen der seltsamsten Orte der Stadt schickt.

Die Telegraph Avenue mag sonst ja durchaus Berkeleys anarchistischen Geist beheimaten, aber an den Weihnachtsfeiertagen ist die Straße fest in der Hand des Kapitalismus. Die Gehwege sind dann voll mit Straßenkünstlern und deren Tapeziertischen, die sich biegen unter der Fülle geknüpfter Wandbehänge, bemalter Glasscheiben und diverser Kristalle in allen möglichen Schattierungen, die gegen alle möglichen körperlichen und seelischen Leiden helfen sollen. Für acht Dollar pro Sitzung bieten Männer und Frauen mit Turbanen Hand- und Fußmassagen an oder lesen aus Tarotkarten. Ein Geiger spielt Mendelssohn, Streichorchester fiedeln Volkslieder.

Man kann einen Erdbeer-Mango-Flip trinken oder ein Falafel-Sandwich essen, während man sorgfältig die Tische voller Bücher mit sozialistischem Inhalt, handgearbeiteter Gürtel, peruanischer Pullover, bestickter Jacken aus Kambodscha, Ohrringe mit Federn, Ohrringe mit Perlen und Ohrringe, an denen Gummifrösche baumeln, nach Schnäppchen absucht. Maler bieten Aquarelle an, Gärtner verkaufen Töpfe mit Pinien, Palmen und Persimonen. Und natürlich gibt es da auch die immer populären T-Shirts, die die Besonderheiten der Stadt preisen – *Berkeley, eine radikale Lösung, Berserkley* (ein Dauerbrenner) und *Der Volkspark lebt*, ein Aufdruck in Erinnerung an die größte Demonstration, die die Stadt jemals erlebte, als der damalige Gouverneur Ronald Reagan (kein Dauerbrenner) die Nationalgarde angefordert hatte.

Wenn Dämmerung zu Nacht wird, packen die Straßenkünstler ihre Koffer, klappen ihre Tapeziertische zusammen und hinterlassen die Avenue so menschenleer wie ein vertrocknetes Wasserloch. Und doch bleibt ihre Aura zurück und macht die Dunkelheit dunkler und die Schwärze schwärzer. An Heiligabend wirkte die Telegraph Avenue wie der verlassenste Ort der Welt.

Es war jedenfalls der letzte Ort, an dem ich sein wollte. Fünf Einladungen hatte ich ausgeschlagen für die eine, die Seth Howard mir ins Ohr geflüstert hat: »Jill Smith, Detective im Morddezernat, ist eingeladen zu einer Nacht voller Champagner, Howard und ...«

Jetzt, um halb neun an diesem Heiligabend, würde Howard mit dem Champagnerglas in der Hand vor seinem Kamin liegen, während ich an den weggeworfenen Pizzatellern und Pappbechern auf der Telegraph Avenue vorbei das Büro der Herman-Ott-Detektei ansteuerte. Als Begleiter für die Nacht verdiente Howard eine Zehn plus, Herman Ott dagegen eine Sechs minus. Als ein Ort, um die Nacht dort zu verbringen, lag Otts Büro so weit unten, dass es von der Skala gar nicht mehr erfasst wurde.

Ich hätte das einzig Richtige tun und Ott aus dem Weg gehen sollen, aber er lauerte mir um acht Uhr abends vor dem Revier auf, als ich gerade darüber nachgrübelte, ob Würstchen im Teigbett und Schokoladenmakroneneis wohl zu Champagner passten. Herman Ott hatte die einzigen Worte gesagt, die meine Aufmerksamkeit sowohl von Howard als auch vom Eis ablenken konnten. Er sagte: »Du musst mir einen Gefallen tun.«

Wenn Herman Ott eine Polizistin um einen Gefallen bat, war das etwa so, als machte Fidel Castro Prinzessin Margaret einen Heiratsantrag.

Aber Prinzessin Margaret hätte keinen königlichen Ball sausen lassen, um das nächste Flugzeug nach Havanna zu nehmen.

Ich dagegen rief Howard an, sagte ihm, dass es etwas später werden würde, und eilte zur Telegraph Avenue.

Ott hatte seinen Ruf auf der Avenue der Tatsache zu verdanken, dass er nie für einen konservativeren Kandidaten als den der radikal-pazifistischen Partei stimmte, nie mit dem Staatsanwalt kooperierte und nie Informationen an die Polizei von Berkeley weitergab – es sei denn, es ließ sich nicht vermeiden, die Information war harmlos, oder er bekam etwas dafür. Normalerweise war dieses Etwas Geld, das aus dem Fonds für besondere Zwecke stammte, und normalerweise war ich die Polizistin, die es ihm zusteckte. Aber wenn ich dann als Gegenleistung tatsächlich mal ein Stückchen Information aus ihm herausholte, dann war das meistens etwas, was ich woanders niemals hätte erfahren können. Es war Herman Ott zu verdanken, dass mindestens zwei Mörder hinter Gitter saßen (aber keiner von uns hätte das jemals zugegeben). Ich konnte es mir also einfach nicht erlauben, seiner Bitte nicht nachzukommen.

Und außerdem war ich viel zu neugierig.

Und ich schuldete ihm zweihundert Dollar. Es war Teil von Otts Ehrenkodex, das Geld nie für sich selbst auszugeben. Aber noch wichtiger war ihm, dafür zu sorgen, dass er es auch auf jeden Fall bekam. Zwei Monate zuvor hatte ich Ott so heftig unter Druck gesetzt, dass er mich beinahe weggebissen hätte. Aber er hatte seinen strengen Ehrenkodex gebrochen und mir die Schlüsselinformation besorgt, die Angus Simpson, ein schlüpfriges Wiesel mit Freunden auf der Avenue, mit einem bewaffneten Raubüberfall in Verbindung brachte. Simpson war im Augenblick gegen Kaution auf freiem Fuß; Otts Indiskretion würde ihn postwendend wieder nach Atascadero zurückschicken. In einem unbedachten Moment hatte Ott herausposaunt, dass Angus Simpson nur eine versöhnliche Eigenschaft habe: Er sei nämlich noch standhafter als Ott in seiner Weigerung, mit der Polizei zusammenzuarbeiten.

Ohne Otts Hilfe brauchte ich also gar nicht daran zu denken, Simpson in die Finger zu bekommen. Ott wusste das, und ich wusste das. Ich hatte Ott dafür zweihundert Dollar aus dem Fonds für besondere Zwecke versprochen. Ich vermutete, dass er das Geld an Weihnachten irgendeiner Organisation spenden wollte, um sein Gewissen zu beruhigen. Aber noch hatte er es nicht. Und jetzt, an Heiligabend, wusste ich, dass es Neujahr werden würde, bevor er das Geld sah.

Ich eilte an dem Pizzaladen vorbei. Er war geschlossen, aber der Geruch nach Knoblauch und Tomaten erfüllte immer noch die leere Straße und ließ mich an Howard denken, wie er gerade die Würstchen verdrückte und sich den Champagner schmecken ließ. Die Tür zu dem Haus, in dem Ott sein Büro hatte, stand wieder mal offen. Das überraschte mich nicht. Zwischen den Weltkriegen war Otts Haus eine todschicke Adresse für Werbeagenturen, Zahnärzte und Steuerberater gewesen, doch in den folgenden Jahrzehnten war es ziemlich heruntergekommen. In den Siebzigerjahren beherbergte es gerade noch ein paar kommerzielle Unternehmen von der Sorte, die die Jungs von der Sitte und der Drogenfahndung normalerweise hochnehmen oder die die Falschgeldabteilung observiert. Aber in den Achtzigerjahren hatte das alte Haus wieder einen Aufschwung erlebt.

Auch ich setzte jetzt zu einem Aufschwung an und wandte mich auf dem Treppenabsatz nach links. Der Gang umgab das Treppenhaus in Form eines Rechtecks. Auf der einen Seite des Gangs befanden sich zweiräumige sogenannte »Büros«, auf der anderen Seite altmodische Badezimmer mit der Toilette in dem einen, dem Waschbecken in dem anderen Raum. In den Siebzigerjahren hatten die Gänge nach Marihuana und Urin gestunken, und es war nichts Besonderes gewesen, wenn man über zusammengekrümmte Leute steigen musste. Jetzt musste ich schon eher auf Dreiräder und Spielzeuglastwagen, die um die Ecke schossen, oder aber auf kurze Beine, die wie wild die geraden Gänge entlangtrampelten, achtgeben.

Die Büroräume waren von Flüchtlingsfamilien in Beschlag genommen und die Eingangshalle zum Indianapolis aller Knirpse unter fünf geworden. Der Marihuanageruch war von dem Duft nach Kokosnuss, Erdnusssoße und Curry ersetzt worden. Aber heute Abend war der Gang leer. Durch die geöffneten Türen der »Büros« sah ich Kinder, die sich auf alten Sofas drängten, als ob sie für ein vergilbtes Familienfoto posierten. Weihnachtliche Klänge vermischten sich mit dem Geruch nach Kokosnuss-Satay. Und kleine Gesichter betrachteten staunend Pappdeckelkamine, an denen billige Woolworth-Strümpfe hingen.

Ich hatte kaum an der Milchglasscheibe von Herman Otts Bürotür gekratzt, als diese bereits aufging. Neben der Tür stand Herman Ott, dessen mangelnde Körpergröße mir einen peinlich genauen Blick auf jene feinen blonden Strähnen erlaubte, die sein schütteres Gefieder bildeten. Sein rundlicher Bauch quoll über Beinen, die so dürr waren, dass seine Hosenbeine sie wie die Kehllappen eines Truthahnes umflatterten. Seine Kleidung stammte ausschließlich aus den Beständen der Caritas, dem politisch korrekten Modeschöpfer der Sechzigerjahre, und war ganz in Gelb (oder so gelb, wie es eben möglich war) gehalten. Ich konnte den Mann nie ansehen, ohne mich dabei zu fragen, ob er überhaupt wusste, wie sehr er einem Kanarienvogel ähnelte.

Zuerst hatte ich angenommen, seine Aufmachung sei ein sorgfältig überlegter Gag. Doch dem war nicht so. Seine Art, sich zu kleiden, war kein Witz; nichts, was er jemals sagte, war witzig gemeint. Denn Herman Ott hatte keinen Sinn für Humor. Überhaupt keinen. Nie fiel ihm die Komik bestimmter Situationen auf (ungewöhnlich für einen Mann, der ein Büro auf der Telegraph Avenue hatte). Und natürlich hasste er es, wenn man über ihn lachte. Was seine Kleidung nur noch lächerlicher erscheinen ließ, und was meine Selbstbeherrschung mehr als einmal aufs äußerste herausgefordert hatte.

»Du brauchst gar nicht so finster zu blicken, Ott. Du hast mich schließlich hergebeten«, sagte ich und betrat sein kleines, sauber aufgeräumtes Büro. Nie hatte ich es erlebt, dass hier die Schublade eines Aktenschrankes offengestanden hätte oder dass Unterlagen auf seinem Schreibtisch herumgelegen hätten. Das Einzige, was hier unaufgeräumt wirkte, war Herman Ott selbst.

Von derselben krankhaften Faszination angestachelt, die einen dazu treibt, ständig auf die Warze an der Nase eines Freundes zu starren, statt sie gnädig zu übersehen, warf ich einen Blick in Otts zweites Zimmer. Ein Durcheinander aus Decken und Kissen zierte einen wackligen Sessel (Modell Heilsarmee, ca. 1966). Weitere Decken, Kleidungsstücke und Zeitungen waren auf dem Fußboden verstreut. Es sah aus wie auf dem Boden eines Kanarienvogelkäfigs. Oft hatte ich mich gefragt, was ein Psychiater aus dem Zustand von Otts beiden Zimmern wohl für Schlüsse ziehen würde. Welches Zimmer war das geistige Zuhause des wahren Ott?

Momentan kauerte Ott auf dem Rand seines senffarbenen Lederschreibtischsessels und sagte: »Ich habe einen Deal für dich, Smith.«

»Ich bin beim Morddezernat, Ott. Ich mache keine Deals.«

Im Gegensatz zu manchen anderen lachte Ott natürlich nicht. »Du schuldest mir noch einen Gefallen, Smith.«

Ich setzte mich auf die Kante seines Schreibtischs. »Ott, du weißt, unsere Akten sind dicht. Ich kann im Moment gar nichts für dich besorgen.«

Er zuckte mit den Achseln und hob dabei die schmalen, hängenden Schultern zu fast normaler Höhe. »Ich brauche nichts von der *Polizei*. Ich brauche etwas von dir, von dir höchstpersönlich.«

Ich schaute auf Ott hinunter. Ausgefranste Manschetten hingen über plumpen Händen, die eine leere Kaffeetasse hielten. Mit dem Zeigefinger fuhr er ständig über ihren Rand. Ein entsetzlicher Gedanke schoss mir durch den Kopf.

Ich hätte schwören können, den Anflug eines Grinsens auf Otts bleichem Gesicht gesehen zu haben. Aber das war wahrscheinlich nur Einbildung.

»Ich möchte, dass du die Nacht hier verbringst.« Er machte eine so lange Pause, dass in der Zwischenzeit mein ganzes Leben vor meinem geistigen Auge hätte vorbeiziehen können. »Allein.«

»Was soll das, Ott, willst du meine Courage testen?«

Ott rutschte in seinem Sessel hin und her. Er schaute an mir vorbei zur Tür, aber seine tief liegenden hellbraunen Augen suchten dabei keinen Eindringling, der durch die Bürotür hereinschlich, sondern jemanden – irgendjemanden –, mit dem er lieber als mit mir zu tun gehabt hätte. Den Gefallen aber würde ihm der Weihnachtsmann nicht tun. Ott seufzte; die schmalen Schultern sanken wieder so weit herunter, dass es aussah, als hätte er überhaupt keine. »Smith, irgendjemand bricht nachts in mein Büro ein.«

»Und? Trink ein paar Tassen Cappuccino, und leg dich auf die Lauer.«

»Meinst du denn, das hätte ich nicht schon versucht!« Er stieß sich aus dem Sessel ab und trippelte mit kurzen, schnellen Schritten, sodass sein Gewicht nie ganz auf einem Fuß ruhte, zu einem der Aktenschränke. Es war ein sorgfältig ausbalancierter Gang, der Gang eines Hochseilartisten oder der eines Vogels auf einer Telefonleitung – oder der eines Privatdetektivs, dessen Schlafzimmerboden ständig mit Laken, Decken und Zeitungen übersät war. Ott konnte bei dem täglichen Training, das er hier hatte, wahrscheinlich den reißendsten Strom zu Fuß überqueren. Er legte einen eierschalenfarbenen Ärmel auf den Griff der Schublade. »Wenn ich hier bin, Smith, dann passiert gar nichts. Sogar wenn ich einschlafe, passiert nichts. Ich habe versucht, die ganze Nacht hier im Dunkeln zu sitzen; ich bin in der ganzen Stadt herumgefahren, bis ich absolut sicher war, dass mir keiner gefolgt ist, und dann habe ich mich zurückgeschlichen und bin nachts um zwei Uhr die Feuerleiter wieder hochgeklettert. Nichts.«

»Nun, warum bittest du nicht einen Freund, Wache zu stehen? Du musst doch noch engere Freunde als mich haben. Als mich, eine von der Polizei«, konnte ich mir nicht verkneifen hinzuzufügen.

Ott dagegen konnte es sich offensichtlich nicht verkneifen, immer wieder einen Blick auf die Avenue hinunterzuwerfen. Es war nur eine ganz winzige Bewegung, und jemand, dem die Gemeinschaft der Avenue-Stammkunden, aus der Ott seine Freunde und Klienten rekrutierte, fremd war, dem wäre sie gar nicht aufgefallen. Aber sie erinnerte mich daran, dass ein Geheimnis dort unten nicht lange ein Geheimnis blieb. Ott kreuzte die Arme vor der Brust. »Du bist mir einen Gefallen schuldig, Smith.«

Ich ließ mich in den für Klienten bestimmten Sessel fallen und sagte:

»Was, Ott, ist so geheimnisvoll, dass nicht einmal deine Freunde es erfahren dürfen? So geheimnisvoll, dass du dich damit an deine Freunde und Helfer wendest?«

Ott starrte schweigend vor sich hin.

Normalerweise war immer ich es, die etwas von ihm wollte. Gott, war das schön, wenn sich das Blatt einmal wendete. Um mich nicht allzu unbeliebt zu machen, fragte ich: »Was klaut er denn, dein Dieb?«

»Nichts.«

»Nichts! Ist das ein Witz? Ist hier irgendwo 'ne Kamera versteckt?«

Ott schüttelte heftig den Kopf. Seine weichen blonden Strähnen schwangen bei jedem Kopfschütteln hin und her wie der Saum eines besonders abgetragenen Ballkleides. Falls Ott mich auf den Arm neh-men wollte, war er wirklich gut. Aber natürlich war das nicht der Fall. Um jemanden auf den Arm zu nehmen, hätte Ott eine schriftliche Anleitung benötigt. »Er nimmt nichts mit. Im Gegenteil, er lässt jedes Mal etwas da – einen Umschlag, der in Weihnachtsgeschenkpapier gewickelt ist.«

»Und der was enthält?«

»Das kann ich dir nicht sagen.«

Ich lachte. »Ott, dass du so zimperlich bist, hätte ich nicht erwartet. Sind diese Geschenke denn so persönlicher Natur, dass man in ge-mischtgeschlechtlicher Gesellschaft nicht darüber sprechen darf?«

Otts ohnehin finstere Miene verfinsterte sich noch mehr. Nichts zer-zauste sein Gefieder mehr, als ausgelacht zu werden.

Ich fühlte mich, als würde ich ihm seine Federn einzeln ausrupfen. Aber ich konnte nicht anders. Nichts ist unwiderstehlicher, als einen humorlosen Menschen aufzuziehen. Es ist so, als würde man bei ei-ner Beerdigung in haltloses Gekicher ausbrechen; man weiß genau, dass man es nicht tun soll, aber wenn man einmal damit angefangen hat, kann man nicht mehr damit aufhören. Ich stand auf und stützte die Hände auf den Schreibtisch. »Ott, du durchkreuzt meine Pläne für den Heiligabend. Du bittest mich, die Nacht in deinem Büro zu verbringen, das nicht einmal ein Toilette hat. Ich möchte jetzt verdammt noch mal wissen, was los ist.«

Ott drehte sich um und trippelte in fünf kurzen, raschen Schritten zum Fenster. Er starrte auf den zwei Meter breiten gähnenden Abgrund zwischen seinem und dem nächsten Haus und sagte: »Es ist aber wirklich persönlich.«

Ich setzte mich Richtung Tür in Bewegung. »Fröhliche Weihnachten, Ott!«

Er wirbelte herum. »Okay, Smith. Warte. Es geht um meine Exfrau.«

»Exfrau!« Mir waren ja einige Dinge eingefallen, die Ott hätte haben können – viele davon ansteckend –, aber eine Frau war ganz bestimmt nicht darunter gewesen. »Du warst mal ... verheiratet?«

Er machte einen Buckel, zog den Kopf ein und ließ ihn auf die rechte Schulter fallen. Ich hatte das todsichere Gefühl, dass er ihn gleich unter seinem Flügel verstecken und so tun würde, als wäre ich nicht mehr da. »Das ist lange her«, murmelte er.

»Weiter.«

»Ich war damals noch auf dem College.«

»Ott, du warst fast ganze zehn Jahre auf dem College.«

Seine Schultern wanderten noch weiter nach oben. »Es war 1969. Wir haben uns beim Volkspark-Marsch kennengelernt.«

Das war die größte aller Demonstrationen zu Zeiten der Antikriegsmärsche in Berkeley gewesen; Zehntausende von Studenten und Anwohnern waren gegen den Plan der Universität von Kalifornien, die Grünfläche an der Avenue in einen Parkplatz zu verwandeln, auf die Straße gegangen.

»Sechs Wochen später haben wir geheiratet. In Reno«, fügte er hinzu, als ob das seine Anpassung an das bürgerliche Gesetz akzeptabler erscheinen ließe.

»Wie hieß deine Frau?«

»Was spielt das denn für eine Rolle?«

»Ott!«

»Saffron.«

Saffron – Safran! Es kostete mich fast unmenschliche Kraft, dem Drang zu widerstehen, in schallendes Gelächter auszubrechen und ihm zu sagen, dass mir klar war, was ihn zu ihr hingezogen hatte. Ich musste mich beherrschen, ihm nicht zu sagen, dass das eine Verbindung gewesen sein muss, die in einem Himmel voll zitronengelber Wolken geschlossen worden war. Um mich zurückzuhalten, musste ich mir Ott, in seiner ganzen Wut, ausgelacht zu werden, vorstellen. Ich musste mir immer wieder sagen, wie sehr ich ihn brauchte. Ich konzentrierte mich darauf, an Herman Ott vorbei aus dem Fenster zu starren. Das Fenster im dritten Stock ging auf eine enge Gasse hinaus und war bestimmt nicht leicht zu putzen, und vor diesem Abend hatte Ott sich auch noch nie die Mühe gemacht. Doch jetzt war das Fenster makellos sauber. »Was ist aus Saffron geworden?«

Ott fing an, hin und her zu laufen, fünf kleine Schritte vom Fenster zum Aktenschrank und wieder zurück. »Scheidung. Es hat kein Jahr gehalten.«

Ich nickte. Ich hatte auch eine Scheidung hinter mir. Ganz egal, wie die Umstände auch sein mögen, das ist nie eine erfreuliche Erfahrung. Trotzdem erklärte das noch lange nicht Otts mysteriöse Briefe. Oder sein sauberes Fenster. »Also was ist in diesen Umschlägen?«

»Botschaften.« Er blieb vor dem Aktenschrank stehen. »Aus Buchstaben zusammengesetzt, die man aus Zeitungen ausgeschnitten hat, wie im Fernsehen«, fügte er angewidert hinzu.

»Botschaften ... Und was steht drinnen?«

Ott zögerte, zog dann die Schreibtischschublade auf und entnahm ihr einen Umschlag, einen einfachen weißen Umschlag ohne Absender und mit einem Poststempel von Oakland. Er machte sich nicht die Mühe, ihn vorsichtig an den Ecken anzufassen. Ich machte ihm auch nicht das Angebot, ihn erkennungsdienstlich auf Fingerabdrücke untersuchen zu lassen. Stattdessen öffnete ich ihn und faltete das einfache, billige Blatt Papier auseinander. Darauf standen, aus Zeitungen ausgeschnitten, die Worte: *1971 Saffron Sacramento. 1989? Fröhliche Weihnachten.*

»Nach der Scheidung ist sie nach Sacramento gezogen«, erklärte Ott. Es waren noch zwei weitere Botschaften da, beide ursprünglich wie Weihnachtsgeschenke eingepackt. Die erste lautete: *200 Dollar monatlich. Fröhliche Weihnachten.*

»Erpressung?«, fragte ich. »Glaubst du, dass man Saffron entführt hat?«

Ott schüttelte den Kopf so heftig und bestimmt, dass ich an seiner Reaktion, zumindest aber an seiner Überzeugung nicht zweifeln konnte. »Sie hat mir letzte Woche zu Weihnachten geschrieben. Seit 1981 lebt sie in Washington. Sie hat es ziemlich weit gebracht. In dem Brief stand, dass sie jetzt im Innenministerium arbeitet. Es war einer von diesen kopierten Weihnachtsgrüßen. Kein persönlicher Brief.«

Ich konnte mir die Frage nicht verkneifen: »Schreibst du ihr auch zu Weihnachten?«

Ott schaute mich an, als hätte ich den Verstand verloren. Seine Reaktion war durchaus gerechtfertigt. Ich bekam fast einen Lachanfall, als ich mir eine jener rot- und goldumrandeten Karten vorstellte, auf denen gedruckt stand: »Weihnachtliche Grüße von der Detektei Herrman Ott.«

»Wenn diese zweihundert Dollar keine Lösegeldforderung für sie sind, was sind sie dann?«

»Es ist keine Erpressung. Ich habe sie angerufen; ihr geht es gut. Sie hat keine Ahnung von dem hier.«

»Bist du dir sicher?«

»Aber ja. Sie verdient fünfzigtausend im Jahr. Was soll sie da noch von mir wollen? Außerdem ist sie nicht habgierig. Das war einer der beiden Gründe, weswegen wir uns scheiden ließen.« Fast lächelte Ott. »Du weißt doch, wie das so ist, Smith, wenn eine Frau nicht immer hinter noch mehr her ist, dann verliert man leicht das Interesse an ihr.« Ich lachte unbehaglich. Ich wusste ganz genau, wie das so war. Ich wollte Ott fragen, welcher der andere Grund für seine Scheidung gewesen war, doch ich bezweifelte, dass ich noch mehr aus ihm herausholen könnte. Stattdessen sagte ich: »Okay, wenn es keine Erpressung ist, was sollen dann diese zweihundert Dollar monatlich bedeuten?«

Ott betrachtete intensiv seine Schuhe, gelblich braune Turnschuhe von der Sorte, wie man sie früher einmal für drei Dollar bei Woolworth bekommen hatte. Wahrscheinlich stammten die auch von der Heilsarmee. Er murmelte etwas vor sich hin.

Ich ging um den Schreibtisch herum und stellte mich dicht neben ihn. »Was?«

»Unterhalt«, murmelte er in Richtung Schuhe. Ich beugte mich weiter zu ihm vor.

»Zweihundert monatlich für zwei Jahre«, erzählte er seinen Schuhen. »Ich dachte, sie würde es brauchen. Das war ein Irrtum! In ihrem zweiten Jahr in Sacramento hat sie schon mehr verdient als ich. Aber das habe ich damals nicht gewusst.«

Noch ehe ich mich zurückhalten konnte, schüttelte ich schon den Kopf. Es war schwer zu sagen, was mich mehr erstaunte, dass Ott zu einer Zeit, in der schon die bloße Monogamie als überholt galt, sich für eine Ehe entschieden hatte, oder dass Ott zu einer Zeit, als die meisten kinderlosen Frauen von diesem Angebot beleidigt gewesen wären, Unterhalt gezahlt hatte. Und doch war da noch Otts Ehrenkodex. Es sah Ott ähnlich, sich anständig zu verhalten, wenn er meinte, es tun zu müssen – und in diesem Fall mehr als anständig.

Ich betrachtete wieder den Umschlag in meinen Händen. Wenn man die beiden ersten an Ott gerichteten Botschaften noch als harmlos hätte bezeichnen können, so war die dritte das mit Sicherheit nicht mehr. Aus einer Kinoanzeige für *Die Nacht der lebenden Toten* ausgeschnitten, hatte man die Worte *die Nacht* mit den Worten *das Leben* überklebt. *Das Leben der lebenden Toten. Fröhliche Weihnachten.* Ich schaute Ott fragend an. Er schüttelte nur den Kopf. Aber ohne die Entschiedenheit, die seine bisherigen Verneinungen gekennzeichnet hatte. Ott wusste etwas. Und ich wusste, dass ich es nicht aus ihm herausholen würde. Aber vielleicht konnte ich ihm stattdessen noch eine andere Information entlocken. »Was will der Mensch, der diese Botschaften hinterlässt, eigentlich von dir?«

»Dass ich meinen Mund halte.«

»Worüber?«

Doch Ott gab keine Antwort. Stattdessen sagte er: »Du hast alles gesehen, was ich auch gesehen habe. Mehr ist da nicht. Jemand hat es darauf abgesehen, mich zu ruinieren.«

»Wie denn?«

»Indem er meinen Ruf kaputt macht.«

Ich fühlte, wie kalte Angst mich streifte. Bei den Klienten, die Ott hatte, war seine Position immer unsicher; es war einzig und allein sein guter Ruf, der ihn geschäftlich überleben ließ. Und der ihn für mich nützlich machte. Und außerdem musste ich zugeben – aber nur mir gegenüber, nie einem anderen gegenüber, geschweige denn Herman Ott selbst –, dass ich eine Art widerwilliger Zuneigung für diesen Mann empfand, so wie man eine Schwäche für das hässlichste Hündchen in einem Wurf hat, besonders wenn man weiß, dass man es nicht mit nach Hause nehmen muss.

Ein weiterer kalter Schauer überlief mich. Was um alles in der Welt konnte diese letzte Drohung bedeuten? Was könnte seinem Ruf einen größeren Schlag versetzen, als in der Avenue das Gerücht auszustreuen, Herman Ott hätte an die Bullen Informationen weitergegeben? Meine Zusammenarbeit mit Ott bewegte sich zwar im Rahmen des Gesetzes, aber wenn allzu viele Einzelheiten darüber bekannt würden, dann wäre das für keinen von uns beiden besonders gut. Es würde ein schlechtes Licht auf mein Dezernat werfen (die Stadt Berkeley stellt an ihre Polizei besonders hohe moralische Ansprüche), und würde die ohnehin schon wacklige Basis, auf der Ott mit seinen Klienten verkehrte, erschüttern (obwohl Otts Klientel keine große Auswahl diesbezüglich hatte). Und für mich würde das zwangsläufig bedeuten, dass ich mir in Zukunft jede Beschwerde anhören müsste, die irgendein Inspektor, Detective oder Streifenpolizist über Ott vorzubringen hatte. Was hieß, dass ich mich für den Rest meiner oder Otts Karriere – welche von beiden auch länger dauern mochte – auf fünf bis zehn Anrufe täglich gefasst machen konnte.

Ich ging zu dem geputzten Fenster und starrte hinaus. Als ich nach rechts blickte, sah ich die Leuchtreklame auf der Telegraph Avenue und das einzige Café, das an Weihnachten geöffnet hatte. Obwohl ich beträchtliche Bedenken hatte (aber die konnte ich später immer noch zerstreuen), sagte ich: »Was erwartest du jetzt von mir, allein und nachts? Ich habe nicht die Absicht, meine Abteilung ins Gerede zu bringen. Und ich will auch keine von den Schlagzeilen lesen, die so anfangen: *Eine Polizistin, die an ihrem dienstfreien Abend …*«

»Ich will nur, dass du hierbleibst, bis der Brief kommt. *Fröhliche Weihnachten*: Der letzte Brief muss heute Abend kommen. Ich setze mich so lange in das Café. Wenn das Päckchen durch die Tür geschoben wird, dann musst du nichts weiter tun, als das Licht anzuschalten. Ich werde das Fenster beobachten. Es gibt nur einen Weg aus dem Gebäude. Die Feuerleiter ist schon seit Monaten versiegelt.«

»Du kannst Montag morgen mit dem zuständigen Gebäudeinspektor rechnen.«

»Sehr schön. Heißt das, du machst es?«

Ich warf einen Blick auf meine Uhr. Es war kurz nach neun. Es konnte mir passieren, dass ich bis zur Morgendämmerung neben Otts Briefschlitz saß, und im Dezember dämmert es spät. Zögernd ging ich in sein Schlafzimmer und schaute mir seine Bücherschränke an, in denen so ziemlich jede radikale Publikation vertreten war, die man jemals gedruckt hatte, wobei ich wie Ott kurze, schnelle Trippelschritte machte, um den vielen herumliegenden Decken auszuweichen. Neben dem (ungeputzten) Fenster stand eine elektrische Kochplatte. Daneben ein leerer Topf, eine Dose Kaffee, zwei Schachteln Teebeutel und ein Glas mit Honig, der so fest und körnig war, dass er noch von dem Mieter stammen konnte, der zwischen den Weltkriegen dieses Büro benutzt hatte. Vielleicht hatte Ott sogar Milch im Kühlschrank, aber ich bezweifelte das. Auf dem Boden stand eine Flasche Wasser, wahrscheinlich um Ott die Mühe zu ersparen, jedes Mal, wenn er sich Tee kochen wollte, quer über den Gang auf die Toilette zu rennen. Ich goss etwas in den Topf und schaltete die Platte an. Dann nahm ich einen schmutzigen und angeschlagenen Becher und überschritt wieder die Schwelle in die ordentliche Welt von Otts Büro. Ott saß immer noch hinter seinem Schreibtisch. Das sah ihm ähnlich, ein Angebot zu machen und dann einfach dazusitzen und zu warten. »Ott«, sagte ich, »ich weiß, dass du mir nicht alles sagst. Ich bin bereit, das zu akzeptieren. Aber du musst mir dein Wort geben, dass mir das, was du verschweigst, nicht schaden wird. Denn falls es das doch tut, werde ich jeden Polizisten, den ich kenne und der mir einen Gefallen schuldet, um Hilfe bitten, und dann gnade dir Gott.«

Otts Gesicht entspannte sich. Er sah aus, als hätte ich bei ihm auf den richtigen Knopf gedrückt. »Du hast mein Wort, Smith. Und die zweihundert, die du mir schuldest, die kannst du vergessen.«

»Okay. Ich will nur hoffen, dass es beim Weihnachtsabend bleibt und sich nicht bis in den Morgen hineinzieht, mein lieber Weihnachtsmann.«

»Keine Angst.«

Ich streckte Ott den Becher entgegen und sagte: »Hier, wasch ihn wenigstens aus, bevor du gehst. Ich werde mir jetzt Tee machen und habe nicht die Absicht, mir einen Brechdurchfall einzuhandeln, bevor dein Weihnachtsmann kommt.«

Ott machte ein finsteres Gesicht. Er konnte es wirklich nicht ausstehen, wenn ich mich über ihn lustig machte. Nicht einmal, wenn es nur um seinen Becher ging.

Fünf Minuten später goss ich kochendes Wasser über einen Teebeutel und sah Ott zu, wie er das Licht ausmachte und ging. Ich ließ den Tee weitere fünf Minuten ziehen – die Nacht konnte womöglich lang werden, und ich wollte den Tee stark haben.

In der Hoffnung auf die Beharrlichkeit und Naivität von Otts Weihnachtsmann klebte ich den Briefschlitz in der Tür zu. Dann erledigte ich einen Anruf und ließ mich neben der Tür auf dem kalten Holzfußboden nieder.

Um halb zehn wurde die Heizung abgestellt. Irgendwo in Washington D. C. gab es eine Frau, die ihren Namen von Saffron wieder in Helen oder Barbara zurückgeändert hatte. Während ich hier in Otts ungeheiztem Büro schlotterte (und Howard sich ohne mich an Champagner und Würstchen labte), schlief sie unter einer dicken Daunendecke in einem großen Bett und träumte von ihrem Jahresgehalt von fünfzigtausend Dollar.

Ich lehnte mich an die Wand und trank einen kleinen Schluck von meinem kalten Tee. Aus dem Korridor drang nur das dumpfe Geräusch von Fernsehapparaten.

Ich habe schon eine Menge Observationen hinter mir und kenne alle Spielchen, um die Langeweile fernzuhalten. Ich kann alle fünfzig Staaten in alphabetischer und in geografischer Reihenfolge aufzählen, angefangen entweder bei Maine oder bei Hawaii. Ich kann alle amerikanischen Hauptstädte aufsagen, ohne dabei in Versuchung zu kommen, Louisville statt Frankfort oder Portland statt Salem (oder Augusta) auch nur zu denken.

Doch mit der Zeit waren die Spielchen zu simpel geworden. Aber das war heute Nacht nicht wichtig. Ott hatte mir ein neues, nämlich sein Spiel da gelassen.

Ich dachte noch einmal über die ersten beiden dieser drei Botschaften nach: *1971 Saffron Sacramento; 200 Dollar monatlich*. Ott hatte sich Ende 1969 von Saffron scheiden lassen. 1970 war sie bereits nach Sacramento gezogen und war auf seine zweihundert Dollar nicht mehr angewiesen. Und dann die dritte Botschaft, die Ott damit bedrohte, ein lebender Toter zu werden. Man musste keine Polizistin sein, um zu wissen, was das für ihn bedeuten würde. Für Ott war sein Leben gleichbedeutend mit seinem Ruf. Also was dieser Weihnachtsmann auch immer wusste, es genügte, um Otts Ruf zu zerstören.

Eine halbe Stunde später war mein Becher leer, und ich bereute es schon, so viel Flüssigkeit in mich hineingeschüttet zu haben. Überwachungen waren für Männer viel einfacher. Doch während dieser Stunde im Dunkeln hatte ich Zeit genug gehabt, mir den Inhalt der letzten Botschaft zusammenreimen, so wie Ott das sicher auch getan hatte. Für jeden, der die Szene um die Telegraph Avenue und die Rolle, die Ott darin spielte, kannte, war diese Botschaft bereits in den vorhergehenden drei enthalten. Ich dachte mir also, dass diese vierte Botschaft – die, für die Ott lieber sterben würde, als sie an der Avenue zirkulieren zu sehen – besagen würde, dass Ott zweihundert Dollar monatlich als Unterhalt an Saffron gezahlt hatte; zusätzlich würde noch ganz genau dabeistehen, was Saffron mit diesem Geld, mit Otts Geld, gemacht hatte.

Um Punkt zehn hörte ich Schritte auf dem Korridor. Ich stand auf, stellte mich neben die Tür und wechselte meinen Revolver in die linke Hand. Die Schritte hörten vor der Tür auf. Knie knackten. Der Weihnachtsmann bückte sich. Der Briefschlitz wurde gegen das Klebeband gedruckt. Ich konnte ihn mir direkt vorstellen, wie er innehielt, verwirrt auf den unnachgiebigen Briefschlitz starrte, um es dann verärgert erneut zu versuchen, was auch der Fall war.

Die Tür war abgesperrt, aber es war kein Sicherheitsriegel vorgelegt. Man brauchte nicht mehr als eine Kreditkarte, um das Schloss zu überwinden. Und dem Geräusch nach schien er auch genau das zu versuchen.

Ich hielt die Luft an und wartete.

Die Tür glitt langsam auf.

Ich wartete so lange, bis eine Hand, die ein kleines Päckchen trug, in der Türschwelle auftauchte. Die Hand befand sich ungefähr vierzig Zentimeter über dem Fußboden. Der Weihnachtsmann bückte sich gerade, um das Päckchen auf den Boden zu legen.

Da packte ich seine Hand, bog ihm den Arm nach hinten, stieß ihn nach vorne und drückte ihn mit dem Kopf voran in die Ecke, in der Otts Schreibtisch stand.

Ich schaltete das Licht an. »Keine Bewegung!«, schrie ich. »Polizei!« Er stöhnte. Er, das war Angus Simpson, der Ganove, den Ott an mich verpfiffen hatte. Ich war nicht überrascht. Seine Kaution sollte bald aufgehoben werden. Und da Simpson noch standhafter als Ott die Polizei anschwieg, würde er bald weitere sehr stille Tage im Knast verbringen. Nie im Leben würde er jemandem verraten, was er gegen Ott in der Hand gehabt hatte.

»Arme auseinander. Auseinander damit! Sofort! Und die Beine spreizen. Mach schon!« Ein in rotes Weihnachtsgeschenkpapier gewickeltes Päckchen fiel ihm aus der Hand. Mit dem Fuß stieß ich es hinter mich.

Ich steckte das Päckchen erst ein, als die Verstärkung eintraf. Ott würde nicht froh darüber sein, dass ich die Jungs von der Streife alarmiert hatte. Im Augenblick saß Ott wahrscheinlich im Käfig eines Streifenwagens und protestierte lautstark. Das war zwar nur zu seinem

Besten, aber das würde er mir nie abkaufen. Wenn es nach Herman Ott ginge, dann würde mir einiges bevorstehen.

Aber gerade Ott würde verstehen, dass auch ich meinen Ehrenkodex hatte. Und er würde zufrieden mit meinem Weihnachtsgeschenk an ihn sein: Keine Menschenseele würde dieses letzte Päckchen sehen, und kein Mensch auf der Avenue würde jemals davon erfahren, dass Ott der Gefahr ausgesetzt gewesen war, als lebender Toter zu enden. Keiner würde je die Enthüllung kennen, die ihn zur Zielscheibe des Spottes der ganzen Avenue gemacht hätte und deren Botschaft lautete: *Sacramento 1971, Saffron erhielt 2400 Dollar von Herman Ott und spendete sie Ronald Reagan für dessen Wahlkampagne zum Gouverneur.*«

Isaac Asimov
Der fünfte Weihnachtsmann

Als ich meinen ersten Kriminalroman verkaufte, hatte ich das Glück, dieselbe Lektorin zugewiesen zu bekommen wie der Autor dieser Geschichte. In ihrem Büro standen zwei hohe Bücherschränke; in dem einen waren die Bücher – fast – aller Autoren, die sie betreute, während der andere bis oben hin mit den Werken von Isaac Asimov vollgestopft war. Wie fast jeder, der schon mal ein Buch von ihm gelesen hat, inzwischen wissen dürfte, hat dieser ungeheuer produktive Autor einen analytischen Verstand. Sobald Isaac einmal anfängt, über irgendetwas nachzudenken, kann man nie wissen, was dabei herauskommen wird. Und vor gar nicht langer Zeit hat Isaac sich über den Bart von Santa Claus so seine Gedanken gemacht ...

Provozierende Heiterkeit und gute Laune verströmend, betrat Baranof die einschläfernden Hallen der Union-Club-Bibliothek.
»Fröhliche Weihnachten allerseits«, sagte er. Worauf Jennings und ich wie aus einem Mund antworteten: »Pah! Unsinn!«, während Griswold ganz leise in seinem riesigen Ohrensessel schnarchte.
»Nein, im Ernst«, sagte Baranof. »Es soll an Weihnachten sogar eventuell schneien. Vielleicht bekommen wir sogar weiße Weihnachten.«
»Sehr schön«, sagte ich säuerlich. »Und all die vielen kleinen Kinder

können ihre neuen Schlitten nehmen und sie bäuchlings im New Yorker Verkehr ausprobieren.«

»Ich frage mich«, sagte Jennings, »ob überhaupt irgendein New Yorker seinen Kindern einen Schlitten schenkt.«

»Wie kann man von ihnen auch nur verlangen, dass sie in die Kälte hinausgehen, wo sie doch zu Hause bleiben und warm und weich vor dem Fernsehapparat sitzen könnten?«, warf ich ein.

Baranof sagte: »Ihr zwei widert mich an. Ich bin fast versucht, Griswold um eine Weihnachtsgeschichte zu bitten. Er hat bestimmt etwas Herzergreifendes auf Lager.«

Ich glaube nicht, dass Baranof das ernst gemeint hat, aber Griswold erwachte polternd zum Leben.

Seine Augenlider öffneten sich, und das eisige Blau seiner Augen durchbohrte uns einen nach dem anderen. Er nahm einen sehr tiefen Schluck von dem Scotch mit Soda, den er immer noch in der Hand hielt, und sagte: »Ich habe tatsächlich eine Weihnachtsgeschichte auf Lager, über einen Freund, der äußerst unerfreuliche Feiertage erlebt hat.«

»Oh nein«, sagte Baranof, »wenn es etwas Trübseliges werden soll, dann vielen Dank. Dann reden wir lieber über etwas anderes.«

Aber da ihr darauf besteht (sagte Griswold), werde ich euch die Geschichte meines Freundes Dan Arbutus erzählen, der beim Geheimdienst für mich gearbeitet hatte, bevor ich gefeuert wurde, weil ich zu viele Geheimnisse kannte. Wir blieben natürlich auch hinterher noch Freunde, und zwar immer dann, wenn er sicher sein konnte, dass niemand hinsah. Schließlich ging er mit seiner anständigen Pension – mehr als ich bekam – in den Ruhestand und hielt sich mit kleinen Aufträgen bei Laune, die er nur annahm, um in Übung zu bleiben. Vor zehn oder zwölf Jahren kam er, kopfschüttelnd und mit einem Ausdruck größter Sorge im Gesicht, gleich nach Weihnachten zu mir.

»Griswold«, sagte er, »nie im Leben werde ich jemals wieder in der Lage sein, einem Weihnachtsmann ins Gesicht zu sehen. Von allen Schnitzern, die mir jemals unterlaufen sind …«

Wir tranken ein Glas, und dann sagte ich: »Was für einen Schnitzer denn, Dan? Du warst ziemlich auf Draht in den alten Tagen – wenn man bedenkt, dass du nicht ich warst.«

»Das war einmal. Würdest du so etwas glauben, Griswold? Da spaziert jemand direkt vor meiner Nase mit einer teuren Halskette aus der Schmuckabteilung, und jetzt muss ich befürchten, dass man *mich* verdächtigt.«

»Was ist das denn für eine Schmuckabteilung?«

»Nun, ich nehme doch hin und wieder kleine Aufträge an. Nur so, um nicht einzurosten. Unter anderem auch als Privatdetektiv im Kaufhaus Goodwell an der East Side. Die können sich vor Ladendieben gar nicht mehr retten, weißt du, besonders in der Weihnachtszeit.«

»Und da hat jemand eine Halskette geklaut?«

»Ja, aber nach Ladenschluss.«

»Und was hat das alles mit dem Weihnachtsmann zu tun? Du hast doch gesagt, du könntest nie mehr einem Weihnachtsmann ins Gesicht sehen.«

»Nun ja. Weißt du was, Griswold, ich erzähle dir die ganze Geschichte lieber von Anfang an. Ich erwarte ja gar nicht, dass du mir eine Lösung des Falles präsentierst. Es kann keine Lösung geben, glaube mir. Ich möchte mir die Sache nur von der Seele reden, vielleicht kann ich sie dann vergessen.« Er zögerte. »Aber kann ich vorher noch ein kleines Schnäpschen haben?«

Ich schob ihm die Flasche hin und wartete.

Schließlich sagte er: »Der Job ist reine Routinesache, aber es macht mir Spaß, die Menschenmenge zu beobachten und meine Augen nach Klugscheißern offen zu halten, die es fertigbringen, irgendwelche Dinge in ihre Taschen oder Tüten zu stecken. Dann gebe ich dem Kaufhauspersonal, das an strategisch wichtigen Punkten plaziert ist, ein Zeichen, und wir verfolgen den Ladendieb, bis er oder sie zur Türe hinaus ist und auf der Straße steht. Dann halten wir sie auf, bringen sie zurück und durchsuchen sie. Man darf sie nicht anhalten, solange sie noch im Kaufhaus sind, sonst können sie nämlich immer behaupten, sie hätten ja zahlen wollen, und fangen an, ein furchtbares Geschrei wegen ihres guten Namens zu veranstalten und zu erklären, dass sie das Kaufhaus verklagen werden.

Aber manchmal werde ich von der Geschäftsleitung auch gebeten, mich außer um die Ladendiebe auch noch um andere Dinge zu kümmern. Vor ein paar Wochen zum Beispiel hat man mich gebeten, nach Ladenschluss bei dem hauseigenen Trainingsprogramm für Weihnachtsmänner anwesend zu sein.«

Ich starrte ihn an. »Sie trainieren Weihnachtsmänner?«

»Aber natürlich. Kaufhäuser setzen in der Weihnachtszeit immer Weihnachtsmänner ein, und die müssen in Schichten arbeiten und immer wieder abgelöst werden, da die Arbeit sehr ermüdend ist. Deshalb werden auch eine ganze Menge Weihnachtsmänner gebraucht. Den Kindern ist das egal. In einem Santa-Claus-Kostüm sehen doch alle gleich aus. Selbst wenn ein Kind noch einmal wiederkommt und ein anderer Santa Claus auf dem Platz sitzt, fällt das dem Kind gar nicht auf. Den Eltern auch nicht. Und mir übrigens auch nicht.«

»Was wird denn da trainiert?«

»Eine ganze Menge sogar. Dass man während der Arbeit zum Beispiel keine Zwiebeln oder Knoblauch oder überhaupt scharf gewürzte Speisen essen darf und dass man dabei weder trinken noch rauchen soll. Das ist kein Witz. Wenn ein Santa Claus einen schlechten Atem hat, ist er seinen Job ganz schnell los. Und die zukünftigen Weihnachtsmänner müssen auch lernen, wie man kleine Kinder im Arm hält. Sie müssen lernen zu erkennen, ob das Kind überhaupt auf ihrem Schoß sitzen will. Wenn ein Kind schüchtern ist, bleibt es einfach stehen. Und dann ist es besser, die Eltern dazu zu bringen, das Kind auf ihren Schoß zu setzen, statt es selbst zu tun.

Dann muss man auch noch die richtigen Fragen stellen, man darf ja keine eigenen Vorschläge machen oder für irgendwelche Produkte werben, da sonst die Eltern sauer werden. Man muss jedes Wort wiederholen, das das Kind sagt, und man muss fröhlich sein und immer wieder ›Ho, ho, ho!‹ machen.«

»Ho, ho, ho?«, fragte ich.

»Oh ja, das ist besonders wichtig«, sagte Dan. »Santa Claus ist ja ein lustiger Geselle. Einmal abgesehen von seinem Kostüm und der starken Wattierung, die ihn dicker aussehen lassen soll, ist sogar sein Gesicht – oder besser das, was man davon noch sieht – rosa geschminkt, vor allem die Nasenspitze; außerdem muss er dauernd lächeln, was bedeutet, dass gute Zähne wichtig sind, und er muss immer wieder ›Ho, ho, ho!‹ machen. Er fragt zum Beispiel: ›Und wie heißt du denn, mein Kleiner? Joey? Das ist aber ein hübscher Name, ho, ho, ho! Und bist du dieses Jahr auch ein braver Junge gewesen? Warst du das? Wunderbar. Ho, ho, ho!‹ Und dieses ›Ho, ho, ho!‹ muss tief und sonor erklingen. Glaube mir, nach zwei Stunden davon braucht jeder Weihnachtsmann eine Ablösung.«

»Das verstehe ich«, sagte ich.

Dan fuhr fort: »Das Training findet nach Ladenschluss statt. Die Kinder würden sonst ganz verwirrt werden, wenn sie so viele Weihnachtsmänner im Laden herumspazieren sehen. Manchmal frage ich mich, wie viele Kinder wirklich noch an den Weihnachtsmann glauben, aber das Kaufhaus muss davon ausgehen, dass alle es tun.

Nun denn, es waren nur noch ein paar Tage bis Weihnachten, und die vier Weihnachtsmänner, die als Springer eingesetzt werden sollten, waren zum Training erschienen. Sie alle trugen ihre Kostüme. Das ist wichtig, weißt du. Diese Kostüme und die dicke Wattierung darunter sind nicht sehr bequem und machen am Anfang oft Probleme.

Die Weihnachtsmänner sollen sich an sie gewöhnen, und außerdem müssen sie ihre Kostüme ganz schnell wechseln können. Glaub mir, ich habe viel darüber gelernt, was es heißt, ein Weihnachtsmann zu sein.«

Ich sagte: »Eines verstehe ich nicht, Dan, es war doch nach Ladenschluss, und es waren keine Kunden mehr da; wozu hat man denn dann deine Dienste benötigt?«

Dan erwiderte: »Das hat man mir nicht genau gesagt. Man hat mich nur gebeten, anwesend zu sein und meine Augen offen zu halten. Schließlich waren die vier Weihnachtsmänner nicht die Einzigen, die um diese Zeit noch im Kaufhaus waren. Da waren noch diverse Leute aus der Verwaltung, die für das Training verantwortlich waren, Verkaufspersonal und andere Angestellte, die Überstunden machten. Es ging das Gerücht um – aber keiner sprach natürlich offen darüber –, dass die ziemlich großen Verluste der letzten Zeit eventuell eine interne Angelegenheit waren, um es mal so auszudrücken. Ich war also da, um die Augen nach Verdächtigen offen zu halten, während ich so tat, als würde ich auf die Weihnachtsmänner aufpassen.

An dem betreffenden Abend tauchte nun völlig aufgelöst plötzlich die Verkäuferin auf, die für die Schmuckabteilung verantwortlich war. Sie war eine große, hagere Frau mit einer sehr schrillen Stimme. Jeder nannte sie nur Mamselle, obwohl ich nicht den Eindruck hatte, dass sie Französin war. Sie kam also und sagte laut: ›Mit der Alarmanlage in meiner Abteilung stimmt irgendetwas nicht.‹

Ich warf ihr einen ärgerlichen Blick zu, und sie hielt mitten im Satz inne und bekam hektische rote Flecken im Gesicht. Da sie nicht auf den Kopf gefallen war, wurde ihr in dem Moment wohl klar, dass sie es nicht gerade der ganzen Welt verkünden sollte, wenn mit ihrer Alarmanlage tatsächlich etwas nicht in Ordnung war. Sie lief jammernd weg, und ich dachte noch, dass ich mir später besser mal ihre Abteilung anschaue.

Dann wanderte ich herum und versuchte, mich dabei so unsichtbar wie möglich zu machen. Es gab eine kurze Kaffeepause, und die Weihnachtsmänner standen da und unterhielten sich in ihren natürlichen Stimmen. Während des Trainings übten sie ständig ihr ›Ho, ho, ho‹ und sprachen mit ganz tiefen Stimmen. Wahrscheinlich war es wichtig für sie, sich miteinander zu unterhalten, einfach um sicherzugehen, dass sie überhaupt noch normal reden konnten. Dann holte man sie alle zusammen und machte mit ihnen eine kleine Führung. Bestimmte Stellen im Kaufhaus mussten sie einfach kennen, um ihre Posten beziehen und sie wieder unauffällig verlassen zu können. Und wie sie da so beieinanderstanden, hatte ich eine Weile den Eindruck, als seien es fünf Weihnachtsmänner.«

»Du meinst fünf statt vier?«

»Ja.«

»Gab es im Kaufhaus noch Ersatzkostüme?«

»Aber sicher. Viele sogar.«

»Sodass sich jeder x-beliebige Angestellte ein Santa-Claus-Kostüm anziehen und unter die anderen hätte mischen können?«

»Ja, aber das kann ich nicht mit Sicherheit behaupten. Das ist es ja. Ich hatte den momentanen Eindruck, es seien fünf, aber es war eben nur ein Moment, bevor sie sich auf Weg machten. Erst lief ich hinter ihnen her, überlegte mir dann aber: Nein, ich werfe lieber mal einen Blick in die Schmuckabteilung. Und das tat ich auch. Ich rannte hin, und da stand doch glatt so ein Weihnachtsmann.«

»Der fünfte?«

»Das weiß ich nicht. Ich schwöre dir, Griswold, ich kann dir nicht sagen, ob es überhaupt einen fünften gab oder ob der in der Schmuckabteilung vielleicht der fünfte war.«

»Hat er etwas gemacht?«

Dan sagte: »Nicht, als ich hineinkam. Ich war so überrascht, dass ich ihn einfach nur anstarrte und ›Ho, ho, ho‹ sagte. Ganz automatisch, weißt du. Aber er gab keine Antwort. Das war das Seltsamste daran. Er gab keine Antwort. Ich hatte eigentlich gedacht, dass er gar nicht anders gekonnt hätte, als mit einem ›Ho, ho, ho‹ zu antworten. Aber er starrte mich nur kurz an und lief dann davon.«

Ich fragte: »Und du hinter ihm her?«

»Nein«, sagte Dan mit Armesündermiene. »Ich habe viel Zeit damit vertan – es war mein Fehler, das muss ich zugeben, Griswold –, mich umzusehen, ob irgendetwas zerbrochen oder eingeschlagen worden war. Ich habe natürlich nichts gesehen, und als mir klar wurde, dass ich eigentlich dem Weihnachtsmann hätte folgen sollen, war es zu spät. Er war weg, und schließlich kamen die anderen zurück, und das waren nur vier.

Griswold, ich sage dir, ich stand da und dachte, ich würde verrückt werden. Vier? Fünf? Es war mir peinlich, danach zu fragen. Und dann, kurz bevor sie für diesen Abend Schluss machen wollten, kam laut schreiend die Mamselle zum zweiten Mal angerannt. Die Halskette war weg. Sie war direkt aus der Vitrine gestohlen worden. Ich konnte dazu nichts sagen, da ich mir nicht alle Schmuckstücke dort gemerkt hatte.

Die Mamselle war völlig hysterisch. Es war zu einem Kurzschluss in der Alarmanlage gekommen, sodass man die Vitrine hatte öffnen können, ohne dass im ganzen Kaufhaus die Sirenen losheulten, und wenn sie nicht so dumm gewesen wäre und das herumerzählt hätte … Ich glaube, sie erwartete, auf der Stelle gefeuert zu werden, und offen gesagt war ich der Meinung, dass sie das auch verdient hatte. Aber ich nehme an, dass sie schon ewig in diesem Kaufhaus arbeitete und als wertvolle Arbeitskraft sehr geschätzt war.

Schließlich erwähnte ich meinen Verdacht, dass sich ein falscher Weihnachtsmann unter die anderen geschmuggelt haben könnte, ein fünfter, aber alle stritten das ab. Es seien nur vier gewesen. Alle Weihnachtsmänner behaupteten, die ganze Zeit über zusammen gewesen zu sein und dass es nie einen fünften gegeben habe. Ich konnte meine Position nicht sehr vehement verteidigen. Ich hatte ja nicht direkt fünf gesehen. Ich hatte nur diesen flüchtigen Eindruck gehabt.

Dann erwähnte ich den Weihnachtsmann in der Schmuckabteilung, und jetzt gingen sie erst recht alle auf mich los, denn es sah ja so aus, als hätte sich einer der männlichen Angestellten als Santa Claus verkleidet und den Diebstahl begangen, nachdem Mamselles Ungeschicklichkeit ihn erst darauf aufmerksam gemacht hatte. Natürlich fingen jetzt alle an, sich gegenseitig Alibis zu geben. Keiner hätte sich, so wie es aussah, aus dem Blickfeld der anderen entfernen können. Jetzt bist du dran, Griswold. Es stellte sich heraus, dass es keiner gewesen sein konnte.«

Ich sagte: »Hat irgendjemand an die Möglichkeit gedacht, dass es vielleicht doch keine interne Angelegenheit war? Dass sich jemand ins Kaufhaus geschlichen, die Halskette gestohlen und sich wieder davongemacht hatte?«

»Das war unmöglich«, sagte Dan. »Die Türen waren alle verschlossen, und die Alarmanlagen *dort* funktionierten. Wer immer es getan hat, muss gewusst haben, wo die Santa-Claus-Kostüme aufbewahrt wurden, und er muss auch gewusst haben, dass die Alarmanlage ausgeschaltet war. Nein, das war schon eine interne Angelegenheit. Das Schlimme ist nur, dass ich jetzt derjenige bin, für den es schlecht aussieht. Ich hatte all das benötigte Vorwissen, und ich habe versucht, eine falsche Fährte zu legen, als ich von einem fünften Nikolaus und von dem einen in der Schmuckabteilung sprach. Es gab niemanden, der meine Angaben hätte bestätigen können, und es war unvermeidlich, nehme ich an, dass man auf die Idee kam, dass ich es gewesen sein könnte. Es war jedenfalls klar, dass es das war, was alle dachten.«

»Ich hoffe doch, man hat die Halskette nicht bei dir gefunden«, sagte ich.

»Selbstverständlich nicht«, erwiderte Dan. »Man hat sie überhaupt nicht gefunden. Offen gesagt, ich denke, wer immer es war, der muss sich in dem Laden genau ausgekannt haben. Er musste vorher schon ein Versteck ausgesucht haben. Aber in dem Punkt sieht es für mich auch schlecht aus. Ich kenne das Kaufhaus ziemlich gut.«

Ich sagte: »Als du diesen Santa Claus gesehen hast, Dan, war es dir da möglich, irgendetwas an ihm zu erkennen?«

»An ihm zu erkennen? Aber Griswold, du weißt doch, wie so ein Kostüm aussieht. Es umhüllt mit seiner dicken Wattierung den ganzen Körper. Dazu kommen weiße Handschuhe, eine weiße Perücke und ein langer weißer Bart. Das Einzige, was man noch sieht, sind die Augen, die Nase und die Backenknochen. Ich würde meinen eigenen Bruder nicht erkennen, wenn er so herausgeputzt wäre.«

»Die Nase war doch sichtbar, und Nasen sind etwas sehr Charakteristisches. War es eine Stupsnase, eine lange Nase, eine Hakennase oder eher eine platte Nase?«

»Griswold, das kann ich nicht sagen. Ich habe doch gesagt, ich war völlig überrumpelt. Dieser Weihnachtsmann und ich, wir haben uns vielleicht ganze fünfzehn Sekunden gesehen. Das Einzige, was ich wirklich mit Sicherheit sagen kann, ist, dass er nicht auf mein ›Ho, ho, ho‹ geantwortet hat. Für mich ist das alles ein unerklärliches Geheimnis, für die anderen natürlich nicht. Die glauben, dass ich es gewesen bin. Und auch wenn sie es nicht beweisen können, Griswold, das Gerücht wird die Runde machen, und ich werde keine Jobs mehr bekommen. Nicht, dass ich sie bräuchte, musst du wissen, aber ich lege nun mal Wert auf meinen guten Ruf, und der ist jetzt ruiniert.«

»Oh, ich weiß nicht recht, Dan«, sagte ich. »Das scheint mir alles gar nicht so schrecklich geheimnisvoll zu sein. Ich glaube, die Lösung ist recht einfach.«

Dan schaute mich scharf an. »Jetzt mach aber mal einen Punkt.«

»Nein, im Ernst«, sagte ich, und ich erklärte es ihm.

Dans Augen weiteten sich, und tatsächlich, als man dem Übeltäter seine Tat auf den Kopf zusagte, brach er zusammen, und die Halskette fand sich wieder ein. Aber am wichtigsten war, dass Dan ohne einen Flecken auf seiner weißen Weste aus dieser Sache herauskam. Im Gegenteil, man glaubte, er habe das Geheimnis gelöst. – Und das ist meine Weihnachtsgeschichte.

»Das ist dein Weihnachts*märchen*, Griswold«, sagte ich wütend. »Von welcher Lösung redest du hier überhaupt? Wie willst du bei dem wenigen, das du uns erzählt hast, auf eine Lösung gekommen sein?«

Griswold, der offensichtlich gerade dabei war, es sich wieder gemütlich zu machen und sein Nickerchen in aller Ruhe fortzusetzen, schlug die Augen wieder auf. »Kaum zu glauben, dass du die Lösung nicht siehst.«

Er schaute erst Jennings, dann Baranof an. »Und ihr beide seht sie auch nicht?«

Sie schüttelten den Kopf.

Griswold seufzte. »Und mit solchen Leuten habe ich es nun zu tun. Also, ihr stimmt doch mit mir überein, dass ein Santa-Claus-Kostüm bis auf Augen, Nase und Backenknochen alles an einer Person verbirgt. Richtig?«

»Richtig«, erwiderten wir im Chor.

»Nun, aber es gibt etwas, das sich dadurch nicht kaschieren lässt, ihr Idioten. Und das ist die *Stimme*.«

»Die Stimme?«

»Ganz genau. Deshalb hat der Weihnachtsmann in der Schmuckabteilung auch nicht ›Ho, ho, ho‹ gemacht. Er *konnte nicht*. Weil er nämlich kein ›er‹ war. Es war eine Frau. Mamselle war groß; sie war hager, aber da war ja die Polsterung. Alles, was bedeckt sein konnte, war bedeckt, aber sie hatte eine schrille Stimme. Selbst wenn man sie mit einer Waffe bedroht hätte, hätte sie kein tiefes ›Ho, ho, ho‹ von sich geben können, und das hat sie letztendlich verraten. Sie wusste, dass die Alarmanlage nicht funktionierte. Sie hatte ja selbst daran herummanipuliert. Und sie hatte das eben laut herausposaunt und das Kostüm nur deshalb getragen, damit die Männer in Verdacht gerieten.«

Griswold lächelte und hob sein Glas. »Ho, ho, ho, meine Herren!«

Marcia Muller
Stille Nacht

Marcia Muller hat, wie sie sagt, die Detektivin Sharon McCone deshalb zum Leben erweckt, weil sie bei ihrer Arbeit als Meinungsforscherin ähnliche Erfahrungen gesammelt hat, als sie Leuten Informationen aus der Nase ziehen musste. Seit 1977 erfreut Sharon nun ihre Fans – länger als jede andere derzeit in Kriminalromanen agierende Privatdetektivin. Einen Teil ihrer Popularität verdankt sie wohl der Tatsache, dass sie wie Marcia über Mitgefühl und trockenen Humor verfügt. Doch ich war überrascht, als ich erfuhr, dass Sharon einen Folksänger zum Schwager hat, den Autor einer erfolgreichen Ballade mit dem Titel »Spinnweben im Oberstübchen« ... Und ich hätte mir auch nicht vorstellen können, welche Art von Weihnachten sein Gesang seiner Schwägerin bescheren würde.

»Larry, ich weiß gar nicht, was ich sagen soll!«
Eigentlich wollte ich ja sagen: »Was soll ich denn damit anfangen?« Bei dem Gegenstand, den ich eben aus seinem fröhlichen rot-goldenen Weihnachtspapier befreit hatte, handelte es sich um einen Plastikbeutel, ungefähr sechzehn auf vierundzwanzig Zentimeter und mit einer Substanz vollgestopft, die verdächtig nach Sägemehl aussah. Ich drehte sie in meinen Händen hin und her, als würde ich sie bewundern, suchte dabei aber nach einem Hinweis auf ihre mögliche Identität.

Als ich aufblickte, sah ich, dass Larry Koslowskis braune Augen erwartungsvoll schimmerten; selbst die Spitzen seines kleinen Schnäuzers schienen zu beben, während er auf eine Reaktion von mir wartete.

»Es ist perfekt«, sagte ich matt.

In einem langen Seufzer stieß er den angehaltenen Atem aus.

»Das habe ich mir gedacht. Weißt du noch, wie du mir erzählt hast, dass du in letzter Zeit immer so antriebslos bist? Ich habe dir gesagt, du solltest es mal mit meinem Proteindrink zum Frühstück versuchen, aber du hast gemeint, du hättest so früh morgens keine Zeit für so etwas.«

Die Unterhaltung dämmerte mir langsam wieder – ziemlich vage. Ich nickte.

»Also«, fuhr er fort, »gib zwei Löffel von dieser Mixtur in ein hohes Glas, gieß Wasser dazu, rühr um, und fertig ist die ganze Sache.«

Natürlich, es war die schnell lösliche Variante seines berüchtigten Proteindrinks. Larry war der Biokostfanatiker in der Belegschaft der »Allerseelen«-Detektei; seine glühenden Ermahnungen, uns doch gesünder zu ernähren, stießen regelmäßig auf taube Ohren – meine eingeschlossen.

»Vielen Dank«, sagte ich. »Ich werde es gleich morgen früh ausprobieren.«

Larry zog den Kopf ein, und unter seinem borstigen kleinen Schnäuzer schürzte er die Lippen in schüchterner Freude.

Es war am späten Nachmittag des Heiligabends, und die Belegschaft von »Allerseelen« war mit dem traditionellen Austausch von Geschenken beschäftigt, wobei jeder ein anderes Mitglied beschenken musste, dessen Namen er im Monat zuvor gezogen hatte. Das jährliche Ritual geht zurück auf die Gründertage der Detektei, als die meisten zu arm gewesen waren, um sich mehr als ein Geschenk leisten zu können. Die einzige Regel dabei heißt: Halte das Geschenk so einfach wie möglich.

Die große Halle des viktorianischen Gebäudes, indem sich die Detektei befand, war voller Menschen. Die Leute hockten auf allerlei Möbeln oder saßen, wie Larry und ich, im Schneidersitz auf dem Fußboden und bestaunten und bewunderten unter lauten Aahs und Oohs ihre Geschenke. Neben dem Christbaum im Erkerfenster stolzierte mein Boss Hank Zahn mit neuer Mütze und neuem Schal umher, die ihm – nach langer und gründlicher Überlegung bezüglich der Farben – meine Assistentin Rae Kelleher gestrickt hatte. Rae wiederum trug den Schal und die Mütze, die ich für sie gekauft hatte (da ich nicht stricken kann), in der Hoffnung, sie würde endlich die Relikte aus ihrer Zeit an der Universität von Berkeley dem Abfalleimer anvertrauen. Die anderen hatten selbst gebackene Plätzchen und Karamellbonbons, ausgefallene Weine, Kalender für das nächste Jahr, Spielesammlungen, Pflanzen und Taschenbücher geschenkt bekommen. Und ich hatte einen Beutel mit einem schnell löslichen Gesundheitsdrink geschenkt bekommen, der aussah wie Sägemehl.

Das Stimmengewirr im Raum war so laut, dass ich kaum das Telefon im Büro hinter mir hörte. Unser Sekretär Ted Smalley, der dem Drang, ans Telefon zu gehen, nie widerstehen kann, stieg über mich hinweg und ging zu dem Apparat, der auf seinem Schreibtisch stand. Einen Augenblick später rief er: »McCone, es ist für dich.«

Mein Magen machte einen kleinen Satz, da ich Neuigkeiten sehr persönlicher Natur erwartete, die entweder sehr gut oder sehr schlecht ausfallen konnten. Ich bedankte mich noch einmal bei Larry für mein Geschenk, rappelte mich hoch und nahm Ted den Hörer aus der Hand. Er blieb in des Nähe des Schreibtisches stehen; ich hatte ihm Anfang dieser Woche mein Familienproblem anvertraut, und jetzt, das wusste ich, würde er so lange warten, bis ihm klar war, ob er mir Hilfe oder Trost spenden sollte.

»Shari?« Meine kleine Schwester Charlene klang gefasst, aber die Tatsache, dass sie die Verkleinerungsform von Sharon gebrauchte, die –

außer in Krisenzeiten – nur mein Vater verwendete, ließ meinen Magen von Neuem einen Satz machen.

»Ich bin dran«, sagte ich.

»Shari, jemand hat ihn gesehen. Ein Freund von Ricky hat Mike gesehen!«

»Wo? Wann?«

»Heute gegen Mittag. Bei euch oben in San Francisco.«

Ich stieß einen Seufzer der Erleichterung aus. Mein vierzehn Jahre alter Neffe, das älteste von Charlenes und Rickys sechs Kindern, war vor fünf Tagen aus deren Haus in Pacific Palisades abgehauen. Jetzt schien er wenigstens am Leben zu sein, wenn schon nicht gerade in Sicherheit.

Doch die Detektivin in mir riet zur Vorsicht. »War dieser Freund auch ganz sicher, dass es Mike war, den er gesehen hat?«

»Ja. Er hat sogar mit ihm gesprochen. Mike sagte, er wäre bei dir zu Besuch. Erst hinterher ist unserem Freund aufgefallen, dass Mike eigentlich ziemlich schmuddelig und müde ausgesehen hat und dass du ihn bestimmt nicht in diesem Viertel der Stadt herumziehen lassen würdest, und so hat er uns angerufen, damit wir da mal nachfragen.«

Ein kalter Schauer lief mir über den Rücken. »In welchem Viertel?«

»Irgendwo in der Nähe des Rathauses, eine schäbige Gegend, sagte unser Freund.«

Eine sehr schäbige Gegend, dachte ich. Ein gefährliches Pflaster, von dem sich Ausreißer oft magisch angezogen fühlten und wo Jungen und Mädchen gleichermaßen Zuhältern und Drogenhändlern in die Hände fielen …

Charlene sagte: »Shari?«

»Ich bin noch da, ich überlege nur.«

»Du glaubst nicht, dass er zu dir kommen wird, oder?«

»Das bezweifle ich, wenn er bis jetzt noch nicht da ist. Aber für den Fall, dass er doch auftauchen sollte, ist jemand bei mir zu Hause – eine alte Freundin, die mich über Weihnachten besucht –, und sie weiß, dass sie ihn aufhalten und mich sofort anrufen soll. Gibt es sonst noch jemanden, den er hier in der Stadt kennt? Jemanden, von dem er annehmen kann, dass er ihn nicht postwendend nach Hause schickt?«

»Da fällt mir eigentlich niemand ein.«

»Was ist mit dieser Freundin, bei der ihr ein paarmal über Weihnachten gewesen seid – die mit den beiden kleinen Mädchen, die gegenüber der Mission Dolores in der Sixteenth Street wohnt?«

»Ginny Shriber? Die ist vor ungefähr vier Jahren weggezogen.« Ich hörte ein Geräusch, als würde Charlene ein Schluchzen unterdrücken. »Er ist doch noch ein kleiner Junge. So klein und so stur.«

Doch sture kleine Jungen wurden auf den rauhen Straßen der Großstadt schnell erwachsen. Ich wollte nicht, dass mein Neffe einen solchen Reifeprozess durchmachen musste.

»Betrachte das Ganze doch mal von der positiven Seite, Charlene«, sagte ich mit mehr Optimismus, als ich tatsächlich empfand. »Mike hat sich die einzige Stadt ausgesucht, in der du eine eigene Privatdetektivin hast. Ich mache mich sofort auf die Suche nach ihm.«

Die Sache hatte ausgerechnet mit einem Moped angefangen, das Mike sich zu Weihnachten gewünscht hatte. Aber vielleicht hatte alles schon ein Jahr früher angefangen, als Ricky Savage endlich seinen großen Hit landete.

In den ersten vierzehn Jahren seiner Ehe mit meiner Schwester war Ricky nur einer von vielen anonymen Country-und-Western-Sängern gewesen, die als Begleitmusiker und Backgroundsänger umhertourender Bands leben und dabei dem unwahrscheinlichen Traum vom Starruhm nachhängen. Er und Charlene hatten es sich angewöhnt, ihre Kinder in einem ganz besonderen Rhythmus (und in einer Anzahl) zu bekommen, der mich trotz seiner Regelmäßigkeit immer wieder erstaunte: Er schwängerte sie, ging auf Tour und kehrte erst nach der

Geburt des Babys wieder heim; dann verabschiedete er sich erneut, wenn ihm die Fütterung um zwei Uhr nachts auf die Nerven ging, und kam erst dann wieder, wenn das Kind abgestillt war, und dann fing der ganze Zyklus wieder von vorne an. Nach dem sechsten Kind war Charlene endlich zur Vernunft gekommen und hatte sich sterilisieren lassen. Aber Ricky war weiterhin mehr unterwegs als zu Hause und hing immer noch seinen Träumen nach.

Aber dann hatte sich Ricky von meinem Vater Geld geliehen und versprochen, die Musik aufzugeben und bei meinem Bruder John in dessen Malerfirma einzusteigen, wenn er es innerhalb eines weiteren Jahres nicht schaffen würde. Mit diesem Geld hatte er ein Demoband eines Liedes einspielen lassen, das er selbst geschrieben hatte und das den sinnigen Titel trug: »Spinnweben im Oberstübchen«. Es handelte von einem liebeskranken jungen Mann, der außer besagten Spinnweben auch noch eine »Kloake im Keller seiner Seele« und »einen Kurzschluss in der Verkabelung seines Herzens« hatte. Als ich es zum ersten Mal hörte, war ich überzeugt, dass das Geld genauso zum Fenster rausgeworfen sein würde wie immer, aber das Schicksal – dieses perverse Geschöpf – wollte es anders. Das Lied wurde ein Hit, und weitere Hits von Ricky Savage sollten folgen.

Wie es sich für ihren neuen Lebensstil gehörte, zogen Ricky und Charlene in ein besseres Viertel – oder, wie es hier der Fall war, die Küste entlang nach Norden, von West Los Angeles in das reichere Pacific Palisades. Es gab neue Wagen, neue Möbel und neue Kleider, ein Haus mit Swimmingpool und für die Kinder Spielsachen und überflüssigen Schnickschnack. Jede Menge Schnickschnack, alles, was sie wollten – bis auf dieses Weihnachten, als Charlene sich aus Sicherheitsgründen dagegen sperrte, dass Mike ein Moped bekam. Und Mike, starrköpfig, wie er nun mal war, hatte seine ganzen Ersparnisse von ungefähr fünfundfünfzig Dollar genommen und war per Anhalter auf dem Pacific Coast Highway von zu Hause ausgerissen.

Dieses verdammte Moped war schuld daran, dass ich meine Pläne für den Heiligabend ersatzlos streichen und mich daranmachen konnte, die schäbigen Straßen und Gassen einer Gegend, die als Polk Gulch bekannt war, nach einem Ausreißer zu durchkämmen.

Die Stadt wirkte seltsam gedämpft an diesem Heiligabend, und auch die dunklen Straßen waren still, auch wenn sie nicht ganz verlassen waren. Die meisten Leute waren in ihre Häuser, in den warmen Schoß ihrer Familie und zu ihren Freunden gelockt worden; andere wiederum hatten sich wohl zurückgezogen, um das Gefühl der Einsamkeit zu pflegen, das um diese Jahreszeit ansteckend ist. Die Fußgänger, die mir entgegenkamen, bewegten sich lautlos, als fürchteten sie sich, auf ihre Gegenwart aufmerksam zu machen; gelegentlich drang Gelächter aus den Kneipen, an denen ich vorbeiging, aber selbst das nur gedämpft. Die verlorenen, umhergetriebenen Seelen der Stadt schienen alle den Atem anzuhalten und darauf zu warten, dass das Leben wieder seinen normalen Gang ging.

Ich hatte in der Market Street angefangen und arbeitete mich nordwestlich durch das Tenderloin zur Polk Gulch vor. Bevor ich überhaupt losgezogen war, hatte ich mir von einem befreundeten Fotografen, dem ein saftiges Honorar wichtiger war als ein Feiertag, einhundert Abzüge von dem jüngsten Foto, das ich von Mike hatte, anfertigen lassen. Die verteilte ich jetzt mit meiner Visitenkarte an Angestellte in Schnapsläden, Lebensmittelgeschäften, billigen Hotels und schmierigen Imbissen, die noch offen hatten. Die Fotos lösten keine andere Reaktion aus als Gleichgültigkeit oder mitleidiges Kopfschütteln und das Versprechen, die Augen nach ihm offen zu halten. Als ich die Polk Street erreichte, wo ich um zehn Uhr eine Verabredung in einer Schwulenbar hatte, war ich durchgefroren, ziemlich entmutigt, und zudem taten mir die Füße weh.

Die Polk-Schlucht, die so genannt wird, weil sie in einem Tal liegt, durch das ein unterirdischer Fluss fließt, war vor langer Zeit das Mekka der homosexuellen Szene in San Francisco gewesen. In den Siebzigerjahren aber hatten sich die ganzen Aktivitäten die Market Street hoch in das Castro-Viertel verlagert, und die »Schlucht« schien ihre ganze Lebendigkeit eingebüßt zu haben. Jetzt sieht es dort teilweise, besonders in dem Teil, der an das Tenderloin grenzt, deprimierend heruntergekommen aus. Als ich so die Straßen entlangging und die Gesichter aller jungen Männer, die mir begegneten, prüfend betrachtete, fielen mir die Hoffnungslosigkeit und die Resignation in den Augen der Strichjungen, Junkies, Alkoholiker und Obdachlosen auf. Ein paar Blocks von meinem Ziel entfernt klaffte eine Häuserlücke, die von einem Drahtgitterzaun umgeben war. Dahinter gähnte ein riesiges Loch, der Keller des Gebäudes, das früher hier gestanden hatte, der jetzt der Witterung ausgesetzt war. Einige Leute waren über den Zaun geklettert und hatten sich dort unten häuslich eingerichtet. Lagerfeuer flackerten trotz des »Betreten verboten«-Schildes. Die Obdachlosen hatten ein ruhiges Plätzchen – zumindest für diese eine Nacht. Niemand würde sie an Heiligabend von dort vertreiben.

Ich ging zu dem Zaun, schlang die Finger um den kalten Draht, starrte auf die flackernden Lichter und Schatten und fragte mich, ob Mike vielleicht unter der zerlumpten und hungrigen Menge war. Viele der Leute waren um die Vierzig und älter, aber es gab auch Familien mit kleinen Kindern und vereinzelt junge Leute. Aber ohne selbst über den Zaun zu steigen und dort hinunterzuklettern, konnte ich das nicht feststellen. Schließlich wandte ich mich ab, als ich merkte, dass mir gerade noch genügend Zeit blieb, um es bis zehn Uhr zur Schwulenbar zu schaffen.

Der Transvestit hieß Norma, und sie – oder er, ich wusste nie, wie ich sagen sollte – war von einer kühlen Schönheit. Wir setzten uns an einen Ecktisch in der Bar und tranken Champagner, da Norma darauf bestanden hatte. (»Schließlich ist doch Weihnachten, Süße!«) Die Bar machte trotz der blinkenden bunten Lichter am Baum und der flackernden Myrtenwachskerzen auf jedem Tisch einen düsteren und ziemlich verlassenen Eindruck; Normas prächtiges Samtkleid und ihr Modeschmuck wirkten mehr als nur ein wenig deplatziert. Sie hatte ganz allein an einem Tisch gesessen, als ich gekommen war, und hatte mich überschwänglich begrüßt.

Ich hatte den Kontakt zu Norma über Ted Smalley hergestellt, der schwul ist und einen breit gefächerten Bekanntenkreis quer durch alle Schichten der homosexuellen Gemeinde der Stadt hat. Norma, hatte er gesagt, wisse alles, was in der Polk Gulch vor sich gehe; wenn jemand mir helfen konnte, dann sie.

Das Foto von Mike kam Norma nicht bekannt vor. »Um diese Jahreszeit wimmelt es auf den Straßen nur so von Ausreißern«, erklärte sie mir. »An Weihnachten machen sich die Kinder immer große Hoffnungen. Wenn sie dann dahintersteigen, dass der Weihnachtsmann nicht der tolle Typ ist, zu dem er aufgebaut wird, dann machen sie sich aus dem Staub. So wie dein Neffe.«

»Was kann aus einem Kind wie ihm werden? Wo kann er hingehen?«

»Da gibt es eine Menge Orte. Ein Hotel zum Beispiel – das Vinton. Viele Ausreißer gehen erst mal dorthin, bis ihnen das Geld ausgeht. Wenn er Drogen nimmt, dann musst du es überall versuchen, in jeder billigen Absteige, in jedem Hauseingang und in jeder Seitengasse. Hat er was mit einem Zuhälter zu tun, dann such ihn unter den Strichern.«

Unwillkürlich umklammerte ich den Stiel meines Champagnerglases fester. Norma bemerkte das und schüttelte mitleidig ihre kunstvoll arrangierte Frisur. »Keine schöne Vorstellung, hab ich recht? Aber was gibt es denn hier schon Hübsches in der Gegend – außer mir natürlich?« Während sie die letzten Worte sagte, verzog sie den Mund zu einem selbstironischen Lächeln.

»Er ist jetzt seit fünf Tagen fort«, sagte ich, »und er hatte nur fünfundfünfzig Dollar bei sich. Die werden inzwischen weg sein, also brauche ich ihn wahrscheinlich nicht mehr in einem Hotel oder so zu suchen. Drogen haben ihn nie interessiert. Sein Vater ist Musiker, und viele von dessen Freunden sind drogenabhängig; der Kleine hasst Drogen geradezu. Über das andere will ich gar nicht erst nachdenken – obwohl mir letzten Endes wahrscheinlich gar nichts anderes übrig bleiben wird.«

»Was willst du denn jetzt machen?«

»Es trotzdem zuerst in dem Hotel versuchen. Wieder zurückgehen und mit den Leuten, die da unten in dem Keller hausen, reden. Mir jeden Jungen ansehen, der mir über den Weg läuft.«

Norma schaute auf das Foto von Mike, das noch immer mit dem Gesicht nach oben zwischen uns auf dem Tisch lag. »Es ist ein Jammer, so ein hübscher Kerl wie der. Er sollte zu Hause bei seiner Familie sein, den Baum schmücken, Kastanien über dem Feuer rösten oder was man sonst so in Familien macht.«

»Der amerikanische Weihnachtstraum, hmm?«

»Sicher.« Sie lächelte düster und hob ihr Glas. »Einen Toast auf den amerikanischen Weihnachtstraum – und auf alle, die er enttäuscht hat.«

Ich stieß mit ihr an. »Einschließlich dir und mir.«

»Einschließlich dir und mir. Hoffen wir nur, dass der kleine Mike nicht für immer davon enttäuscht sein wird.«

Das Vinton-Hotel lag ein paar Querstraßen entfernt, gleich um die Ecke an der Eddy Street. Die Rezeption lag im ersten Stock, über einem geschlossenen Sandwich-Laden, und ich musste warten, bis man mir aufmachte und ich die nackten Stufen, die stark nach Desinfektionsmittel und schwach nach Urin stanken, hochsteigen konnte. Rezeption war vielleicht nicht gerade der richtige Ausdruck dafür; es war mehr ein schmaler Gang mit einem Schreibtisch an einem Ende, hinter dem ein junger Schwarzer mit einer hohen Afrofrisur saß. Der Geruch von Marihuana hing in der Luft; wahrscheinlich hatte er seinen Weihnachtsabend in Gesellschaft eines Joints verbracht. Panik lag in seinen Augen, als ich in meine Tasche griff, um mich auszuweisen. Aber dann begriff er, dass dies keine Razzia war, und entspannte sich wieder.

Ich holte ein Foto von Mike heraus und legte es auf den Tisch. »Haben Sie diesen Jungen schon mal gesehen?«

Er warf kaum einen Blick darauf. »Nein, da kann ich Ihnen nicht helfen.«

Ich schob es näher vor ihn hin. »Schauen Sie es sich doch noch einmal an.«

Das tat er und schob es wieder zu mir her. »Ich sagte doch, nein.«

Etwas in seinem Tonfall sagte mir, dass er log – dass er aus reiner Verstocktheit lügen musste. Ich hätte ihn hart anfassen können, ihm erzählen, dass ich mit den Hotelbesitzern reden und ihnen stecken würde, wie es hier nach Gras gestunken hatte. Die Absteigen in der Stadt waren in der letzten Zeit von den Medien ziemlich unter Beschuss genommen worden; die Besitzer würden bestimmt nicht wollen, dass ich Ärger machen und diese kleine Goldmine gefährden würde, die ihnen unverschämt hohe Mieten von Durchreisenden und Sozialmietern einbrachte. Es musste doch einen besseren Weg geben …

»Arbeiten Sie jeden Abend hier?«, fragte ich.

»Ja.«

»Hart, besonders an Heiligabend.«

Er zuckte mit den Achseln.

»Morgen Abend auch?«

»Warum wollen Sie das wissen?«

»Ich weiß, was für ein mieser Handel das ist. Sie glauben doch wohl nicht, dass ich in der Kälte herumlaufe, weil es mir Spaß macht, oder?«

Seine Augen signalisierten vages Interesse. »Ihnen bleibt auch nichts anderes übrig, oder?«

»Himmel, nein. Mein Klient sagt, finden Sie diesen Jungen mal, und ich ziehe los. Ist zwar nicht so schlimm, da ich sowieso nichts Besseres zu tun habe.«

»Ich weiß, was Sie meinen. Auf mich wartet zu Hause auch niemand.«

»Wo ist Ihr Zuhause?«

»Mein richtiges Zuhause oder da, wo ich jetzt wohne?«

»Beides, meine ich.«

»Wohnen tue ich da oben.« Er deutete auf die Zimmerdecke. »Das Zimmer ist bei dem Job dabei. Mein Zuhause gibt es nicht mehr. Das war in Motown, bevor meine Ma gestorben ist und in der Automobilindustrie alles den Bach runterging. Ich bin hierhergekommen, weil ich dachte, ich würde Arbeit finden.« Er lächelte ironisch. »Nun, die habe ich ja gefunden, oder.«

»Wenigstens ist es hier nicht so kalt wie in Detroit.«

»Nein, aber es ist auch kein Zuhause.« Er hielt inne und nahm dann Mikes Foto wieder zur Hand. »Geben Sie es mir noch mal her.« Wieder eine Pause. »Okay. Er ist hier gewesen. Er und diese kleine Blonde hatten sich angefreundet. Sie ist auch weg.«

»Wissen Sie, wie die Blonde heißt?«

»Ja. Jane Smith. Originell, was?«

»Können Sie sie beschreiben?«

»Eine kleine Blonde eben, einen Meter sechzig vielleicht. Lange Haare. Hatte nichts Besonderes an sich.«

»Wann sind sie fort?«

»Sie waren schon weg, als ich gestern Abend meinen Dienst angetreten habe. Der Besitzer fackelt nicht lange bei Leuten, die nicht zahlen können, und der Mann von der Tagschicht hat Spaß daran, sie vor die Tür zu setzen.«

»Was hatten Sie für einen Eindruck von dem Jungen? War er in Ordnung?«

Die Augen des Mannes trafen die meinen und hielten sie einen Augenblick fest. »Dachte, das wäre nur ein Job für Sie.«

»Er ist mein Neffe.«

»Aha, dachte ich mir doch, dass so etwas dahintersteckt. Also wenn Sie meinen, ob er Drogen nahm oder auf den Strich ging, dann würde ich nein sagen. Vielleicht ein bisschen Alkohol, das war alles. Bei dem Mädchen war es dasselbe. Ziemlich brave Kinder. Die hat bis jetzt noch niemand in die Finger bekommen.«

»Darf ich Sie was fragen? Was würden solche Kinder wohl machen, wenn sie hier hinausgeworfen wurden? Wo würden sie hingehen?«

Er überlegte. »Da gibt es eine Bude an der Polk, Nähe O'Farrell. Der Besitzer ist ein alter Mann, Iraner. Ihm tun die Kinder leid; er gibt ihnen was zu essen, wenn sie am Verhungern sind, und er versucht alles, damit sie wieder nach Hause gehen. Vielleicht hat er die beiden gesehen.«

»Ob er heute Abend offen hat?«

»Sicher. Wie ich sagte, er ist Iraner. Das ist kein Feiertag für ihn. Wenn ich es mir recht überlege, dann ist es für mich auch keiner.«

»Warum nicht?«

Wieder ein ironisches Lächeln. »Man kann doch nicht Friede-auf-Erden-und-den-Menschen-ein-Wohlgefallen feiern, wenn man gar nicht mehr daran glaubt, oder?«

Ich griff in meine Tasche, holte einen Zwanzig-Dollar-Schein heraus und schob ihn ihm über den Tisch zu. »Friede auf Erden und vielen Dank.«

Er nahm sie begierig, schaute sie dann an und schüttelte den Kopf. »Das hätten Sie aber nicht tun müssen.«

»Ich *wollte* aber. Das ist ein Unterschied.«

Die Bude hieß »Zur Kaffeepause«. Sie war klein, nur fünf Tische und eine alte Theke mit Auslage; auf dem Fußboden lag altes, grünes Linoleum, die Tische waren mit Resopal überzogen, und die Stühle waren aus Plastik. Ein schlanker Mann mit schütterem grauem Haar saß hinter der Theke und rauchte eine Zigarette. Ein paar alte Frauen saßen, über ihren Kaffee gebeugt, an einem Ecktisch. Neben dem Fenster saß ein blondes Mädchen mit schmutzigen Haaren; sie starrte mit leerem Blick aus dem Fenster – ein weiteres Opfer der Großstadt.

Ich zeigte dem Mann hinter der Theke Mikes Foto. Er meinte, Mike käme ihm bekannt vor, überlegte eine Minute, schnalzte dann mit den Fingern und sagte: »He, Angie.«

Das Mädchen neben dem Fenster drehte sich um. Von vorne konnte ich sehen, dass ihre Augen rot unterlaufen und ihr Gesicht tränenverschmiert war. Die Leere ihres Blicks rührte von ihrem Kummer, nicht von Drogen.

»Schau dir mal das Foto an, das diese Dame hier hat. Habe ich dich nicht erst gestern mit dem Jungen zusammen gesehen?«

Sie stand auf und kam zur Theke, wobei sie verlegen über ihre verknitterte Jacke und Hose strich. »Ja«, sagte sie, nachdem sie einen Blick darauf geworfen hatte, »das ist Michael.«

»Wo ist er jetzt? Die Dame ist seine Tante, sie will ihm helfen.«

Sie schüttelte den Kopf. »Ich weiß nicht. Er war im Vinton, aber er ist zur selben Zeit dort rausgeflogen wie ich. Die letzte Nacht waren wir in dem Keller von dem Abbruchhaus, aber da war es kalt und unheimlich. Die Besoffenen dort haben uns einfach nicht in Ruhe gelassen. Mr. Ahmeni, was glauben Sie, wie lange dauert es noch, bis mein Dad hier ist?«

»Du musst Geduld haben. Es ist eine lange Fahrt von Oroville. Ich habe doch erst vor einer Stunde angerufen.« An mich gerichtet, sagte er: »Angie fährt zu Weihnachten nach Hause.« Ich musterte sie. Unter der schmutzigen Hülle steckte ein hübsches, normales Mädchen.

»Möchtest du eine Tasse Kaffee? Oder etwas zu essen?«

»Eine Cola hätte ich gern. Ich schröpfe Mr. Ahmeni jetzt schon seit Stunden.« Sie lächelte matt. »Er hat bestimmt nichts dagegen, wenn ich zur Abwechslung mal jemand anderen schädige.«

Ich kaufte uns zwei Cola und setzte mich zu ihr an den Tisch.

»Wann hast du Mike kennengelernt?«

»Vor drei Tagen war das, glaube ich. Er war schon in dem Hotel, als ich in die Stadt gekommen bin. Michael hat sich etwas um mich gekümmert und auf mich aufgepasst. Ich war froh drum, diese Absteige ist ziemlich mies. Dort gibt es einen Haufen Junkies. In der ersten Nacht ist einer im Treppenhaus an einer Überdosis abgekratzt. Aber sie ist billig, und niemand stellt Fragen. Ein Typ, den ich auf der Fahrt hierher im Bus kennengelernt habe, hat mir davon erzählt.«

»Was hat Mike in der Stadt hier getrieben, weißt du das?«

»Meistens ist er herumgelaufen. An einem Nachmittag sind wir zur Ocean Beach gefahren und in den Dünen spazieren gegangen.«

»War irgendetwas mit Drogen oder ...«

»Michael nimmt keine Drogen. Wir haben ein bisschen getrunken, das war alles. Er ist ... Ich weiß gar nicht, wie ich es beschreiben soll, aber er ist nicht so wie viele andere Jungs von der Straße.«

»Wieso?«

»Nun, er ist so ... sensibel, nicht so oberflächlich.«

»Dieses Sensibelchen ist immerhin deswegen von zu Hause ausgerückt, weil seine Eltern ihm kein Moped zu Weihnachten schenken wollten.«

Angie seufzte. »Sie wissen wirklich nichts von ihm, oder? Sie wissen ja nicht einmal, dass er Michael genannt werden will, nicht Mike.«

Das brachte mich einen Augenblick zum Schweigen. Es stimmte: Ich kannte meinen Neffen eigentlich gar nicht, nicht als Mensch. »Erzähl mir von ihm.«

»Was wollen Sie denn wissen?«

»Nun, diese Geschichte mit dem Moped – was war da los?«

»Es ging wirklich nicht um das Moped. Wenigstens nicht in erster Linie. Es ging eher um die Kinder in seiner Schule.«

»In welcher Hinsicht?«

»Also, so wie Mike es erzählt hat, war seine Familie mal ziemlich arm. Es hat Monate gegeben, da wussten sie nicht, wo sie die Miete hernehmen sollten.«

»Das stimmt.«

»Und dann wurde sein Vater ein Star, und sie zogen in dieses schreckliche Haus in Pacific Palisades, und von einem Tag auf den anderen ging Michael mit all diesen reichen Gören in die Schule. Aber er hat da nicht hingepasst. Die Kinder, sagte er, hatten nichts als Klamotten und Drogen und Partys im Kopf. Er konnte damit nichts anfangen. Er sagte, es sei wirklich schwierig, da mitzumachen, wenn man sein ganzes Leben damit verbracht hat, sich um echte Dinge Sorgen zu machen.«

»Ob deine Eltern nun die Miete zahlen können oder nicht.«

Angie nickte, und ihr Pony aus feinem blondem Haar fiel ihr über die Augen. Sie schob ihn zurück und fuhr fort. »Ich kann da mitreden; meine Familie hat auch nicht viel Geld, und meine Mom ist oft krank. Die Kinder in der Schule spüren, dass man anders ist, und wollen nichts mit einem zu tun haben. Michael hat sich in seiner neuen Schule einsam gefühlt, also hat er versucht, mit den anderen mitzuhalten, indem er immer die neuesten Sachen und die teuersten Klamotten hatte – wahrscheinlich hat er dabei übertrieben. Sie wissen schon.«

»Und das Moped gehörte ebenfalls dazu.«

»Ja. Aber als seine Mom sagte, dass er keines bekommen würde, da ist ihm klar geworden, was er da überhaupt treibt. Und ihm ist ebenfalls klar geworden, dass auch ein Moped nichts an seiner Situation ändern kann. Michael ist klug genug, um zu wissen, dass sich kein

Mensch bloß deswegen für einen interessiert, weil man schon wieder ein neues Spielzeug hat. Also ist er zu dem Ergebnis gekommen, dass er nie dazugehören wird, und ist abgehauen. Er sagt, er fühlt sich auf der Straße wohler, weil hier das wirkliche Leben ist.« Sie machte eine Pause; Tränen traten ihr in die Augen, und sie schaute aus dem Fenster. »Himmel, und *wie* wirklich das ist.«

Ich folgte ihrem Blick; hinter der Glasscheibe torkelte ein vielleicht dreizehnjähriges Mädchen vorbei. Ihr Körper war ausgezehrt, ihr Gesicht ausdruckslos, ihre Augen trübe – das Bild eines weggetretenen Junkies.

Ich sagte zu Angie: »Wann hast du Mike das letzte Mal gesehen … Michael?«

»Gegen vier heute Nachmittag. Wie ich schon sagte, wir haben in dem Keller dieses Abbruchhauses übernachtet. Danach war mir klar, dass ich das nicht mehr länger durchhalten würde, und ich habe ihm gesagt, dass ich beschlossen hätte, nach Hause zu fahren. Er war sauer auf mich und ist weg.«

»Warum?«

»Was glauben Sie wohl? Ich habe ihn im Stich gelassen. Ich konnte ja heim, er aber nicht.«

»Warum denn nicht?«

»Weil Michael … Gott, Sie wissen ja wirklich nichts von ihm! Er hat seinen Stolz. Er könnte seinen Eltern gegenüber doch nicht zugeben, dass er es allein nicht schafft. Und genauso wenig könnte er ihnen sagen, dass er nicht auf diese Schule passt.«

Was sie sagte, überraschte und beschämte mich. Ich schämte mich für Charlene, für die Mike immer stur oder starrköpfig, nie aber stolz gewesen war. Und ich schämte mich für mich selbst, weil ich ihn nie als das gesehen hatte, was er war, sondern immer nur als den Anführer einer Rasselbande, die im Familienkreis spaßeshalber nur »die kleinen Strolche« genannt wurde.

»Angie«, sagte ich, »hast du irgendeine Idee, wo er nach eurer Trennung hingegangen sein könnte?«

Sie schüttelte den Kopf. »Ich wünschte, es wäre so. Es würde mich freuen, wenn Michael auch ein Weihnachtsfest feiern könnte. Er hat davon geredet, wie sehr ihm das fehlen wird. Die ganze Zeit, die wir in den Dünen herumgelaufen sind, hat er mir davon erzählt, wie sie in seiner Familie Weihnachten gefeiert haben, auch wenn sie damals nicht viel Geld hatten: vom Schmücken des Baumes, von den selbst gebastelten Geschenken, den Christmetten an Heiligabend, dem Verzieren der Plätzchen und dem Truthahn zum Dinner. Michael ist ganz verrückt nach Weihnachten.«

Auch das hatte ich nicht gewusst. Jahrelang war ich zu beschäftigt mit meinem eigenen Leben gewesen, um mehr zu tun, als jedem der Savage-Kinder einen Scheck zu schicken. Ganz klein und demütig bedankte ich mich bei Angie für das Gespräch, wünschte ihr alles Gute mit ihren Eltern und ging wieder hinaus, um weiter die dunklen, schweigenden Straßen zu durchkämmen.

Auf meinem Weg die Polk Street entlang in Richtung Tenderloin blieb ich noch einmal an dem Maschengitterzaun stehen, der die Baulücke umgab. Ich war mir ziemlich sicher, dass Michael nicht unter den Leuten dort unten war – nicht nach der Erfahrung, die er und Angie in der Nacht zuvor dort gemacht hatten –, aber ich war neugierig, den Ort zu sehen, wo sie diese schreckerfüllte Zeit verbracht hatten.

Die Lagerfeuer brannten immer noch im Schutz der Kellerwände. Hier und da lagen Betrunkene und Junkies über den Boden verstreut; andere, die dieses Stadium noch nicht erreicht hatten, ließen die Flasche kreisen oder teilten sich einen Joint oder eine Spritze; eine Gruppe erhob ihre betrunkenen Stimmen zu einem Chor und sang ein Weihnachtslied. In einer Ecke weiter weg sah ich eine andere Gruppe – zwei Frauen, drei Kinder und einen Mann –, die sich um einen dürren Christbaum versammelt hatte.

Der schmucklose Baum war eigentlich gar kein richtiger Baum, sondern nur eine Spitze, die wahrscheinlich jemand abgesägt und weggeworfen hatte, nachdem er feststellen musste, dass der Baum zu hoch für seine Wohnung war. Kein Stern war an seiner Spitze befestigt, keine Geschenke lagen darunter, es gab keine Ketten aus Süßigkeiten oder Popcorn, und ganz bestimmt gab es morgen keinen Truthahn zum Dinner. Trotzdem hatten sich die Leute um den Baum versammelt und standen schweigend da, die Köpfe im Gebet gesenkt.

Ich spürte einen Kloß im Hals und umklammerte den Zaun, um die aufsteigenden Tränen zurückzuhalten. Auch wenn ich den größten Teil meines Berufslebens damit zubringe, tragische Ereignisse und menschliches Verhalten zu erforschen, die einen Durchschnittsmenschen in den Wahnsinn treiben würden, so kommt es doch hin und wieder vor, dass der unzerstörbare Mut des menschlichen Geistes mir schlicht und einfach den Atem raubt.

Ich beobachtete die Szene noch einen Moment, wandte mich dann ab und schaute auf meine Uhr. Jetzt war mir klar, warum die Menschen beteten: Der erste Feiertag war angebrochen. Das hier war ihre Christmette.

Und da begriff ich, dass diese Menschen, die außer einer weggeworfenen Baumspitze nichts auf der Welt hatten, mit dem sie Weihnachten feiern konnten, mir ein unbezahlbares Geschenk gemacht hatten. Ich glaubte zu wissen, wo ich meinen Neffen finden würde.

Als ich vor der Mission Dolores ankam, war die neoklassizistische Fassade der Basilika in Scheinwerferlicht getaucht, und das Kuppeldach und die Türme erstrahlten vor einem nachmitternächtlichen Himmel. Die Straße war mit Autos vollgestopft, die in zweiter Reihe parkten, und von drinnen hörte ich Stimmen, die in einen freudigen

Chor einstimmten. Neben dem neueren Bau aus dem frühen zwanzigsten Jahrhundert schien die kleine Ziegelkirche aus dem späten siebzehnten Jahrhundert direkt zu verblassen; in tiefes Schwelgen gehüllt, lag sie da. Ich eilte die breiten Stufen zu den geschwungenen Holztüren der Basilika hoch, blieb aber doch einen Augenblick stehen, um mich zu sammeln, bevor ich hineinging.

Wie bei vielen meiner Generation, war es auch bei mir schon Jahre her, dass ich – wenn auch nur nominell – noch als Katholikin gegolten hatte, aber die alte Gewohnheit, mich in der Kirche respektvoll zu verhalten, hatte ich nie abgelegt. Ich konnte nicht einfach so hineinstürzen, herumschleichen und jedem Gottesdienstbesucher ins Gesicht spähen, ganz gleich, wie eilig ich es hatte. Ich wartete, bis ich mich vergleichsweise ruhig fühlte, bevor ich die schwere Tür aufzog und über die Schwelle trat.

Überall brannten Kerzen; die in Messgewänder gehüllten Gestalten des Priesters und der Ministranten bewegten sich langsam in dem flackernden Licht. Das Mosaikfenster hinter dem Altar und die Fenster an den Seiten erstrahlten in bunter Farbenpracht. Im Gegensatz dazu strebten die dicken Pfeiler zu Kuppelgewölben hinauf, die in tiefster Dunkelheit lagen. Wie ich so langsam einen der Seitengänge entlangwanderte, erhoben sich die Stimmen des Chores zu einem majestätischen Finale.

Die Gottesdienstbesucher schoben sich nach vorne, um die Kommunion zu empfangen. Während sie das taten, war es mir eher möglich, unauffällig herumzugehen und die Gesichter der jungen Leute in den Kirchenbänken zu mustern. Jedes Mal, wenn ich einen Jungen in Mikes Alter sah, schlug mein Herz schneller. Und jedes Mal verspürte ich einen schmerzlichen Stich der Enttäuschung.

Ich ging hinter den auf die Kommunion wartenden Gläubigen vorbei, wanderte langsam das Mittelschiff hinauf und wandte mich dem hinteren Teil der Kirche zu. Hier war es dunkler, und weniger Menschen saßen in den Bänken; einen Augenblick lang versperrte mir ein Pfeiler den Blick auf den Altar. Ich ging um ihn herum.

Er saß in der Bankreihe neben dem Pfeiler, an den er sich müde lehnte. Selbst in dem dämmrigen Licht konnte ich sehen, wie schmutzig und müde sein Gesicht war und dass seine Jacke und seine Jeans voller Flecken und ganz zerknittert waren. Er hielt die Augen halb geschlossen, der Mund stand leicht offen; er hatte die Hände zwischen die Schenkel geschoben, als wollte er sie wärmen.

Mike – nein, Michael – hatte sich an den einzig sicheren Ort geflüchtet, den er in dieser Stadt kannte, in die Kirche, in der er mit seiner Familie und deren Freunden, den Shribers, die gegenüber gewohnt hatten, zwei Christmetten miterlebt hatte.

Ich glitt leise in die Bank und setzte mich neben ihn. Er wandte mir den Kopf zu und starrte mich mit vor Überraschung offen stehendem Mund an. Das bisschen Farbe, das er noch hatte, wich aus seinem Gesicht, seine Augen wurden ganz groß und verängstigt.

»Hallo, Michael.« Ich legte ihm die Hand auf den Arm.

Er sah aus, als wollte er sie abschütteln. »Wie hast du mich …?«

»Das ist doch egal. Nicht jetzt. Bleiben wir lieber ruhig sitzen, bis der Gottesdienst vorbei ist.«

Er hörte nicht auf, mich anzustarren. Nach ein paar Sekunden meinte er: »Mom und Dad sind bestimmt fürchterlich sauer auf mich.«

»Sie machen sich mehr Sorgen als sonst was.«

»Haben sie dich engagiert, nach mir zu suchen?«

»Nein, ich habe mich freiwillig gemeldet.«

»Aha.« Er schaute weg auf die Reihe der Kommunionempfänger.

»Gehst du immer noch in die Kirche?«, fragte ich.

»Nicht oft. Keiner von uns tut das mehr. Manchmal fehlt es mir.«

»Möchtest du zur Kommunion gehen?«

Er schwieg. Dann: »Nein. Ich glaube nicht, dass ich das jetzt tun könnte. Vielleicht nie mehr.«

»Nun, das ist schon in Ordnung. Jeder drückt seine Gefühle für … Gott, oder was immer, auf andere Art und Weise aus.« Ich dachte an die Gruppe der obdachlosen Betenden in dem Keller. »Wichtig ist doch nur, dass man überhaupt an etwas glaubt.«

Er nickte, und dann saßen wir schweigend da und sahen zu, wie die Leute sich zur Kommunion anstellten. Nach einer Weile sagte er: »Wahrscheinlich glaube ich schon an etwas. Sonst hätte ich diese Woche nicht überlebt. Ich habe eine Menge gelernt, weißt du.«

»Mit Sicherheit.«

»Über mich, meine ich.«

»Ich weiß.«

»Was wirst du jetzt machen? Mich heimschicken?«

»Möchtest du denn nach Hause?«

»Vielleicht. Ja. Aber ich will nicht, dass man mich hinschickt. Ich will freiwillig gehen.«

»Nun, Weihnachten sollte man eigentlich nicht im Flugzeug oder im Bus verbringen. Außerdem habe ich für heute Nachmittag um vier zehn Leute zum Essen eingeladen. Ich rechnet damit, dass du mir hilfst, den Truthahn zu füllen.«

Michael zögerte und lächelte dann schüchtern. Er zog eine Hand zwischen den Schenkeln hervor und legte sie auf die meine. Nach einem Augenblick lehnte er den müden Kopf an meine Schulter, und zusammen feierten wir den anbrechenden Morgen des Weihnachtstages.

Abdruckrechte